고전 산문 글쓰기와 글쓰기 교육

이영호

도서출판 월인

머리말

이 책은 고전 산문 글쓰기의 전통이 현재의 글쓰기 교육에서 어떠한 의미와 가치를 지니는지를 탐구한 결과물에 해당한다. 현재의 글쓰기 교육과 관련된 담론은 대부분 서구의 인지주의적 접근법에 토대를 두고 학생들의 글쓰기 과정에 교육적으로 개입하는 방향을 추구하고 있다. 이러한 접근법은 교수 학습 상황과 학생들이 글쓰기 과정에서 겪게 되는 어려움을 고려할 때 타당성을 가진다. 그러나 글쓰기 교육에서 제시되는 전략과 방법이 구체성을 지니지 못하고 일반적 차원에 머무는 것은 한계라 할 수 있다.

학생들이 글을 쓰는 데 어려움을 겪는 이유 중 하나는 글쓰기를 통해 도달해야 할 텍스트의 상이 제대로 잡히지 않아서이다. 이러한 문제는 인지주의적 접근법이 해결하기 힘든 측면에 해당하며, 성취해야 할 텍스트의 상이 제대로 정착되지 않은 상태에서 학생들에게 방법과 전략을 가르치는 행위는 한계를 지닐 수밖에 없다. 고전 산문 글쓰기는 학생들에게 전범이 되는 텍스트의 상을 제공할 수 있다는 측면에서 교육적 유용성을 갖는다.

고전 산문 글쓰기는 기본적으로 전범에 대한 학습을 바탕으로 하고 있다. 전통적인 문식 환경에서 필자는 모범이 되는 텍스트를 끊임없는 반복을 통해 자기 것으로 만들고 이에 기초하여 자신의 글쓰기 방식을 만들어 나갔다. 이는 교육적 견지에서 보면 미숙한 필자가 전범이 되는 텍스트를 학습함으로써 능숙한 필자로 전환되어 가는 과정과 유사하다. 따라서 고전 산문 텍스트에 나타난 전형성과 뛰어난 필자에 해당하는 문장가들의 글쓰기 전략을 분석하는 작업은 글쓰기 교육에 많은 시사를 줄 수 있다.

개인적으로 고전 산문 글쓰기에 대한 관심은 연암 박지원의 글쓰기에 대한 흥미에서 비롯되었다. 대학원에서 공부를 하던 중 연암 박지원의 작품과 글쓰기에 대한 견해를 접하게 되면서 연암이야말로 훌륭한 글쓰기 교육자이자 실천가라는 생각을 하게 되었고, 그를 통해 고전 산문 글쓰기에 대한 관심을 넓혀 갈 수 있었다. 연암을 위시한 많은 문장가들의 고전 산문 작품과 글쓰기에 대한 치열한 고민은 오늘날의 글쓰기 교육에서 여전히 가치를 지니고 있다. 고전 산문 글쓰기에 대한 연구는 서구의 인지주의적 접근법에 치우친 현재의 글쓰기 교육의 풍토를 개선하고, 글쓰기 교육의 논의를 더욱 풍성하게 만드는 역할을 할 수 있을 것이다.

이 책이 나오기까지 많은 분들의 가르침과 도움이 있었다. 국어교육에서 고전의 중요성을 강조하셨던 김대행 선생님께서는 문제를 바라보는 큰 관점을 열어 주셨고, 자료에 대한 치밀한 분석을 강조하셨던 김종철 선생님께서는 텍스트에서 의미를 찾아나가는 방법을 가르쳐 주셨다. 그리고 고전 산문의 교육적 가치를 함께 고민하던 동학들의 질정 또한 글을 완성하는 데 많은 도움이 되었다. 또한 부족한 글의 출판을 기꺼이 허락해주신 월인출판사의 박성복 사장님과 편집을 맡아주신 최미영 선생님께도 감사드린다.

끝으로 오랜 시간 동안 항상 사랑과 응원을 보내준 가족들에게 감사의 마음을 전하고 싶다. 못난 자식이 세상에서 제일인 줄 아시는 부모님께서는 항상 의지할 수 있는 버팀목이 되어주셨다. 또 가장 가까운 곳에서 언제나 용기와 격려를 보내준 아내에게 이 자리를 빌어 사랑과 감사의 마음을 전한다.

2013년 6월
저자 올림

차례

글쓰기 교육에서 고전 텍스트의 가치와 연구 방향

글쓰기 교육에서 고전 텍스트는 어떠한 의미를 지닐 수 있는가? 이 물음에 대답하기 위해서는 먼저 고전의 가치에 대한 인식이 이루어져야 한다. 고전은 일반적으로 과거에 만들어져 후세에 모범이 되는 문화적 유산을 가리키는 말이라 할 수 있다. 따라서 고전의 가치를 인정받기 위해서는 과거의 문화적 유산이 현재에도 여전히 의의를 지니고 있음을 밝히는 작업이 필요하다. 고전이 과거의 찬란한 기억의 흔적에 그친다면 존재 자체로 영예가 될 수는 있어도 그 현재적 의미는 반감될 수밖에 없기 때문이다. 따라서 고전의 가치는 현재적 관점에서 재인식 될 필요가 있다.

글쓰기 교육에서 고전의 위상과 관련된 논의는 고전 자료가 지닌 전범적 가치에 대한 주목으로부터 시작되었다. 여기에서는 고전 자료가 지닌 근원성(根源性), 정태성(定態性), 역사성(歷史性) 등의 특성이 우리 표현 교육이 지향해야 할 이론에 기반을 둔 교육 설계와 기교적 차원을 넘어선 원리적 차원의 지식 기반을 가능하게 만든다는 의의가 강조되었다.[1] 즉 고전은 현재의 교육을 설계하는 원리적 차원의 지식의 원천으로서 역할을 할 수 있다는 것이다.

고전 자료를 통해 글쓰기 교육을 설계하려는 논의는 우선 글쓰기

1) 김대행, 「고전표현론을 위하여」, 『국어교과학의 지평』, 서울대출판부, 1995, 249～261면.

에 필요한 발상(發想)의 원리를 추출하려는 방향에서 진행되었다. 이러한 논의에서는 글쓰기에서 중요한 것이 대상에서 의미 있는 요소를 발견하는 사고력이라 보았으며 고전 자료에 나타난 대상 인식의 방법을 분석해 이를 현재의 글쓰기에도 필요한 발상법으로 제안하고자 하였다.[2)]

고전 자료를 활용한 또 다른 연구 경향으로는 고전 텍스트가 지닌 관습적 양식의 가치에 주목한 논의가 있다. 여기서는 오늘날의 표현 교육이 학습자의 개성적 발달을 중시한 나머지 한 사회가 공유한 양식으로서의 글쓰기 교육을 배제한 경향이 있다고 비판하면서 중세의 규범적 글쓰기가 학습자들에게 표현의 기본형으로 역할을 수행할 수 있다고 보았다.[3)] 이러한 논의는 글쓰기 과정에서 학습자들이 겪게 되는 형식적 창안에 대한 부담을 줄여준다는 점에서 의의를 지니며, 이는 과거의 글쓰기 양식을 현재의 글쓰기에 접목시키기 위한 노력으로 이어지고 있다.[4)]

이러한 노력에도 불구하고 글쓰기 교육과 관련하여 고전 텍스트가 지닌 현재적 의의를 밝혀 나가는 데는 몇 가지 난관이 존재한다. 여기에는 먼저 언어 표기의 문제가 제기될 수 있다. 주지하다시피 고전 텍스트는 대부분이 한자를 표기 수단으로 한 한문학의 전통에 입각하여 산출되었기 때문에 국문을 중심으로 한 현재의 쓰기 방식과 많은 차이점을 지니고 있다. 고전 텍스트를 현재의 글쓰기에 접목시키기 위해서는 먼저 번역의 과정을 거쳐야 하고, 이로 인해 고

---

2) 이와 관련된 논의로는 '이지호, 「연암 박지원의 글쓰기 방법론 연구」, 서울대 박사논문, 1997'과 '염은열, 「대상 인식과 내용 생성의 관계에 대한 표현교육론적 연구」, 서울대 박사논문, 1999' 등이 있다.

3) 김종철, 「글쓰기 교육의 문화적 척도」, 이상익 외, 『고전문학교육의 이론』, 집문당, 2000.

4) 이와 관련된 논의로는 '박수밀, 「상기(象記)에 나타난 박지원의 글쓰기 전략」, 『국어교육』 122, 한국어교육학회, 2007', '주재우, 「설 양식을 활용한 설득적 글쓰기 교육 연구」, 서울대 박사논문, 2011' 등이 있다.

전 텍스트의 활용은 제한적 양상을 띨 수 있다.

또한 고전 텍스트가 산출되던 사회문화적 환경과 오늘날의 쓰기 환경은 의사소통 목적과 맥락에 있어서 많은 차이점을 나타낸다. 즉 고문의 전통과 심성 수양을 중시하는 예전의 쓰기 문화와 개성의 발현과 실용적 측면을 위주로 한 현대의 쓰기 문화와의 연계는 적합성의 측면에서 의문이 제기될 수 있다.

그렇다면 고전 텍스트는 과거에 존재했던 하나의 객체로서 현재의 글쓰기 교육에 별다른 기여를 못하는 화석화된 대상일 뿐일까? 이에 답하기 위해서는 우리의 언어생활을 지배하는 원리가 과연 어디에 바탕을 두고 있는지와 관련된 면밀한 고찰이 필요할 것이라 생각된다. 이와 관련해 언급할 수 있는 것은 우리의 언어생활이 오랜 시간 켜켜이 쌓여온 문화적 전통과 결코 무관할 수 없다는 사실이다. 우리가 자신을 내세우고 자랑하는 서구식 화법보다 겸손과 겸양의 태도를 통해 자신을 낮추는 화법을 선호하는 것처럼 쓰기와 관련해서도 담론 공동체가 가치를 인정하는 쓰기 방식은 고전 텍스트 속에 문화적 전통의 하나로 내재한 것이라 파악될 수 있다. 문화적 전통에 대한 근거 없는 평가 절하는 우리가 되짚어봐야 할 부분에 해당하며, 이와 관련해 글쓰기 연구에서 문화적 전통과 고전 텍스트의 가치를 새롭게 탐구해 나갈 필요가 있다.

글쓰기 교육 연구에서 고전 텍스트를 활용할 때 기대되는 효과는 크게 두 가지 정도로 제시할 수 있다.

첫째, 장르적 관습과 개인적 변용 사이에 작용하는 원리와 기제를 파악하여 이를 글쓰기 교육에 적용할 수 있다. 양반 사대부들의 전통적인 글쓰기 학습은 『고문진보』와 같은 문장학습서를 바탕으로 문체별로 모범이 되는 글들을 숙독하고 암송하며 이를 토대로 나름대로 문체와 서술 방식의 패턴을 익혀 나가는 방식을 취하였다.[5] 이는 개인의 글쓰기가 장르적 관습에 대한 학습을 위주로 하되 자신의 문체를 만들어 나가는 과정에서 다양하게 변용될 가능성이 있음을 나타내고 있다.[6] 글쓰기 교육에서 학생 필자의 쓰기 학습은 장르 관습에 대한 이해와 이와 관련된 주체적 활용에 기반하고 있다. 따라서 고전 텍스트 자료를 통해 알 수 있는 장르적 관습과 개인적 변용 사이에 작용하는 원리와 기제에 대한 이해는 쓰기 교육에 많은 도움을 줄 수 있을 것이다.

둘째, 쓰기와 관련된 인식의 폭을 넓히고 현재의 글쓰기 문화를 보완하는 역할을 할 수 있다. 고전의 가치가 타자성을 통한 인식의 확대에 있음은 널리 인정되는 사실이다. 이는 글쓰기 교육의 측면에서도 마찬가지여서 고전 텍스트를 활용한 쓰기 연구는 현재의 글쓰기 교육이 미처 인식하지 못하고 있는 문제점을 밝히거나 간과하고 있는 가치를 드러내는 역할을 수행할 수 있다.[7] 고전 텍스트가 산출되던 사회문화적 환경이 오늘날과 차이를 지닌다는 것은 현재의 쓰기 문화를 비판적으로 인식할 수 있게 만드는 요인이 된다. 따라서 전통 글쓰기에 내재한 타자성을 통해 오늘날의 쓰기 문화를 점검하는 것은 고전 텍스트를 활용한 쓰기 연구가 지닌 의의라 할 수 있다.

글쓰기 교육에서 고전 텍스트는 쓰기 활동을 위한 전범으로서의 가치를 지니지만 고전 텍스트가 지닌 의의를 극대화하기 위해서는 현재의 구체적 쓰기 양상과 관련하여 논의를 진행할 필요가 있다.

---

5) 김철범, 「한문고전의 글쓰기 이론과 그 현재적 의미」, 『작문연구』 1, 한국작문학회, 2005, 100면.

6) 용사(用事)와 신의(新意)와 관련된 논쟁이나 법고창신(法古創新)과 관련된 논의는 이러한 측면을 잘 드러낸 것이라 할 수 있겠다.

7) 이와 관련된 연구로는 '주재우, 앞의 논문, 2011'을 들 수 있다. 이 논문에서는 오늘날의 설득적 글쓰기가 대립과 대결의 측면에만 주목하고 있다는 점을 비판하고, 주변 사물 관찰과 사건 경험을 토대로 조화와 협력의 가치 발견을 위주로 한 설 양식의 설득 논리를 받아들임으로써 설득적 글쓰기의 지평을 확대할 필요가 있음을 주장하였다.

만약 고전 텍스트에 대한 논의가 현재적 의의를 확보하지 못한다면 이는 고전 자체에 대한 연구는 될 수 있어도 글쓰기 교육 연구는 되기 힘들다. 따라서 고전 텍스트를 대상으로 한 글쓰기 교육 연구의 경우 해당 자료가 현재의 글쓰기 양상과 연관이 있어야 하고, 텍스트 연구의 목적이 지금의 글쓰기 교육 문제를 해결하는 데 의의가 있음을 밝힐 수 있어야 한다.

이 책의 논의는 고전산문 텍스트에 내재한 쓰기 원리나 방법적 전략을 분석하여 이것이 현재의 글쓰기 교육에 어떠한 의미를 지니고 있는가를 탐구하고 있다. 이를 위해서 본고는 오늘날의 글쓰기 교육에서 중요하게 다루어지고 있는 전기적(傳記的) 글쓰기, 정서적 글쓰기, 서사적 글쓰기, 논쟁적 글쓰기와 관련된 고전산문 양식과 대표적 텍스트를 대상으로 하여 여기에 내재한 쓰기 원리나 전략을 분석하고 이것이 지닌 현재적 의의와 교육적 적용 방법을 모색하고 있다. 전기적 글쓰기는 사람의 일생을 다룬 비지류(碑誌類) 양식을, 정서적 글쓰기는 고인에 대한 추모의 정을 표현한 제문(祭文) 양식을 대상으로 하였으며, 서사적 글쓰기는 왕실비사(王室悲事)와 관련된 기록인 『계축일기』를, 논쟁적 글쓰기는 조선후기 사회를 지배한 거대 담론과 연관된 『열하일기』를 대상으로 연구 작업을 수행하였다.

> 아! 소위 '법고'한다는 사람은 옛 자취에만 얽매이는 것이 병통이고, '창신'한다는 사람은 상도(常道)에서 벗어나는 게 걱정거리이다. 진실로 '법고'하면서도 변통할 줄 알고 '창신'하면서도 능히 전아하다면, 요즈음의 글이 바로 옛글인 것이다.[8)]

---

8) 박지원 지음/신호열 · 김명호 옮김, 『국역 연암집 1』, 민족문화추진위원회, 2005, 8면.

일찍이 연암 박지원은 '글을 어떻게 써야 하는가?'라는 물음을 던지고는 법고창신(法古創新)이라는 말을 통해 이에 대한 해답을 추구하고자 하였다. 제시문에 잘 나타난 것처럼 연암은 옛것을 본받는데 치중하는 '법고'와 새롭게 창조하는 데 중심을 둔 '창신' 사이의 조화와 균형이 좋은 글을 산출하는 방법임을 강조하였다.

고전산문 텍스트를 활용한 글쓰기 교육 연구 또한 옛글에 내재한 가치를 밝히고, 이를 현재의 상황에 새롭게 적용하려는 법고창신의 방향을 조화롭게 추구할 때 의미 있는 결과를 도출할 수 있을 것이다. 본고의 연구 작업을 통해 고전산문 글쓰기의 가치가 새롭게 조명되고, 이와 관련된 연구가 더욱 풍부해질 수 있기를 기대한다.

전기적(傳記的) 글쓰기에 나타난 인물 형상화 방법

- 비지류(碑誌類) 양식을 대상으로 -

Ⅰ. 머리말

쓰기 교육을 바라보는 관점은 일반적으로 형식주의 작문 이론, 과정중심 작문 이론, 장르중심 작문 이론으로 대별된다. 형식주의 작문 이론은 모범이 되는 텍스트를 중심에 두고 작문 능력이 이에 대한 지속적이고 체계적인 모방과 연습을 통해 형성된다는 관점을 취하며, 과정중심 이론은 쓰기를 문제해결 과정으로 보고 의미 구성의 주체인 필자가 취할 수 있는 기법과 전략을 강조하는 관점을 취한다. 형식주의 작문 이론은 명문에 해당하는 글을 보고 그 속에 얽혀 있는 글쓰기의 과정과 방법을 학습자가 스스로 깨칠 것을 요구하여 쓰기에 대한 학습자의 흥미를 떨어뜨리게 만든다고 비판을 받아 왔으며, 과정중심 작문 이론은 학습자의 자율성을 존중함으로써 쓰기의 문턱을 낮추는 효과를 가져왔으나 미숙한 학생 필자에게 학습의 책임을 떠넘긴다는 문제점을 지적받아 왔다.[1)]

과정중심 작문 이론이 개인의 쓰기 과정이라는 매우 협소한 틀에 갇혀 있다는 비판적 인식을 바탕으로 필자가 생산하는 텍스트의 사

---

1) 김명순, 「쓰기 교육과 장르 중심 쓰기 지도」, 『교과교육연구』 5, 국어교과교육학회, 2003, 128～131면.

회적 의미에 주목한 논의가 장르중심 작문 이론이라 할 수 있다. 장르중심 작문 이론에서는 장르의 개념을 일상적으로 되풀이되는 상황 맥락에 대한 수사학적 반응이라는 폭넓은 개념으로 설정하고 있으며, 장르 지식은 사회 구성원들의 합의에 의해 형성되어 담화 공동체 구성원들 간의 의사소통을 실현시키는 도구 역할을 한다는 입장을 취한다. 이는 사고의 기반을 공동체 구성원들 간에 이루어지는 언어적 대화로 파악하는 사회구성주의의 관점에 바탕을 둔 것으로, 장르중심 작문 이론에서는 담화 공동체의 관습에 기반한 쓰기 교육을 중시하고 있다.[2)]

장르중심 작문 이론에서는 장르 지식을 담화 공동체의 관습에서 찾는다. 담화 공동제의 관습이란 공시적인 측면에서 보면 현재의 담화 구성원들이 공동으로 사용하는 수사학적 규칙으로 규정할 수 있겠지만, 관습이라는 말에 내재된 시간성에 주목한다면 현재의 글쓰기를 형성시켜 온 통시적 시간성에까지 그 범위를 적용해 나갈 수 있을 것이다. 본고는 장르중심 작문 이론이 강조하는 담화 공동제의 관습을 전통적인 글쓰기 양식에서 찾아 오늘날의 쓰기 교육에 활용하자는 입장에서 전기(傳記) 쓰기 교육 방법을 논의하고자 한다.[3)] 전기는 전통 글쓰기 양식에서 활발한 생산 양상을 보였으며, 오늘날의 글쓰기 교육에서도 중요한 대상으로 다루어져 그 교육적 가치가 높다. 본문에서는 전기 쓰기와 관련된 글쓰기의 전통을 살펴보고, 이를 토대로 효과적인 전기 쓰기 교육을 위해서는 어떠한 방법론이 필요한지에 대해 서술해 나가도록 할 것이다.

---

2) 박태호, 『장르중심 작문 교수 학습론』, 박이정, 2000.

3) 전통적 글쓰기 양식이 지닌 관습성에 주목하여 쓰기 교육을 설계하는 것은 글쓰기가 단순한 실용 지향의 행위가 아니라 문화의 실천 행위라는 인식도 조성시킬 수 있다. 이에 대한 자세한 논의는 '김종철, 「글쓰기 교육의 문화적 척도」, 이상익 외, 『고전 산문교육의 이론』, 집문당, 2002' 참조.

II. 전기 쓰기의 전통과 교육 현황

특정한 인물의 생애를 기록한 글쓰기 양식을 전기라 이른다. 전기는 초기에 『플루타르크 영웅전』이나 『사기』가 보여주듯 주로 역사적 인물이나 위인의 생애를 기록하는 데에서 출발하였다. 전기는 서구에서는 근대 이래로 개인의 역사에 대한 관심이 증폭되면서 실증주의적 작품에서 사생활에 대한 폭로를 내용으로 한 홍미 위주의 작품까지 다양한 내용 전개 양상을 보여왔고, 동양에서는 가문이나 가족 의식을 바탕으로 한 다양한 양식의 글들이 널리 쓰였다.[4] 오늘날 전기의 개념은 동서양의 전기가 전개시켜 온 다양한 내용과 형식의 틀을 포괄하여 인물의 생애를 기록한 글쓰기 양식을 통칭하는 말로 사용되고 있다.

인물의 생애를 기록한 전기에 해당하는 전통적 글쓰기 양식은 전(傳), 행장(行狀)을 중심으로 한 전장체(傳狀體) 양식과 묘비명(墓碑銘), 묘지명(墓誌銘)을 중심으로 한 비지류(碑誌類) 양식으로 대별된다.[5] 비지류와 전장류는 실재한 인물의 생애를 대상으로 기록하는 문학이란 공통점이 두드러지기 때문에 비지전장류라고 통칭하여 쓰일 만큼 공통점을 많이 지니고 있다. 다만 비지류는 금석에 새겨 전할 목적으로 짓는 글이어서 전장류에 비해 실용적 성격이 더 강하고 청탁에 의해 쓰이는 경우가 많기 때문에 포폄(褒貶)을 자유롭게 하지 못한다는 차이점을 나타내기도 한다.[6]

---

4) 전기의 일반적 개념에 대한 언급은 '김용직, 『문예비평용어사전』, 탐구당, 1985, 226~227면', 'Abrams 지음/최상규 옮김, 『문학용어사전』, 보성출판사, 1991, 23~24면', '임종욱, 『동양문학비평용어사전』, 범우사, 1997, 780~781면', '한국문학평론가협회, 『문학비평용어사전』 하, 국학자료원, 2006, 775~776면' 참조.

5) 이외에도 사마천의 『사기』와 같은 역사 전기인 史傳, 「古烈女傳」처럼 문학성이 강한 雜傳도 전기에 속하는 것으로 분류된다. 전기류 산문에 대한 분류는 '이종호, 「조선조 고문론과 비지류 산문」, 김도련 편, 『한국 고문의 이론과 전개』, 태학사, 1998, 174면' 참조.

쓰기 교육의 측면에서 비지전장류 양식과 관련된 논의는 주로 전이나 행장과 같은 전장류 양식을 중심으로 이루어졌다.[7] 비지류와 전장류는 둘 다 전기에 속하는 것이지만 교수 학습이라는 제한된 상황을 염두에 둘 때 공간적 제약에 의해 인간의 생애를 압축적으로 서술한 비지류 양식이 교육적 적용 가능성이 더 크다고 여겨진다. 본고는 이처럼 비지류 양식이 지닌 생애에 대한 압축적 서술에 주목하여 전기 쓰기 교육에서의 시사점을 얻고자 한다.

전기 쓰기는 삶에 대한 이해를 통해 자신을 성찰할 수 있게 만든다는 점에서 개인의 성장과 밀접한 관련을 지닌다. 전기 쓰기를 통해 학습자는 인간의 생애가 가져다주는 의미를 파악하고 자신의 삶이 나아가야 할 방향을 고민하는 기회를 가질 수 있다. 특히 일상에서 범상히 보아 왔던 주변 인물들을 대상으로 한 전기 쓰기는 친숙하게 여겨왔던 존재의 삶에 새로운 의미를 부여하게 만듦으로써 인간에 대한 이해의 폭을 넓히는 계기를 제공할 수 있다.

전기 쓰기는 이러한 교육적 가치와 제재에 대한 접근의 용이성으로 인해 교육 현장에서 빈번하게 다루어지는 양식 중 하나이다. 교육과정상에서 전기 쓰기와 관련된 서술을 살펴보면 아래와 같다.

> (가) 정보 전달을 위한 글쓰기
>
> ① 작문의 원리와 전략에 관한 지식을 활용하여 정보 전달을 위한 글을 쓴다.
>
> ② 다양한 작문 과제에 대하여 설명문, 보고문, 기사문, 전기문, 안내문 등 여러 가지 종류의 글을 쓴다.[8]

---

6) 비지류와 전장류의 관계에 대한 자세한 논의는 '황의열, 「한국 비지류 연구」, 성균관대 박사논문, 1996, 8～20면' 참조.

7) 김종철, 앞의 논문, 2002; 주재우, 「전을 중심으로 한 전기 쓰기 교육 연구」, 서울대 석사논문, 2004.

8) 교육인적자원부 고시 제2007-79호, 국어과 교육과정 작문.

제시된 항목은 2007 개정 교육과정 심화선택 과목 작문의 영역별 내용에 해당하는 부분이다. 여기에서 전기 쓰기는 정보 전달을 위한 글쓰기의 양식 중 하나로 제시되어 있는데, 대부분의 작문 교과서는 교육과정에 의거 전기 양식을 정보 전달을 위한 글쓰기의 하위 제재로 편성하여 서술하고 있다. 작문 교과서에 서술된 전기 쓰기의 과제 제시 양상은 자서전 쓰기, 주변 인물에 대한 전기 쓰기, 역사적 인물에 대한 전기 쓰기의 세 가지 형태로 나타난다.

> 다음 자료 외에도 모둠별로 더 조사하여 '윤봉길 의사'의 전기문을 써 보자.
>
> ① 1908년 6월 21일 충남 예산군 덕산면 시량리에서 파평 윤씨 가문의 장남으로 태어남. 본명은 우의(禹儀). 별명은 봉길(奉吉). 고향에서 어릴 때 별명은 살가지[삵]
>
> …(중략)…
>
> ③ 1927년 '농민독본' 3권을 저술하고 마을 사람들을 가르침. 1929년까지 농민계몽 단체인 '부흥회'를 만들고 학예회 '토끼와 여우'를 공연함. 이 일로 왜경에 불려 다님. 이때에 자극과 충격을 받아 직접 민족해방 투쟁에 몸담기로 결심함.9)

역사적 위인에 대한 전기 쓰기는 제시된 예의 형태처럼 인물과 관련된 연보를 주고, 그에 바탕하여 전기문을 쓰게 하는 형식을 취하고 있다. 이런 경우 학습자는 인물과 관련된 객관적인 정보를 평면적으로 나열하는 형태의 전기문을 쓸 수밖에 없게 되는데 그 원인은 학습자가 해당 인물에 대하여 공감과 해석의 여지를 나타내기 힘든 데서 찾을 수 있을 것이다. 따라서 학습자들에게 친밀한 느낌

9) 권두환 외, 『작문』, 아침나라, 2003, 180면.

과 호감을 줄 수 있고, 정보 획득이 용이하며, 적극적인 태도를 유발할 수 있는 주변 인물에 대한 전기 쓰기가 교육적 효과가 높을 것으로 기대된다.[10] 교육 현장에서도 이런 점 때문에 부모님이나 친지 같은 주변 인물들에 대한 전기 쓰기가 널리 활용되고 있다.

중학교 여학생 35명을 표본 대상으로 한 전기 쓰기의 실태 조사를 보면 학습자들은 전기 쓰기 과제에서 절반이 자신에 대한 글을 쓰고, 나머지 반이 부모에 대한 전기문을 썼다고 한다. 또한 전기문의 내용과 표현 양상을 보면 인물에 대한 사실적인 정보의 나열과 단편적인 사건의 나열이 주로 나타나고 인물과 환경, 인물의 면모와 일화 사이의 유기적 구성이 이루어지지 않는 문제점을 보이는 것으로 나타났다.[11] 비록 표본 집단의 수가 적은 경우이긴 하지만 학습자들이 주로 자신이나 주변 인물들을 전기 쓰기의 대상으로 삼으며, 전기 쓰기에서 문제되는 요소가 대상 인물에 대한 평면적인 정보의 나열에 있다는 것은 음미해 볼 만한 사항이다.

전기문은 한 인물에 대한 사실적인 정보를 전달한다는 측면과 함께 대상이 되는 인물에 대한 주체의 해석과 평가가 함께 이루어진다는 특성을 갖는다. 인물의 삶에 대한 해석과 평가는 전기문을 단순한 정보 전달의 글과 구별시키는 요소이면서 전기문이 의미를 가지게 만드는 핵심적인 요소이기도 하다. 이런 점에서 전기를 정보 전달 글쓰기의 하위 양식으로 인식하는 것은 재고를 요하며, 전기 쓰기 교육은 학습자들이 인물의 생애에 대하여 적극적인 해석과 평

10) 사생활의 기록을 중시하는 서구적 전기 쓰기의 전통에서는 식사와 술을 함께할 정도로 사교적인 관계를 맺지 않은 사람의 전기는 쓸 수 없다고 단정하기도 한다. 문화적 전통의 차이가 존재하기는 하지만 전기에서는 필자와 대상 간의 친밀성이 중요한 역할을 한다는 점은 인정될 수 있을 것이다. Shelston 지음/이경식 옮김, 『전기 문학』, 서울대출판부, 1979, 49면.

11) 박미정, 「전기 쓰기의 지도 요소 연구」, 『작문연구』 2, 한국작문학회, 2006, 146~150면.

가를 행할 수 있는 방향으로 설계되어야 한다. 전기 쓰기 교육의 과제는 학습자들로 하여금 인물의 삶이 나타내는 가시적이고 객관적인 정보를 자신의 관점에서 해석하고 평가하게 하여 인물의 삶이 지닌 면모를 생생하게 드러낼 수 있도록 만드는 데 놓여 있다.

이는 조선후기 비지류 양식을 둘러싼 논의에서도 핵심적인 논쟁의 대상이 되어 왔다. 기존의 비지류 글들이 지닌 관직의 영예에 대한 정보의 나열은 조선후기 작가들에게 비판의 초점이 되었다. 그 가운데서도 농암 김창협과 연암 박지원은 한 인물의 생애를 어떻게 기록하고 형상화할 것인지에 대한 날카로운 비평 의식과 자신들의 주장에 합당한 작품 세계를 보여주었다. 따라서 비지류 양식이 지닌 상투적인 면모에 대한 비판을 통해 자신의 작품 세계를 창조해 나간 이들의 노력은 오늘날의 전기 쓰기 교육에도 시사하는 바가 크리라 생각한다.[12)]

III. 비지류 양식의 글쓰기 방법

1. 비지류 양식의 문체적 특성

비지류는 사자(死者)의 사적을 금석에 새겨 묘 또는 탑의 근처에 세워 두거나 내부에 간직함으로써 후세에 길이 전하는 것을 목적으

12) 조선시대 古文은 전반적으로 유가 사상의 범주에서 지배 집단의 논리를 강화하고 윤리의식을 지향하는 특징을 보였다. 이에 반해 조선후기 문예의 새로운 경향인 小品文은 생생한 삶의 일상과 주변의 자연물을 소재로 하여 예술성과 서정성을 추구하는 경향을 보였다. 농암과 연암의 비지류 글쓰기는 死者의 일생을 서술함에 있어 생생한 삶의 일상과 서정을 중요시한다는 측면에서 조선후기 에 활발한 생산 양상을 보였던 소품문의 경향과 맥을 같이한다고 할 수 있겠다. 소품문의 세계에 대한 설명은 '안대회, 『조선후기 소품문의 실체』, 태학사, 2003, 7~45면' 참조.

로 한 한문학 양식을 이른다. 비지류 양식에는 묘비명과 묘지명을 위시해서 신도비명(神道碑銘), 묘갈명(墓碣銘), 묘표(墓表), 탑비명(塔碑銘) 등이 있으며 비지류라는 명칭은 이 양식의 대표격인 묘비명과 묘지명의 글자를 따서 지은 것이다.[13] 비지류 양식에 속하는 글들이 다양한 명칭으로 나타나는 것은 석각의 위치와 모양의 차이에 따라 이름을 달리 부르기 때문에 나타난 현상이다. 땅위에 세우는 것을 묘비라 하고, 무덤 안에 넣어 두는 것을 묘지라 하며, 머릿돌과 받침돌의 모양과 높이에 따라 비, 갈 등의 명칭을 구별하여 쓴다.[14]

비지류의 연원과 형식에 대하여 유협은 『문심조룡』에서 다음과 같이 설명하고 있다.

> 上代의 帝王은 스스로의 말을 記錄하여 天地에 祭하고 巖石을 세워 山嶽을 돋우(埤)었다. 이것을 碑라 불렀다. 周의 穆王은 崦嵫山의 돌에 事跡을 記錄했다고 하는데 이것도 古代의 碑에 해당된다. …… 碑의 樣式에는 歷史家的 재능에 의거한 바가 있다. 碑의 序文의 부분은 傳記에 해당하며 본문의 부분은 銘의 형식을 취한다. 사람의 盛德을 浮彫하기 위해서는 반드시 淸純한 風格의 精華를 명백히 하고, 많은 아름다운 점을 나타내기 위해서는 반드시 숭고하고 위대한 功績을 분명히 하는 것, 이것이 碑의 규범이다.[15]

제왕의 말과 사적을 기록하는 데서 시작한 비의 양식은 사자의 일생 가운데 드러난 공덕을 분명히 하고 돌에 새겨 이를 후세에 길이 전하고자 하는 목적으로 지어졌다. 이러한 이유로 비지류 양식에는 전과 달리 대상이 되는 인물을 비판하는 언급은 나타내지 않는

13) 황의열, 앞의 논문, 1996, 8면.
14) 심경호, 『한국산문의 미학』, 고려대출판부, 1998, 352면.
15) 유협 지음/최신호 옮김, 『문심조룡』, 현암사, 1975, 50∼52면.

것이 일반적이다. 비지류는 상례(喪禮)와 결부된 실용문의 성격을 지니는데, 그 글은 작자가 임의로 짓는 것이 아니라 상례의 절차에 의거하여 쓰인다. 즉 장례 후 후손은 묘비를 세우기 위해 비문의 찬술 자료인 행장(行狀)과 유사(遺事)를 마련하여 글을 써 줄 적임자를 찾아 비문을 청탁하게 되고, 비문이 마련되면 석공으로 하여금 문자를 새겨 넣게 하여 비를 세우게 되는 것이다.[16] 이런 까닭으로 비지류의 글들은 일정한 격식과 규범을 갖추게 되기 마련이었다.

일반적인 경우 비지류 산문에 들어가는 내용 요소는 망인의 출생과 가계, 행적, 인품, 가족 사항, 사망일자・장지, 글을 짓게 된 연유, 인물평, 명 등으로 이루어진다. 이 가운데 출생과 가계, 가족 사항, 사망일자, 장지 등은 묘주의 신원을 밝히는 객관적 정보 제시의 기능을 하고, 글을 짓게 된 연유는 해당 글이 누구의 청탁에 의해 어떤 경위로 서술되게 된 것인지 그 동기를 밝히는 역할을 하며 대개 율문으로 쓰이는 명은 사자의 삶을 총괄하여 정리하는 기능을 한다. 비지류에서 대상 인물에 대한 필자의 의미 부여는 행적과 인품에 대한 서술, 인물평에 의해 이루어진다. 보통의 경우 비지류에 나타난 인물의 행적은 남성인 경우 학문의 재질과 벼슬살이의 행로, 여성인 경우는 여공과 시집에서 보인 부덕의 제시로 나타나며 인품과 인물에 대한 평은 사자가 유교적 규범을 얼마나 잘 실현하였느냐를 증명하는 방향에서 전개된다.

> 오산(五山) 차천로(車天輅)가 학식이 해박하다고 자부하여 애강남(哀江南)을 주석하였는데 공이 잘못된 부분을 정정하였고 또 두율(杜律)을 주평(註評)하였다. 그 후 국내 서적이 난리통에 불타 없어진 것이 많아, 혹 공에게 고사(故事)를 묻는 이가 있으면 그때마다 공은 즉석에서 대

16) 이종호, 앞의 논문, 1998, 182면.

> 답하니 당시 사람들이 공을 찾아 취결(取決)하는 것이 마치 동진(東晉) 시대의 조하(刁賀) 같았다. 27세 때 사마(司馬)에 합격하고 연은전(延恩殿) 참봉(參奉)에 임명되었으며 또 세자익위사세마(世子翊衛司洗馬)가 되었다 …… 영동현감(永同縣監)으로 나갔다가 2년 만에 돌아왔는데 영동 사람들이 지금까지도 '옛날 그분, 옛날 그분[古之人古之人]'하며 칭송하고 있다. 천계(天啓) 병인년 1월 29일, 68세로 졸(卒)하니 장단부(長湍府) 사당동(社堂洞)에 장사하였다.[17]

대개의 경우 비지류 양식의 글들은 중세 사회가 요구하는 유교적으로 규범화된 인간상을 구현하는 데 치중한다. 제시된 송시열의 글에서 드러나듯 남성 묘주의 경우 인물의 행적과 인품, 평가는 학문적 재능과 임환(任宦)의 과정, 덕성 등이 평면적으로 나열되는 양상을 보인다. 이러한 서술 방식은 인물의 사회적 경력과 당대 사회가 중시한 가치 기준에 의해 인물의 생애를 공적인 측면에서만 파악한 것으로 한 인간의 내면과 개성을 드러내는 데는 한계를 지닌다. 이러한 비지류 양식의 상투화된 인물상 구현 방식은 사회의 변화와 더불어 도전을 받게 되었으며 농암과 연암은 기존의 비지류 글들이 보인 문제점에 대해 날카롭게 비판하고, 새로운 글쓰기 방식을 실제 작품을 통해 구현해 내고자 하였다.

---

17) 車五山天輅 自負該洽 註哀江南 公訂其訛誤 又有杜律註評. 後國中書籍 遭亂焚失 有以故事問者 公應口對 時人取決 如東晉之刁賀也. 二十七中司馬 拜 延恩殿參奉 又爲世子翊衛司洗馬 …… 出爲永同縣監二年歸 永之人至今稱之曰 古之人古之人. 天啓丙寅年六十八 正月二十六日 卒. 葬于長湍府社堂洞. 「滄浪成公墓碣銘 幷序」, 『宋子大全』 卷173. 국역은 양홍렬 외 옮김, 『국역 송자대전』 X , 민족문화추진회, 1982, 36～37면. 원문 인용은 국역본에 붙어있는 영인본 13～14면 인용.

2. 대체(大體)에 대한 초점화 된 글쓰기

농암의 비지류 작품은 모두 28편이 전하고 있다. 묘지명이 18편, 묘갈명 3편, 묘표 6편, 신도비명 1편이 문집에 수록되어 있는데 대부분이 가족이나 일가친척들을 그 대상으로 하고 있다. 이들 가운데 본고가 주목하고자 하는 작품은 서술 대상이 농암과 긴밀한 사적 인간관계를 형성하고 있었던 경우에 한한다. 즉 묘주가 농암과 친밀한 인간적 교류 관계를 형성하였거나 가까운 지친인 관계로 글이 청탁이 아니라 작자의 내적 동인에 의해 쓰인 경우가 본고가 다루고자 하는 대상이 된다. 이는 청탁에 의한 글에는 농암의 비지에 대한 창작 의식과 방법이 제대로 드러나지 않는다고 보기 때문이다. 이를 기준으로 하면 「四嫂李孺人墓誌銘」, 「六弟墓誌銘」 등 모두 12편의 작품이 이에 해당하게 된다.[18]

사적인 인연을 바탕으로 쓰인 농암의 비지류 글들은 대상 인물의 생애를 서술함에 있어서 그 생애에 나타난 가장 두드러진 요소를 부각시키는 데 힘쓰고 있다. 이는 농암 스스로가 비지류 글들을 쓰는 데 대한 뚜렷한 인식을 가지고 있었기 때문에 나타나는 특성이라 할 수 있다. 농암은 문장의 대가답게 비지류 자체의 글쓰기 방식에 대한 메타적 인식을 통해 상투화된 기존의 글쓰기를 지양하고 새로운 인식을 보이고자 했던 것이다.

> 지금 구공(歐公)의 비문들을 읽어보면 강령을 제시하고 의리가 드러나는 중요한 점을 착종하는 데에 종종 법도가 있어 간략하면서도 빠짐이 없고 상세하면서도 번다하지 않아서 느낌이 한가하면서도 사정이

---

18) 제시된 두 작품 외에 이에 해당하는 작품은 「從妹兪氏婦墓誌銘」, 「幼子清祥壙誌」, 「從弟仲雨墓誌銘」, 「貞夫人全義李氏墓誌銘」, 「李中心墓誌銘」, 「伯舅墓誌銘」, 「亡女吳氏婦墓誌銘」, 「仲父退憂先生墓表」, 「淑人申氏墓表」, 「亡兒墓表」가 있다.

> 곡진히 담기고 기풍이 생동하는 부분은 또 왕왕 그림을 그린 것 같으니 …… 그는 비문에 일을 서술할 적에 대소경중을 막론하고 모두 써서 결핏하면 온통 번다하고 잗단 일들로 가득 차곤 하였으니, 강령을 제시하거나 의리가 드러나는 중요한 점을 끌어내어 써넣지도 못하고 수미 본말에 늘이거나 줄여 변화를 준 것이 전혀 없다. …… 옛 사람들의 상세함은 대체(大體)를 상세히 한 것이었는데 명나라 사람들의 상세함은 작은 일을 상세히 한 것이었다.[19]

제시된 언급은 농암이 중국 송나라 구양수의 비문과 명나라 왕세정의 비문 글쓰기를 비교하여 평한 것이다. 농암은 여기서 구양수의 비문은 대상 인물의 일생 가운데 중요한 대체(大體)를 잡아서 서술하여 간략한 가운데 생동하는 기풍을 주고 있는 반면에 왕세정의 비문은 대소경중을 구별하지 않고 사소한 일들을 서술하여 번잡한 느낌을 주고 있다고 비판한다. 농암이 말하는 대체란 결국 필자가 대상 인물의 생애를 이해하는 데 있어 중요한 측면이라고 생각하여 부각시킨 삶의 요소를 뜻하는 것으로 한 인물의 생애는 몇 가지 대체를 중심으로 집약될 수 있다. 즉 농암은 비문 글쓰기란 사람의 일생 가운데 의미가 있는 대체를 잡아 이를 초점화시켜 서술해 나가야 한다는 장르 인식을 보여주고 있는 것이다.

농암의 이러한 인식은 그가 실제로 쓴 작품 곳곳에서도 드러나고 있다.

---

19) 今讀歐公諸碑誌 其提挈網領 錯綜關節 種種有法 簡而能該 詳而不繁 意度閒暇而 情事曲盡 風神生色處 又往往如畵 …… 其爲碑誌敍事 不問巨細輕重 悉書具載 煩冗猥瑣 動盈篇牘 網領眼目 未能挈出點注 首尾本末 全無伸縮變化. …… 古人之詳 詳於大體 明人之詳 詳於小事. 「雜識」 外篇, 『農巖集』 卷34. 국역은 ‘강민정 옮김, 『國譯 農巖集』 5, 민족문화추진회, 2005, 279~280면’을 인용하였으며, 원문은 국역본에 딸린 『農巖集』 영인본 94면을 인용하였다.

> 내 아우 대유(大有)가 배필 이유인을 사별하였다. …… 유인의 현숙함은 기록할 만한 것이 워낙 많아서 그것을 다 기록하면 너무 번잡할 것이고, 그렇다고 대략 기록한다면 혹 빠뜨리는 것이 있지 않을까 두려웠다. …… 그 중에 큰 것만 기록하고 나머지는 그로 인해 추리해서 알 수 있게 한다면 그런 대로 옛 사람의 뜻에 가까울 것이다.[20]

> 내 생각에, 공이 집안에 있을 때와 벼슬자리에 있을 때의 훌륭한 점에 대해서는 기록할 만한 것이 많다고 본다. 그런데도 나는 그것들을 모두 쓰지 않고 오직 사우(師友)간에 교제하면서 있었던 이런저런 일만 상세히 기록하여, 공이 젊어서는 실로 보통 사람을 뛰어넘는 자질과 뜻이 있었으나 끝내 큰일을 이루지 못한 것은 천명이지 인력으로 어찌 해 볼 수 있는 것이 아니었음을 보이니, 후세의 군자들도 애석하게 여길 것이다.[21]

제시된 언급에 드러난 것처럼 농암은 비주를 형상화함에 있어서 그의 일생을 세세히 드러내는 것보다 대체를 초점화하여 부각시키는 데 주력하고자 했다. 이는 농암이 금석이라는 한정된 공간 속에서 망인의 생애를 후세에 효과적으로 전달해야 하는 비지류 양식의 본질을 명확하게 인식한 결과 나타난 언급에 해당한다. 농암은 비지류 글쓰기의 방법으로 인물의 일생을 집약하여 보여줄 수 있는 대체를 초점화하는 글쓰기를 제안하고 있는 것이다.

---

20) 吾弟大有 喪其配李孺人. …… 孺人之賢 其可書者多矣 悉書之則疑於已繁 略書之則懼其或遺 …… 則唯書其大者 而其他因亦可見, 尙庶幾古人之意也歟. 「四嫂李孺人墓誌銘幷序」, 『農巖集』 卷27. 국역은 '송기채 옮김, 『國譯 農巖集』 4, 민족문화추진회, 2004, 268면'을 인용하였으며, 원문은 국역본에 딸린 『農巖集』 영인본 104면을 인용하였다. 이하 국역 부분과 원문 인용 부분은 페이지 수만 제시.

21) 余惟公居家居官 其善可書者多矣. 余皆不書 獨書其周族上下於師友間者爲詳 以見 公少日實有兼人之材志而其卒不遂者 天也非人 後之君子 尙亦悲而惜之. 「李仲深墓誌銘 幷序」, 『農巖集』 卷27; 『國譯 農巖集』 4, 300면, 117면.

> 이듬해에 거사는 의정공을 따라 서울로 돌아갔다가 9년 뒤에 기사년(1689, 숙종 15)의 화를 만나 다시 영평의 산중으로 들어갔는데, 당시에 네 나이가 11세였다. 그런데 아우 숭겸(崇謙)과 함께 십여 판(板)의 글을 배우자마자 문리(文理)가 나서 스스로 주자(朱子)의 『통감강목(通鑑綱目)』을 읽으면서 막히는 곳이 없었다. 날마다 문을 닫고서 책을 손에 들고 꼿꼿이 앉아 글을 음미하였는데 거의 침식을 잊을 정도였다. …… 백조(伯祖) 곡운(谷雲) 선생과 숙부 삼연자(三淵子)는 늘 그를 아껴서 불러다가 이야기를 나누고 여사(女士)로 대우하였으니 일가의 여인들 중에 그를 따를 자가 아무도 없었다. …… 한편 일찍이 형제들에게 "내가 남자가 되었더라면 다른 소원은 없고 오직 깊은 산중에 집을 짓고 수백 수천 권의 책을 쌓아 두고는 그 속에서 초연히 늙고 싶다." 고 했었는데 …… 거사는 예전에 일가의 일찍 죽은 여자를 위해 묘문(墓文)을 지은 적이 있는데 네가 당시에 그 글을 보고 말하기를, "이 사람은 그래도 우리 아버지의 문장을 얻어 그 이름이 영원히 전해질 것이니 죽음이 불행하지 않다." 하였고, 또 이따금 명중에게 이르기를, "나는 여자라 한스럽게도 세상에 드러난 공덕이 없으니, 차라리 일찍 죽어서 우리 아버지의 몇 줄 글을 얻어 묘석(墓石)에 새겼으면 좋겠다." 하였다.[22]

제시된 작품은 농암이 죽은 딸을 위해 지은 묘지명의 일부분이다. 여기서 농암은 딸의 일생을 학문에 대한 재능과 열정이라는 대체로

22) 其明年 居士從議政公 還京師 九年而遭己巳之禍 復入永平山中 時女年十一矣. 始同弟崇兼 受書十數板 文理輒通 能自讀朱子綱目 無所礙. 日閑戶 手卷兀然潛玩 幾不省寢飯 …… 伯祖谷雲先生 叔父三淵子 每愛呼與語 待以女士 一家諸女莫敢望. …… 顧嘗私謂兄弟 使吾得爲男子無他願 但願結屋深山 庋書百千卷 蕭然老其中足矣. …… 居士昔嘗爲一家殤女作墓文. 女時見之曰: "是尙得翁文爲不朽 其死非不幸也" 間又謂明仲: "吾女子也 恨無功德見於世 無寧蚤死得吾父數行文 以鐫墓石."「亡女吳氏婦墓誌銘 幷序」, 『農巖集』 卷27; 『國譯 農巖集』 4, 302～304면, 118～119면.

설정하고 여사로서의 풍모에 초점을 맞추어 서술해 나가고 있다. 죽은 딸이 어릴 때 글을 배우자마자 문리가 나서 침식을 잊을 정도로 서책에 몰두했다든가, 여자로 태어나 배우지 못한 한을 아버지의 묘문을 받아 대신하고 싶다고 말한 부분은 당대의 일반적인 여성 묘지명이 보인 모습과는 차별되는 부분이다. 이러한 특성은 이 글의 대체가 부덕과 관련된 면모보다는 문재와 배움에 대한 열망에 초점이 맞추어져 나타난 것이라 할 수 있다. 농암은 일찍 죽은 딸의 생애를 여사로서의 풍모에 초점을 맞춰 해석하고 의미를 부여하였던 것이다.

이처럼 비지류 글쓰기에 있어 대체에 대한 초점화를 통한 서술방식은 사자의 행적과 인품을 잘 드러내는 일화의 제시로 이어지기도 했다. 대체를 독자에게 분명하게 인식시킬 수 있는 방법은 바로 이를 잘 보여주는 일화를 드는 것이며, 이는 연암을 위시한 후대 문장가들의 비지류 글쓰기에서도 빈번하게 활용되었다.

> 군의 위인은 자태가 아름답고 담소를 잘하며 너그럽고 인자하며 활동한 효성과 우애가 극진하였다. 선비가 일찍이 역병을 앓은 적이 있었는데, 얼마 지나지 않아 집안사람들은 모두 피신하고 여종 몇 명만 남겨 두어 돌보게 하였다. 하루는 뜻밖에 군이 밖에서 왔는데 선비는 한창 정신이 흐릿하여 사람을 알아보지 못하고 귀마저 매우 어두운 상태였다. 군이 곧장 침상 앞으로 다가가 선비의 귀에 대고 큰 소리로 부르자 선비는 실낱같은 소리를 듣고 비로소 차츰 정신이 들어 그가 군임을 알아차렸다. 그리하여 기쁜 마음에 눈물을 흘리자 군도 눈물을 흘리며 말하기를 "내 우리 누이가 염려 되어 어른에게 고하지 않고 왔소." 하고는 며칠 동안 머물다가 나은 뒤에야 곁을 떠났다. …… 선비와 군의 우애가 이처럼 돈독했던 것이다. 군이 한 일로 말하면 또 상식적인 수준을 뛰어넘는 일에 능했다는 것을 알 수 있으니, 군의 다른 행

실도 이와 같은 것이 많을 것이나 지금은 상세히 알 수가 없다.[23)]

제시된 묘지명에서 농암은 외삼촌인 나명좌의 일생을 우애를 중심으로 하여 나타내고 있다. 누이가 역병을 앓고 있을 때 걱정이 되어 어른들에게 알리지도 않고 혼자 와서 병수발을 든 일화의 제시는 농암이 언급한 대로 다른 행실에 대한 언급이 없어도 나명좌라는 인물의 인품과 생애를 효과적으로 드러내주고 있다. 이러한 방식이 나명좌의 일생을 효와 우애, 충 등의 규범을 체화한 인물상으로 나열하는 방식보다 인물의 면모를 효과적으로 드러내주고 있음은 물론이다. 이러한 초점화되고 생동감 있는 인물상의 제시가 농암을 비지류 문학의 대가로 문명을 날리게 한 이유가 되었을 것이다.

농암은 묘주의 일생을 서술하는 데 있어서 대상 인물의 삶을 집약적으로 보여줄 수 있는 큰 행적에 초점을 맞추고자 했다. 일반적인 비지류의 글들이 묘주의 일생 행적을 빠짐없이 시간 순으로 나열하는 경향을 보여 평면적인 서술의 양상을 나타내는 데 비해, 농암은 인물의 생애가 지닌 대체에 주목하고자 하였다. 이를 통해 농암은 일반적인 비지류의 글들이 나타내는 지루한 행적의 반복을 피하고 인물의 개성과 삶을 보다 효과적으로 드러낼 수 있었던 것이다.

인물의 행적에 대한 평면적인 나열은 학습자들이 흔히 보이는 전기 쓰기의 양상과 흡사하다. 전기 쓰기에 미숙한 학습자일수록 대상 인물에 대한 생애의 일차적 자료가 되는 행적을 시간 순으로 나열하는 경향이 있다. 이렇게 되면 전기는 결국 연보의 나열에 다름 아

---

23) 君爲人 美姿貌善談笑 寬仁豁達篤於孝友. 先妣嘗遘厲 小間家人皆避去 獨留數婢視之. 一日 君忽自外至 先妣方昏瞀不識人 且聾甚. 君直造臥床前 附耳大呼 先妣聞有聲如絲髮 始稍醒 知其爲君也. 輒喜而泣 君亦泣曰: “吾念吾姊 不告長者而來矣.” 因留數日至良已內去. …… 蓋先妣與君相友愛者如此. 而若君之爲 又見其能於度外行事矣 凡君他行 類此者蓋多 而今亦不能詳也. 「伯舅墓誌銘 幷序」, 『農巖集』 卷27; 『國譯 農巖集』 4, 301～302면, 117～118면.

닌 것이 되고 만다. 따라서 전기 쓰기 교육에서는 학습자가 조사한 인물의 행적 자료를 바탕으로 글을 설계하도록 만드는 작업이 필요하며, 이는 인물의 행적 가운데 그의 개성과 특성을 드러낼 수 있는 자료의 초점화 작업을 요청하게 된다. 이러한 점에서 농암이 전개한 비지류 글쓰기의 비평과 실제 작품에서의 형상화가 의미를 띠게 되는 것이다.

3. 생애를 집약시킨 일화의 제시를 통한 글쓰기

연암은 총 18편의 비지류 작품을 남기고 있다. 이를 구체적으로 살펴보면 묘지명 5편, 묘갈명 9편, 묘표음기 1편, 신도비 1편, 기적비 1편, 탑명 1편이 있다. 이들 작품 가운데 연암이 사적 인연을 바탕으로 내적인 동기에서 창작한 글은 「伯姊贈貞夫人朴氏墓誌銘」, 「洪德保墓誌銘」 등 6편이 있다.[24] 잘 알려진 것처럼 연암은 고답적인 글쓰기에 대한 비판을 통해 현재의 사상과 정서를 강조한 글쓰기를 주창하였다. 이는 기존의 한문학 양식 글쓰기에 대한 연암의 의도적인 비틀기로 나타났으며 비지류 양식도 예외는 아니다. 연암은 기존의 형식화된 비지류 글쓰기에 대한 비판 의식을 다음과 같이 피력하였다.

> 나는 문장을 짓는 데 달리 잘하는 건 없고 사실을 기술하고 대상을 묘사하는 솜씨가 요새 사람들보다 조금 나을 뿐이다. 요새 사람들이 지은 비지(碑誌)는 대개 판에 박은 듯하여 한 편의 글을 여러 사람에게 써 먹을 수 있다. 그러니 대체 돌아가신 분의 정신과 모습을 어디서 떠

24) 제시된 두 작품 외에 이에 해당하는 작품은 「族孫贈弘文正字朴君墓誌銘」, 「伯嫂恭人李氏墓誌銘」, 「三從兄綏祿大夫錦城尉兼五衛都摠府都摠管贈謚忠僖公墓誌銘」, 「癡庵崔翁墓喝銘」이 있다.

> 올릴 수 있겠느냐? 그래서 삼연(三淵)공께서는 “우리나라 사람들 문집은 상갓집 곡비(哭婢)의 울음소리와 같다.”라고 하신 것이다. 옛 사람은, “얼굴이 둥글면 모난 데를 그리고 얼굴이 기다라면 짧은 부분을 그린다.”라고 했거늘, 사마천의 열전과 한유(韓愈)의 비문(碑文)이 읽을 만한 건 이 때문이다. 지금 사람들은 이 뜻을 모르고서 종이 가득히 진부한 말과 죽은 구절만 채워넣고 있다. 그러면서 한다는 말이, “이렇게 해야만 법도에 맞고 충실한 글이 된다.”라고 한다. 나는 모르겠다. 이게 무슨 글쓰는 법인지?[25)]

제시된 글에서 연암이 문제삼고 있는 비문은 진부한 말과 죽은 구절을 사용하여 사자의 정신과 모습을 떠올릴 수 없게 만들면서도 법도에 맞고 충실하다고 주장하는 글이다. 여기서 진부한 말과 죽은 구절이란 유교적 규범에 입각하여 사자의 생애를 칭송하는 데 급급한 상투적인 문구를 뜻하는 것으로, 이로 인해 한 사람의 비문은 다른 사람의 것과 구별되지 않는 판에 박힌 듯한 모습을 띠게 되는 것이다. 비문이 지닌 이러한 문제를 해결하기 위하여 연암은 옛 사람의 말을 인용하여 인물의 개성을 드러내는 글쓰기를 제안하고 있다. 얼굴이 둥글면 모난 데를 그리고 얼굴이 기다라면 짧은 부분을 그려야 한다는 말은, 인물의 삶을 서술할 때 그 사람의 생애에서 가장 두드러진 부분을 나타내야 한다는 뜻으로 해석된다.

연암은 이처럼 비문 글이 지닌 상투성에 대해 강한 비판 의식을 지녔으며, 망자의 생생한 면모를 보여줄 수 있는 방법으로서 일화의

---

25) 先君又嘗言: “吾於文無他長, 惟紀事狀物之才, 稍勝於今人. 今人碑誌之作, 大低 多印板例套, 一篇之作, 可移用於人人, 而其人之神精典型, 從何想見? 此三淵翁 所謂‘東人文集, 如人家哭婢聲’者, 是也. 古人所謂‘貌圓方寫, 貌長短寫’者, 馬傳・韓碑所以可讀, 而今人不知此義, 但取累累滿紙陳談死句, 曰: ‘如此然後, 可謂典實.’ 吾不知此爲何許文法” 『過庭錄』 卷4. 국역은 박종채 지음/박희병 옮김, 『나의 아버지 박지원』, 돌베개, 1998, 183면. 원문 인용은 같은 책, 356～357면 인용.

제시를 즐겨 사용 하였다.

> 아! 슬프다. 누님이 갓 시집가서 새벽에 단장하던 일이 어제런 듯하다. 나는 그때 막 여덟 살이었는데 응석스럽게 누워 말처럼 뒹굴면서 신랑의 말투를 흉내내어 더듬거리며 은근하게 말을 했더니, 누님이 그만 수줍어서 빗을 떨어뜨려 내 이마를 건드렸다. 나는 성을 내어 울며 먹물을 분가루에 섞고 거울에 침을 뱉어 댔다. 누님은 옥압(玉鴨)과 금봉(金蜂)을 꺼내 주며 울음을 그치도록 달랬었는데, 그때로부터 지금 스물여덟 해가 되었구나.[26]

제시된 글은 연암이 먼저 죽은 누이를 위해 쓴 묘지명의 일부분이다. 여기서 연암은 자신의 기억 속에 살아 있는 누이와의 추억의 한 토막을 꺼내 그림을 그리듯 장면화하여 제시함으로써 누이가 지닌 온화한 성품을 효과적으로 보여주고 있다. 일화에 나타난 짓궂게 떼를 쓰며 말썽을 부리는 동생과 이를 조용히 달래는 누이의 모습과의 대비는 누이의 성격에 대한 직접적 진술이 가져다 줄 수 없는 생동감을 불러일으키고 있다. 특히 이 작품은 묘지명의 일반적인 글쓰기 방법을 따랐던 원래의 것을 나중에 수정한 것으로 비지류 글쓰기에 대한 변화하는 연암의 글쓰기 의식을 잘 보여주는 자료로 알려져 있다. 『弁世集』에 실린 원래의 작품과 『燕巖集』에 실린 개작 작품을 비교해 보면 원래의 작품에 쓰였던 세계(世系)와 남편의 선대(先代), 가정생활, 누이의 성품에 대한 직접적 제시 등 종래 묘지명에서 관습적으로 요구하던 내용이 과감히 생략되고, 대신 시집가

26) 嗟乎! 姊氏新嫁 曉粧如昨日. 余時方八歲 嬌臥馬傳效婿語 口乞鄭重 姊氏羞 墮梳觸額. 余怒啼 以墨和粉 以唾漫鏡. 姊氏出玉鴨金蜂 賂我止啼 至今二十八年矣. 「伯姊贈貞夫人朴氏墓誌銘」, 『燕巖集』 卷2. 원문은 박지원, 『燕巖集』, 경희출판사, 1966, 50면. 국역은 김명호 옮김, 『國譯 燕巖集』 1, 민족문화추진회, 2005, 238면. 이하 인용 페이지만 표시.

던 날 방안의 정경을 묘사하는 부분이 강화되어 나타나고 있다.[27] 이처럼 묘지명이 요구하던 의례적인 부분의 서술을 제거하고, 누이와의 추억의 장면을 강화해 나간 것은 일화를 통해 누이의 성품과 자신의 감정을 보다 생생하게 드러내고자 한 연암의 의도로 파악할 수 있다.

> 지원(趾源)이 일찍이 공을 따라 국경을 나갔다가 요하(遼河)에서 비로 길이 막혔는데, 하루는 공이 스스로 나가 물을 살펴보고는 드디어 급히 채찍질하여 곧장 건너므로 사람들이 허둥지둥 놀라서 뒤를 따랐다. 강을 건너고 난 뒤 공이 사람들을 불러 위로하기를 "오늘일은 진실로 위태로웠다. 그러나 왕조의 위덕(威德)에 힘입은 자는 물에 빠져 죽을 리가 없고, 설사 빠져 죽는다 해도 이것은 자기의 직분이다." 하였다. 이로부터 사람들이 아무도 감히 다시는 물이 넘실대어 건너갈 수 없다고 말하지 못하였다.[28]

비문에서 연암은 대상 인물의 언급을 직접 인용함으로써 자신이 의도한 인물상을 완성하고자 하는 경향을 보였다. 인물과 관련된 일화에서 연암이 즐겨 사용한 대화의 직접적 언급은 자신이 형상화하고자 한 인물의 삶에 대한 예증의 역할을 하고 있다. 제시된 작품에서 연암은 삼종형 박명원의 충성심을 그의 행동과 말을 통해 직접적으로 보여줌으로써 자신이 의도한 인물상을 효과적으로 전달해 나가고 있다. 한 인물의 성품과 관련된 중요한 행적과 그에 대한 해

---

27) 정민, 「연암 박지원의 <백자증정부인박씨묘지명> 개작 과정」, 『문헌과 해석』 13, 문헌과 해석, 2000.

28) 趾源嘗從公出疆 阻雨遼河 一日公自出視水 遂趣鞭直渡 衆錯愕隨之. 旣渡河 公招衆慰之曰: "今日事誠危矣. 仗王靈者 理無溺死 設溺死 職耳." 自是衆莫敢復言 水盛不可渡者. 「三從兄綏祿大夫錦城尉兼五衛都摠府都摠管贈諡忠僖公墓誌銘」, 『燕巖集』 卷3, 85면; 『國譯 燕巖集』 1, 487면.

당 인물의 직접적 언급의 제시는 인물을 살아 숨쉬게 만들어 생애의 면모를 생동감 있게 전해주고 있다. 이는 바로 한 인물의 삶을 스스로에게 말하도록 만드는 것으로 생동감 있는 인물상을 구현하는 효과적인 기교로 작용하고 있다.

연암이 비지류 글들에서 보인 일화의 활용과 대화의 직접적 제시는 이들을 소설과 구별할 수 없을 정도의 모습으로 만들기도 한다.

> 종가(宗家)의 아우가 젊은 나이에 허랑방탕하여 전답과 가택을 다 잃고 나니, 옹은 집을 사서 그의 선령(先靈)을 편안히 모시고 나아가 그를 대신해서 제전(祭田)을 다시 마련하자, 종족들이 서로 옹을 말리며, "한갓 재물만 허비할 뿐이지 아무 보탬이 안 될 거요" 하였다. 그러자 옹은 정색을 하면서, "제전이 있으면 비록 제사를 못 지내게 된다 할지라도 내 마음에는 제사를 올린 거나 마찬가지요" 하며, 그를 도와서 가업을 일으키게 하느라 천 냥이 들었다. 종족들이 자기네끼리 몰래 비난하기를 "옹은 전에 이미 아무 보탬이 안 되고 그의 허물만 보태주었는데 지금 또다시 보태주니 이 어찌 옹의 허물이 아니겠는가?" 했는데 과연 몇 해가 못 가서 재산을 다 말아먹고 말았다. 그래도 또 그에게 천 냥을 주었더니 마침내 가업을 일으키고 착한 선비가 되었다.[29]

한평생을 남을 돕다 전 재산을 다 쓰고 죽은 최옹이라는 인물의 생애를 다룬 위 작품은 묘갈명이라는 표지를 제외하면 소설이라고 해도 무방할 정도의 형상화 양상을 보이고 있다. 이 글에서는 허랑

---

29) 宗弟年少浪蕩 盡喪其田宅 爲買屋 以妥其先靈 爲之改營祭田 則宗族相與止翁曰: "徒費無益也" 翁愀然曰: "有田雖不祭 於我心猶祭也" 助之立業嘗千金. 宗族竊議: "翁前旣無益 益其過 今又復益之 豈非翁之過耶?" 不數年而果乾沒焉. 又與之 千金 卒立業爲善士. 「癡庵崔翁墓喝銘」, 『燕巖集』 卷2, 52면; 『國譯 燕巖集』 1, 250~251면.

방탕한 일가 젊은이를 도우려는 최옹과 이를 못마땅하게 여기는 종중 사람들과의 의견 대립이 대화의 직접적 제시를 통해 실감 있게 형상화되어 소설적 면모를 여실히 보여주고 있다. 이 작품에 나타난 소설적 형상화 수법은 한 인간의 생애를 공적인 연보와 규범적 평가의 나열로 일관하였던 일반적인 비지류 글쓰기 방식과 대척점에 서 있는 것으로 연암의 비지류 글쓰기 방식이 향한 종착점을 잘 드러내주고 있다.

일화의 제시를 중심으로 한 연암의 비지류 글쓰기 방식은 전기 쓰기에서 효과적으로 활용될 수 있다. 전기 쓰기는 한 인간의 삶을 평가하고 이를 후세에 전하려는 목적을 띠고 있으며, 한 인물의 생애에 대한 실감 있는 전달은 이를 집약적으로 드러낼 수 있는 일화를 통해 달성될 수 있다. 한 인간에 대한 평가는 그가 생을 통해 보여준 언행에 의해 이루어지기 마련이므로 전기에서는 한 인간에 대한 인식을 일화나 그의 직접적인 언행을 통해 보여주는 것이 필요하다. 전기는 바로 대상 인물에 대한 주체의 인식과 평가, 그리고 이를 집약적으로 보여줄 수 있는 일화를 통해 완성되는 양식이라 할 수 있겠다.

Ⅳ. 비지류 양식을 활용한 전기 쓰기 교육의 방안

비지류는 전기문의 역사적인 한 형태라 할 수 있다. 비지류 양식은 비석이라는 물리적으로 한정된 공간 안에 죽은 자의 일생을 담아내는 글쓰기를 수행하기 때문에 압축된 전기문의 특성을 지닌다. 비지류 양식이 지닌 이러한 특성은 전기 쓰기의 학습에 유용하게 쓰일 수 있다. 실제로 학교 현장에서의 전기 쓰기 교육은 교수 학습 상황과 학습자의 쓰기 능력에 의해 제한받을 수밖에 없는데, 비지류 양식이 지닌 압축된 전기문으로서의 완결성은 교육적 활용도가 높다고 하겠다.

전기 쓰기의 절차는 일반적으로 '1) 계획하기(① 자료 준비 ② 자료 검증 ③ 집필 방향 선정)→2) 조직하기(인물 사건 배경 평가의 네 요소를 포함하여 대체로 연대기 순으로 조직한다.)→3) 표현하기(사실적 요소와 상상적 요소를 배합하여 쓴다.)→4) 고쳐쓰기(충분한 자료를 바탕으로 진실되게 썼는가 검토한다.)'의 단계로 설명된다.[30] 전기문 쓰기의 절차를 6단계로 설정한 연구에서는 '인물선정→자료 수집→내용 요소 선정(인물의 총체적인 삶을 보여줄 수 있는 내용 요소 선정)→내용 요소 배열→각 단락의 표현(사실-문학적 표현-평가의 순서를 고려하여 표현하기)→글다듬기'의 단계로 설명하기도 한다.[31]

전기 쓰기를 수행함에 있어서 중점이 되는 요소는 한 인물의 생애 가운데 주목해야 할 사항을 선정하는 것과 그에 걸맞은 인물 형상화라 할 수 있다. 앞서 살핀 전기 쓰기의 과정에서 이는 집필 방향의 선정과 사실적 요소와 상상적 요소를 배합하여 쓰기 혹은 인물의 총체적인 삶을 보여줄 수 있는 내용 요소 선정과 사실-문학적 표현-평가의 순서를 고려하여 표현하기와 관련이 깊다. 집필 방향의 선정과 인물 형상화의 문제는 농암과 연암이 비지류 글쓰기의 핵심적인 요소로 지적한 것으로 전기 쓰기 교육도 이 두 가지 점에 초점을 맞추어 교수 학습이 이루어져야 한다.

전기 쓰기에서 집필 방향을 선정한다는 것은 한 인물의 생애를 필자의 시각에 맞추어 해석하는 과정을 의미한다. 한 인간의 생애는 복잡다단한 경험과 사연의 연속으로 이루어져 있어 그 전모를 드러내는 것은 불가능하다. 따라서 필자는 수집한 자료에서 대상 인물의

30) 민현식 외, 『작문』, 금성출판사, 2003.
31) 박미정, 앞의 논문, 2006, 180면.

삶과 개성을 집약적으로 보여줄 수 있는 요소를 선정하여 초점화해야 한다. 필자의 해석과 평가를 통해 초점화 시키지 못한 개별적 사실의 나열은 농암이 비판했던 번다하고 자잘한 일로 한 인물의 생애를 서술하는 잘못을 범하는 것이 된다. 전기 쓰기의 과정에서 학습자는 대상 인물에 대한 자료를 수집하고 해석적 관점을 바탕으로 선택 과정을 거쳐 대체를 설정하며 이에 초점을 맞춰 대상 인물의 생애를 부각시켜 나가야 한다.

전기 쓰기에서 대상 인물의 생애 가운데 주목할 요소를 정한 다음에 수행해야 할 작업은 그와 관련된 인물의 면모가 생생하게 드러나도록 형상화하는 것이다. 이러한 인물 형상화 작업에는 사실에 바탕한 일화의 제시가 요청되며, 여기서 필자는 기억의 회고나 인물의 언행에 대한 묘사와 인용을 통해 일화를 구성하게 된다. 인물의 생애를 대표하는 일화가 필자의 직접적 경험 영역에 있지 않은 경우에 필자는 사실적 요소에 상상적 요소를 배합하는 작업을 하게 된다. '사실-문학적 표현-평가'의 항목에서 문학적 표현이란 상상적 요소와 상통하는 것으로 전기 쓰기에서 필자는 인물의 면모를 구체적으로 드러내기 위해 사실에 바탕하여 추론 가능한 상황을 일화로 구성하게 되는 것이다.

연암의 묘지명 작품에 나타난 것처럼 일화의 제시는 한 인물의 생애를 생동감 있게 드러내는 효과적인 방법이 된다. 이는 한 인물의 생애에 대한 예증의 성격을 지니며, 독자는 이를 통해 필자가 표현하고자 하는 인물상을 실감 있게 느끼게 된다. 일화의 제시가 없다면 전기는 지루함을 주기 쉬운데, 이는 독자에게 대상 인물의 형상을 생생하게 전달하지 못하기 때문에 나타나는 현상이라 할 수 있다. 전기문이 한 인간의 생애를 후세에 제대로 전달하고자 한다면 이러한 일화의 제시는 반드시 필요하다고 하겠다.

물론 인물 형상화와 관련된 문학적 표현, 즉 일화의 제시는 사실에 바탕을 두고 있어야 한다. 사건의 시발과 진행, 결과로 이어지는 과정을 사실을 뼈대로 하여 납득될 수 있도록 살을 덧붙이는 것이 여기에서 학습자가 해야 할 작업이다. 전기가 객관적 사실을 설명하고 기술하는 글과 구분되는 지점은 이와 같은 일화의 제시에 있으며, 소설과 전기를 나누는 지점은 바로 일화의 사실성 여부에 달려 있다고 하겠다. 일화의 제시가 사실을 넘어서 필자의 상상적 추론에 과도하게 의존하게 될 때 전기는 사실의 영역을 벗어나 허구의 영역으로 옮겨가게 되는 것이다.

한 인물의 생애를 대상으로 대체를 설정하고 이를 일화를 통해 생생하게 예증하는 데에는 해석의 관점과 일화와의 유기적 관련성이 중요하게 작용한다. 이는 한 인물의 생애를 해석하는 일관성과 관련이 되며, 전기문에 나타난 인물의 면모와 일화는 밀접한 연관성을 지니고 있어야 한다. 인물에 대한 해석의 관점은 그 사람의 언행에 대한 필자의 누적된 관찰의 결과 형성되는 것이며, 전기 쓰기는 이와는 반대로 필자에게 형성된 인물상을 이를 가능하게 만든 대표적인 일화의 제시를 통해 독자에게 설명하고 납득시키는 과정이라 할 수 있다. 따라서 전기 쓰기 교육은 한 인물의 생애에 대한 해석 관점과 일화의 제시가 일종의 논증 관계를 형성하여 한 인물의 삶이 독자에게 효과적으로 전달될 수 있도록 지도되어야 하겠다.

V. 맺음말

전기는 한 인물의 생애에 대한 사실적 정보의 전달과 함께 그에 대한 필자의 해석과 평가가 어우러져 존재하는 양식이라 할 수 있다. 전기문의 교수 학습 상황을 염두에 둘 때 글쓰기 능력이 미숙한 학습자들일수록 한 인물의 생애를 객관적인 정보의 나열이나 단편적인 사건의 연속으로 서술하는 경향이 보인다. 이는 학습자들이 전기문을 보고서나 설명문과 같은 사실적 정보를 전달하는 글로 인식하기 때문에 발생하는 현상일 수도 있다.

전기는 사실을 바탕으로 하지만 인물의 삶에 대한 필자의 적극적인 해석과 평가를 요구하며, 독자들에게 이를 효과적으로 보여줄 것을 요청한다. 이런 점에서 전기의 역사적인 한 형태에 해당하는 비지류 양식이 지닌 상투성을 비판하고, 인물의 생애를 해석하는 명확한 관점의 수립과 효과적인 인물 형상화 기법을 강조한 농암과 연암의 주장은 오늘날 전기 쓰기 교육의 설계에 시사하는 바가 크다.

전기는 인물의 생애에 대한 자료의 신빙성 측면에서 보면 사실적 속성을 지니고, 인물의 형상화 측면에서 보면 허구적 속성을 지니고 있다. 그간의 교육과정에서는 전기를 정보 전달을 위한 글쓰기의 하위 양식으로 인식하는 경향을 나타내었다. 앞서 살핀 대로 전기는 문예적 성격을 다분히 포함하는 양식이라 할 수 있으며, 따라서 전기 쓰기 교육의 측면에서도 인물에 대한 해석과 형상화를 수반하는 문예성에 대한 고려가 필요하다. 전기 양식이 지닌 문예성에 대한 고려를 바탕으로 하여 전기 쓰기 교육이 설계될 때 학습자의 능동적인 글쓰기와 이를 통한 학습자의 성장이 더욱 원활하게 이루어질 것이라 생각한다.

정서적 글쓰기에 나타난 창의적 발상

- 제문(祭文) 양식을 대상으로 -

Ⅰ. 머리말

글쓰기는 기존의 관습에 대한 모방과 개성에 의한 창의성의 발현이라는 두 요소 사이에서 긴장 관계를 갖는다. 관습에 바탕한 글은 안정성을 가질 수 있지만 기존의 양식에 대한 모방에 치우치게 되면 상투적이라는 비판을 면할 수 없게 되고, 개성에 바탕한 창의적인 글은 새로운 의미를 창출할 수 있지만 기존 양식에 대한 지나친 파괴는 의미의 혼란을 가져올 수 있다. 따라서 관습에 대한 지나친 의존과 새로움에 대한 맹신은 글쓰기에서 지양해야 할 요소에 해당된다. 결국 주체는 글쓰기의 목적과 상황에 따라 기존 양식에 대한 모방과 창조 사이에서 적절한 선택을 수행해야만 한다.

글쓰기에서 관습성과 창의성 사이의 관계는 서로 배타적인 것이 아니다. 관습이 전제되지 않는 창의성은 일회적인 것에 그치게 될 우려가 있고, 창의적 시도가 행해지지 않는 관습은 상투성에 매몰돼 정체될 여지가 있다. 오늘날의 글쓰기에서 높은 가치를 부여하는 창의성 또한 전래의 관습적 양식과 비판적 긴장 관계를 맺지 않고 기발함만을 강조할 때 방향성을 잃게 될 여지가 크다. 즉 창의적 글쓰기가 의의를 지니려면 기존의 관습적 글쓰기가 지닌 상투성을 비판하고 그에 바탕하여 새로운 변화를 모색하는 시도가 행해져야 한다.

본고는 창의적인 글쓰기가 기존의 글쓰기 관습에 대한 비판과 이에 기반한 새로운 의미 창출을 통해 가능하다는 관점에서 중세 사회에서 널리 행해졌던 제문(祭文) 글쓰기의 관습성과 연암 박지원의 제문 글쓰기에 나타난 창의성을 비교・분석해보고자 한다. 제문은 제사에서 의식적 기능의 한 축을 담당하면서 관습화된 형태를 띠었는데, 조선후기에 이르러서는 망인에 대한 애도의 정서가 강화되면서 다양한 제문이 쏟아져 나오게 되었다.[1] 본고는 제문이 망인에 대한 애도의 정서를 표현하는 양식으로서 본격적으로 인식되기 시작한 조선후기 제문 글쓰기의 관습적 면모를 살펴보고 이에 창조적으로 대응하고자 했던 연암의 글쓰기 방법론에 주목하고자 한다. 널리 알려진 것처럼 연암은 법고창신(法古倉新)을 주창하여 글쓰기에 있어서 전범에 근거를 둔 창의성을 강조하였다. 제문 글쓰기가 지닌 관습적 방식과 이에 대한 새로운 변용 가능성을 제시한 연암의 제문 글쓰기에 대한 분석을 통해 오늘날의 창의적 글쓰기 교육에 필요한 교육적 시사를 찾고자 하는 것이 본고의 의도이다.

Ⅱ. 창의성과 창의적 글쓰기

창의성은 연구의 초기에는 비합리적인 대상으로 파악되었기 때문에 이성적인 것과는 거리가 멀다고 인식되었으나 연구가 진행됨에 따라 정상적인 인간 사고의 한 유형으로 문제해결 과정에서 요구되는 고도의 인지적인 능력으로 인식되기 시작했다. 창의성은 '모험적

---

1) 제문은 17세기 무렵부터 작가층의 확대와 작품 수의 증가, 문학성의 심화 등을 통해 망인을 애도하는 대표적 글쓰기 양식으로서의 위상을 확립하였다. 본고에는 이러한 특성을 지니는 17세기 이후부터의 제문을 대상으로 하여 논의를 전개하고자 한다. 조선후기 제문 글쓰기의 경향은 '황수연, 「17세기 '祭亡室文'과 '祭亡女文' 연구」, 『한국한문학연구』 30, 한국한문학회, 2002' 참조.

사고'의 일종으로 고정된 틀에서 벗어나 경험을 수정하여 한 가지 사물을 다른 사물과 연관 짓는 능력, 관계없는 것처럼 보이는 각각의 대상들이 지닌 연관성을 포착해 낼 수 있는 능력으로 파악된다. 따라서 창의성 교육에서는 사고에서의 압력을 제거하고 적극적인 학습 태도를 형성하기 위한 유창성을 기르는 활동과 사고에서의 관점 변환과 내적 조작이 가능한 융통성을 길러주는 활동이 강조된다.2)

창의성은 논리적 정확성을 통해 한 가지 해답을 찾는 것이 아니라 여러 가지 가능한 해결 방안들을 제시한다는 점에서 확산적 사고와 밀접한 관련이 있다. 수렴적 사고는 이미 배운 것을 재생하고 알고 있는 도식을 새로운 환경에 기계적으로 적용하는 데 비해, 확산적 사고는 민첩성, 융통성, 독창성과 같은 요소를 포함하고 있으며 많은 새로운 아이디어를 산출하는 것이 특징이다. 이 가운데 독창성은 창의력의 가장 중점적인 특성이며, 창의력이란 드물고 예상외인 독특한 아이디어를 갖는 것이라 할 수 있다. 창의력은 사이비 창의력, 외견적 창의력, 진정한 창의력의 세 단계로 나눌 수 있다. 사이비 창의력이 무질서한 태도와 고집, 유용성과 효과성 결여라는 특성을 보인다면 외견적 창의력은 진정한 창의력의 모든 요소를 포함하고 있지만 현실성이 부족한 단점이 있다. 진정한 창의력은 유용한 결과를 초래한다. 진정한 창의력은 전문적인 관찰자로 하여금 한 순간의 통찰을 통해 강압적으로 수용하게끔 만드는 명백성을 띠고 있으며, 공적인 가치 안에서 "나는 왜 그러한 생각을 하지 못했지?" 라는 생각을 가지도록 만든다.3)

창의성 이론에서는 학습자가 스스로를 검열하지 않는 자유로운 사고방식을 강조한다. 학습자들의 자유로운 발산적 사고는 창의성

2) 임선하, 『창의성에의 초대』, 교보문고, 1997, 25～49면, 125면.
3) Arthur J. Cropley 지음/김선 옮김, 『교육과 창의성』, 집문당, 1995, 11～36면.

신장을 위한 필요조건에 해당하는 것이다. 하지만 발산적 사고가 그대로 창의성으로 이어지는 것은 아니며, 새롭고 독특한 생각이 창의적 사고로 발전하기 위해서는 현실적 유용성을 획득해야만 한다. 창의성 교육의 핵심은 바로 새로운 사고가 현실적 유용성을 담지할 수 있도록 만드는 데 있으며, 여기에서 바로 보편적 이해와 지식의 요소가 중요하게 작용한다. 즉 창의성에는 사회적 상호 작용의 가능성에 대한 고려가 요청된다.[4)]

창의적 글쓰기와 관련한 논의에서도 창의적 글쓰기가 기존의 규범을 전제로 할 때 가능하다고 보는 것이 일반적이다. 즉 기존의 규범을 인식하고 그 규범에 대한 비판적 인식을 기반으로 할 때 창의적인 글의 생성이 가능해진다는 것이다. 창의적 글쓰기를 위해서는 전범 텍스트의 학습이 중요한데 그 양상은 장르 개념으로서의 문체를 익히는 것과 작가의 개성에 해당하는 스타일로서의 문체를 익히는 것의 두 가지로 나뉠 수 있다. 창의적 글쓰기 교육에서는 이와 같은 장르와 스타일로서의 문체를 익히는 것이 학습의 기본 목표가 되며, 문체에 익숙해진 뒤에야 자유로운 활용이 가능한 새로운 글쓰기 단계로 진입할 수 있게 된다.[5)]

창의적인 작문 프로그램 교육에 대한 연구에서도 그 과정을 '이해→탐구→프로젝트'의 3단계 심화 활동으로 체계화시켜 창의적 글쓰기에서 선이해의 요소를 강조하고 있다. 이를 살펴보면 이해 단계에서는 기본적인 지식과 기능의 학습이, 탐구 단계에서는 읽기와 쓰기가 통합된 활동과 비판적이고 종합적인 사고력이, 프로젝트 단계에서는 현실적인 과제를 주체적으로 수행하고 창의적인 사고의

---

4) 지식, 관습적 인지구조와 창의성의 관계에 대한 설명은 Arthur J. Cropley 지음/이경화 외 옮김, 『창의성 계발과 교육』, 학지사, 2004, 42~46면, 61~64면.

5) 조희정, 「창의적 글쓰기와 전범 텍스트 학습의 상관성」, 『국어교육』 100, 한국국어교육연구회, 1999.

결과물을 발표하고 평가하는 활동이 제시되고 있다. 수업 유형별 초점 및 특징은 이해 유형은 장르 이해와 작문 방법에 대한 학습, 탐구 유형은 작문 학습 방법에 기초한 텍스트 읽기와 분석, 프로젝트 유형은 실제 상황에 맞는 작문 수행에 놓여 있어, 창의적 글쓰기 교육에서 기존의 글쓰기 방법에 대한 학습이 지닌 중요성을 잘 보여주고 있다.[6)]

창의성과 창의적 글쓰기에 대한 논의에서 살펴볼 수 있는 것은 창의성이 기존의 규범이나 관습과 무관하게 돌출적으로 생성되지 않는다는 점이다. 창의성은 관습성에 기반한 대타적인 사고에서 나오는 것으로 사회적 의사소통 과정에서 유효한 것으로 받아들여질 때 성립된다. 창의적 글쓰기 또한 이와 마찬가지라 할 수 있다. 창의적 글쓰기는 관습에 대한 집착과 일탈 사이의 긴장 관계를 통해 형성되는 것이다. 결국 창의적 글쓰기는 전래의 글쓰기 관습에 대한 변용이 현실적 효용을 창출할 때 달성될 수 있다.

Ⅲ. 제문 글쓰기의 관습성

1. 제문 양식의 성립과 발달 과정

제문은 제사를 거행할 때 읽는 글로서 애제류(哀祭類) 문장 양식 중의 하나이다. 인간의 죽음을 대상으로 지어진 글들은 비지류(碑誌類), 전장류(傳狀類), 애제류(哀祭類)로 분류될 수 있다. 이 가운데 애제류는 작자의 슬픈 감정을 주로 나타낸다는 점에서 고인의 행적에 대한 언급을 주로 하는 비지류, 전장류와 구분된다. 애제문은 애사

---

6) 박수자 외, 「언어 영재를 위한 창의적 작문 교수학습 프로그램 개발 연구」, 『국어교육학연구』 21, 국어교육학회, 2004.

(哀辭), 제문(祭文), 뇌(誄) 등을 포괄하는 개념인데 애사는 제 명을 다하지 못하고 죽은 사람을 애도하는 경우에 주로 쓰이고, 뇌는 시호(諡號)를 짓기 위한 자료로서의 역할을 한다는 점에서 제문과 차이를 지닌다.[7)]

제문은 원래 비를 빌고 재액(災厄)을 제거하는 내용을 담은 기도문에서 출발하였다. 따라서 고대의 제문은 축사(祝詞)를 통해서 신들에게는 경건함을 보이고 선조에 대해서는 공순함을 나타내었다. 원래 예의 규정에 의한 제사는 신에게 공물을 보고하는 것에 그쳤는데, 중세 이후의 제문은 인간의 언행을 찬미하는 것까지 겸하는 형태로 변하게 되었다.[8)]

명나라의 서사증은 『文體明辯』, 「祭文」조에서 제문에 대하여 다음과 같이 설명하였다.

> 살펴보건대 제문이란 親友를 제사지내는 글이다. 옛날의 제사는 歆饗하기를 고하는데 그쳤을 뿐이나 中世 이후에는 言行을 기리고 哀傷의 뜻을 의탁하는 것을 겸하게 되었으니 대개 祝文이 변한 것이다. 그 글에는 散文과 韻語와 儷語가 있는데, 韻語 중에는 또 散文과 四言, 六言, 雜言, 騷體와 儷體가 있어서 같지 않다.[9)]

제시된 글에서 잘 드러나듯 신에 대한 기도문 형식에서 출발했던 제문은 중세 이후에 고인의 행적을 칭송하고 그 죽음에 대하여 슬픔의 감정을 표현하는 것으로 변모하게 되었다. 죽음이란 인간의 숙명이며 가까운 이의 죽음을 경험하게 되는 것은 보편적인 체험 영

---

7) 황의열, 「한국 비지류 연구」, 성균관대 박사논문, 1996, 18～21면.
8) 유협 지음/최신호 옮김, 『文心雕龍』, 현암사, 1975, 41～42면.
9) 按祭文者 祭奠親友之辭也. 古之祭祀 止於告饗而已 中世以還 兼讚言行以寓哀傷之意 蓋祝文之變也. 其辭 有散文有韻語有儷語 而韻語之中 又有散文四言六言雜言騷體儷體之 不同. 서사증, 『文體明辯』 四, 보경문화사, 1984, 165면.

역에 속한다. 죽음은 글쓰기의 대상으로서 오랜 생명력을 유지해 왔으며 제문은 그 죽음을 다룬 대표적 글쓰기 양식 중의 하나로 존재해 왔다. 즉 산 자들은 제문을 통해 죽은 이를 기억하고 그로 인한 슬픔을 글로 대신하고자 했던 것이다.

우리의 경우를 살펴보면 조선 시대에는 죽은 자에 대한 예법인 상제례(喪祭禮)가 매우 중시된 결과, 제문은 제사 의식과 결부되어 활발하게 창작되는 양상을 보였다. 조선시대에 제문이 쓰인 양상을 좀 더 자세히 살펴보면 제문이 망자를 형상화하고 애도하는 방식에 있어서 차이점이 나타난다. 조선 초기까지의 제문이 보편적 이념을 개인적 정서보다 앞세우는 양상을 보였다면 16세기 이후에는 제문이 대표적인 애도 양식으로서 자리를 확보하게 되면서 절친한 사람의 죽음에 대해 곡진한 인정을 나타내는 경향의 작품들이 많아지게 된다.[10] 또한 17세기에 제문은 여성을 대상으로 한 작품의 급속한 증가, 대상과 작가의 확대, 문학성의 심화, 언문 제문의 출현 등으로 인해 정서적 기능이 강화되면서 오랜 생명력을 유지하는 문학 양식으로 정착하게 된다.[11]

즉 제문 양식은 망인을 윤리적으로 이상화하여 칭송하는 의례적 기능을 위주로 하다가 17세기 무렵부터 작자의 정서 표현에 비중을 둔 서정성이 강한 작품이 많이 나타나게 되었다. 제문 양식의 서정성 강화는 제문을 독자층을 지닌 문학 작품으로 성립하게 만들었으며 다양한 작품들이 필사를 통해 유통됨으로써 사회적인 영향력을 확대하게 된 것으로 보인다.[12] 조선후기에 본격화된 제문 양식의 서

10) 이은영, 『제문, 양식적 슬픔의 미학』, 태학사, 2004, 271~278면.

11) 황수연, 같은 논문, 2002, 66~67면.

12) 제문은 그 글의 문학성이 뛰어나다고 인정될 때 전사되어 사회적으로 유통되는 단계를 거치게 되었다. 이러한 과정을 통해서 특정 제문은 여러 이본군을 형성시키는 데 이르기도 했다. 널리 알려진 제문으로는 한문으로 씌어진 것으로 김창협의 <祭亡妹文>, 송시열의 <祭亡室李氏文> 등이 있고, 한글 제문으로는 숙종의 <민비제

정성 강화는 제문을 사회적으로 폭넓게 유통시키고 죽은 자를 추모하는 글쓰기 양식으로서의 위상을 확립하게 만든 계기로 여겨진다.

2. 제문 글쓰기의 관습적 방법

제문 양식은 망인의 가족들을 대면하여 조문하는 상황을 전제로 하기 때문에 엄격한 예절을 필요로 하며 그로 인해 정형화된 형태를 띠기 쉽다. 제문이 낭독되는 상황을 살펴보면 이 점이 명확하게 드러난다.

> **【제문식(祭文: 제문의 양식)】**(『의절』)
>
> 유
>
> 연호 ○년 세차 ○년 ○월 간지 삭 ○일 간지에 첨친(忝親: 외람된 친척 관계)((『비요』: 부르는 대로 한다)) ○○벼슬 ○○○가 삼가 맑은 술과 여러 가지 제수(祭需)의 전(奠)으로
>
> ○○친속 ○○벼슬 ○공의 영구에 제사를 드리오니 운운(云云)하니…((따로 글을 지어 정을 표한다))
>
> 맛보시옵소서.[13]

문>, 박남수의 <을미구월제문> 등이 있다. 이에 대한 자세한 내용은 '유경숙, 「조선조 여성 제문 연구」, 충남대 박사논문, 1995, 18~20면' 참조.

13) 維年號幾年歲次某年 某月干支朔 某日干支 忝親備要隨所稱某官姓某 謹以淸酌庶羞之奠 致祭于某親某官某公之柩 云云 別爲文字以叙情意 尙饗. 이 내용은 이재(1680~1746)가 지은 『四禮便覽』에 주석을 추가한 『(增補) 四禮便覽』(1900년 간행)에 수록되어 있다. 이재의 『사례편람』은 주자의 『家禮』를 강령으로 하고, 우리나라에서 가장 요긴하게 쓰인 『喪禮備要』의 예를 따라 편찬된 것으로, 조선후기 예법서 가운데 가장 큰 영향력을 지닌 것으로 평가받고 있다. 이재, 『(增補) 四禮便覽』 권4(문옥표 외, 『조선시대 관혼상제(II)-상례편(1)』, 한국정신문화연구원, 1999). 원문은 이 책에 부록으로 영인된 것을 인용하였으며(89~90면), 국역은 같은 책, 93면을 인용하였다.

> 이미 명함을 냈으면 상가에서는 불을 켜서 촛불을 밝히고 자리를 깐다. ≪『의절』: 주인 이하는 저마다 자리에 나아간다. ((영좌의 동남쪽))≫ 모두 곡하면서 기다리고, 호상(護喪)이 나아가서 조문객을 맞이하면 조문객이 들어와 대청에 이르러서 나아가 읍하면서 말한다. …… 축관이 ((서향해서)) 무릎을 꿇고 제문과 전장(奠狀)·부장(賻狀)을 조문객의 오른쪽에서 읽는다. (읽기를)마치고 일어나면 조문객과 상주가 모두 곡하여 슬픔을 다한다. 조문객이 재배한다. ≪『의절』: 제문을 불사른다≫[14)]

인용문에서 잘 나타나듯이 조문은 그 절차에 의해 매우 엄숙하게 진행된다. 조문의 상황에서 상주와 문상객이 주고받을 수 있는 말까지 예법에 제시되어 있는데 제문 또한 엄격한 상례의 절차에 따라 정형화된 격식을 가지게 된다. 제시된 예에서 잘 드러나듯 제문 양식은 서두에서는 제사의 날짜와 주체가 밝혀지고, 본문에서는 고인에 대한 정을 표하는 내용이 서술되며 결어에서는 상향(尙饗)을 고하고 끝을 맺는 구성을 취한다. 제문의 형식 가운데 서두와 결어는 상투적인 어구로 짜여져 있기 때문에 문집에 수록될 때 삭제되는 경우가 많다.[15)] 결국 제문의 의미는 망인에 대해 화자가 정을 표하는 부분에서 성취된다고 할 수 있다.[16)] 즉 제문 글쓰기의 의미는 필자가 고인의 어떤 점을 부각시키고, 그에 대해 어떠한 방식으로 슬

---

14) 旣通名 喪家炷火燃燭布席. 儀節 主人以下各就位靈座東南. 皆哭以竢 護喪出迎賓 賓入至廳事 進揖曰 …… 祝西向跪讀祭文奠賻狀於賓之右. 畢興 賓主皆哭盡哀. 賓再拜. 儀節 焚祭文. 이재, 『(증보) 사례편람』 권4(문옥표 외, 같은 책, 1999), 원문은 뒷면 영인본 92면, 국역은 94～95면.

15) 유경숙, 같은 논문, 1995, 44～46면.

16) 제문은 낭독되는 것을 전제로 한 글쓰기 양식에 해당한다. 따라서 제문의 주체는 제사라는 의식 상황에서는 화자로, 쓰는 행위를 중심으로 파악될 때는 필자로 지칭될 수 있다. 본고에서는 제문이 산 자가 죽은 자에게 건네는 대화 방식을 기반으로 한다는 점에 주목하여 제문의 주체를 가리키는 용어로 화자를 사용하고자 한다. 다만 쓰기 행위가 명백히 강조되는 경우에는 따로 필자라는 용어를 사용하여 혼란을 피하도록 하겠다.

픔의 정을 나타내는가에 의해 좌우되는 것이다.

조선후기 제문 글쓰기의 양상과 특성을 잘 보여주는 자료로는 18세기 말에 윤행임이 쓴 『泣血錄』에 수록된 제문들이 있다. 이는 조선후기 사대부가에서 실제로 행했던 상제례의 중요한 절차를 일자별로 기록한 것으로 『읍혈록』에는 윤행임의 아버지인 윤염이 죽은 후의 상례 절차에 따른 예법을 상세히 기록한 「辛卯泣血錄」과 어머니인 한양조씨가 죽은 후의 일을 다룬 「戊午泣血錄」이 함께 실려 있다.[17] 이 가운데 제문은 「무오읍혈록」에만 수록되어 있으며 그 수는 아홉으로 내용은 다음과 같다.[18]

주체	시기	내용 전개
재종손(再從孫) 승현(承鉉)	6월 25일	망인이 화자의 아버지에게 베푼 은혜→망인이 화자에게 베푼 은혜→망인의 죽음에 대한 안타까움→망인의 부덕 칭송→화자의 슬픔
손녀 사위 이칭(李偁)	6월 28일	망인의 덕성, 자식교육, 장수한 데 대한 칭송→망인이 화자에게 베푼 은혜→망인의 부덕 칭송
둘째 사위 김재구(金載龜)	7월 3일	망인의 부덕 칭송→망인이 화자에게 베푼 사랑→화자의 슬픔
손주 사위 홍용묵(洪容默)	7월 4일	망인의 부덕 칭송→망인이 화자에게 베푼 사랑→화자의 슬픔
외손(外孫) 민장현(閔章顯)	7월 4일	망인의 덕성, 자식교육, 영예에 대한 칭송→망인이 죽은 후의 여러 집안일을 알림→화자의 슬픔
종손(從孫) 조규현(趙奎鉉)	7월 5일	망인이 화자에게 베푼 은혜→망인이 조

17) 「辛卯泣血錄」은 윤행임(1762～1801)의 아버지 윤염이 사망한 1771년 2월 21일부터 1772년 4월 20일까지 상례와 관련된 중요한 일들을 기록하였으며, 「戊午泣血錄」은 한양조씨가 사망한 1798년 5월 6일부터 1800년 4월 16일까지의 일들을 기록하였다.

18) 「무오읍혈록」에는 이씨의 아내가 된 한양조씨의 막내딸이 제문을 드렸다는 언급이 나타나나 제문은 수록되지 않았다. 윤행임, 「무오읍혈록」(문옥표 외, 『조선시대 관혼상제(IV)-상례편(3)』, 한국정신문화연구원, 2000, 205면, 277면).

		상을 모신 도리 칭송→망인의 덕성 칭송→망인에 대한 기억(학업권면을 당부)→상주의 슬퍼하는 모습을 고함→화자의 슬픔
외손(外孫) 이숙원(李淑元)	7월 6일	화자의 슬픔→망인에 대한 기억(학업권면을 당부)→망인의 부덕 칭송
종질(從侄) 행겸(行兼)	7월 7일	망인의 부덕 칭송→망인이 화자에게 베푼 은혜→망인에 대한 기억(망인과 화자의 어머니의 정리를 일화로 제시)→망인에 대한 기억(죽기 전 병문안 간 일 제시)→화자의 슬픔
종질(從侄) 행현(行顯)	10월 4일 (한양 조씨 생일)	망인의 부덕 칭송→망인이 화자에게 베푼 은혜→화자의 슬픔

〈표 1〉 「무오읍혈록」 소재 제문의 내용 전개 과정

「무오읍혈록」에 수록된 제문은 한양조씨의 발인일인 7월 11일 전에 집중적으로 쓰였다. 이 글들은 화자와 망인의 관계에 따라 다소간의 차이는 지니고 있지만 '망인에 대한 칭송과 망인과 화자의 관계 부각, 망인의 죽음에 대한 애도'라는 세 가지 내용 요소를 바탕으로 이루어져 있다. 이는 제문의 내용이 망인에 대한 칭송과 애도를 근간으로 하여 구성됨을 잘 보여주면서, 망인에 대한 칭송과 애도가 화자와 망인의 밀접한 인간관계를 기반으로 하여 나타나게 됨을 드러내고 있다. 실제 제문은 친척이나 친구 가운데 정분이 두터운 사람이 쓸 수 있는 글로[19] 칭송과 애도의 감정은 망인과 화자의 정리(情理)에서 나오는 것이라 할 수 있다.

제문의 내용을 이루는 '1) 망인에 대한 칭송, 2) 망인과 화자의 관계 부각, 3) 망인의 죽음에 대한 애도'의 세 요소가 서술 순서로 고정된 것은 아니나 「무오읍혈록」에 수록된 제문 가운데 반 이상이 이 순서를 따르고 있다. 이는 화자의 슬픈 감정을 드러내기 전에 화자와 망인의 관계를 부각시키는 것이 자연스러운 과정이기 때문에

19) 이재, 『(증보) 사례편람』 권4(문옥표 외, 같은 책, 1999, 93면).

나타나는 현상에 해당한다. 따라서 '망인에 대한 칭송→망인과 화자의 관계 부각→망인의 죽음에 대한 애도'는 제문 글쓰기의 관습적 방식에 해당되는 것으로 상정할 수 있다.

> (1) 간지. 종질 행현(行顯)이 삼가 두어 줄 글을 지어 종숙모 조씨 영연(靈筵)에 밝히 아뢰고 곡합니다.
>
> (2) 아! 옛날 어진 부인 중에 신국부인(申國夫人)은 법도가 엄하고, 타고난 바탕이 정직하여 여러 자식을 가르치고 이끄심에 법도를 본받았습니다. 오직 우리 숙모님만이 (신국부인을)본받으려 하였습니다. 덕성이 순수하다 함은 우리 집안에서 두 말이 없었습니다.
>
> (3) 생각해보건대 저 당질(堂侄)은 숙모를 의지하였습니다. 숙모님께서 말씀하시기를, "아! 너는 부모가 없다." 하시며 어루만져 길러주시기를 40여 년을 하셨습니다. 의리는 숙질이지만 정리로는 실로 자애로운 어머니이니, 칠순 수(壽)를 넘기시고 갑자기 세상을 떠나시니 어머니처럼 돌보아주심을 받던 제가 또 의지할 바를 잃었습니다.
>
> (4) 지난 일을 추념하고, 현재를 슬퍼하며 저의 눈물은 비와 같이 내립니다. 이에 생신을 맞아 애통과 서러움이 더합니다. 저의 사사로운 정을 폄에 어찌 제물이 적다고 꺼리겠습니까?
>
> (5) 삼가 맑은 술과 과실로 공손히 바치오니 맛보소서.[20]
>
> (단락 번호는 필자)

제시된 인용문은 한양조씨의 종질인 행현이 조씨가 죽은 뒤 처음

---

20) 干支. 從侄行顯 謹操數行之文 敢昭告于 從叔母貞敬夫人趙氏靈筵 而哭之曰. 嗚呼 古賢夫人曰 維申國嚴有法度 性質正直 教導諸子 規矩是則. 維我叔母迺儀面之. 維德之純吾無貳辭. 顧我堂侄叔母是依. 叔母曰 嗟爾無雙親 撫而育之 四十餘春. 誼雖叔侄 情實慈萱壽過七旬 遽爾違垂 風樹餘生 又失依庇. 追迲悲今 我涕如雨. 玆當晬辰 倍增慟盡. 伸我情私 寧嫌物薄. 謹以淸酌酒果 恭伸奠獻 上饗. 윤행임, 「무오읍혈록」(문옥표 외, 같은 책, 2000), 원문은 뒷면 영인본 264면, 국역은 276~277면.

맞는 생일에 전을 올리며 지은 제문이다. 짧은 글에 해당하지만 행현의 제문은 제문이 갖추어야 할 형식과 내용 전개 과정을 잘 보여주고 있다. (1)과 (5)는 제문의 형식적 요소인 고유(告由)와 결어부이다. (2)에서 필자는 한양조씨가 생전에 지녔던 덕성을 신국부인에 빗대어 칭송하고, (3)에서는 한양조씨가 자신에게 베푼 은혜를 제시하여 둘 사이의 관계를 모자간에 비유하고 있으며, (4)에서는 한양조씨의 죽음에 대한 슬픔의 감정을 드러내고 있다. 이상에 나타나는 '망인에 대한 칭송→망인과 화자의 관계 부각→망인의 죽음에 대한 애도'의 내용 전개 과정은 제문의 전형적 글쓰기 방식을 잘 보여주고 있다.

일반적으로 제문 양식은 '칭송→관계 부각→애도'라는 전형을 따르나, 화자가 망인과 생전에 맺었던 관계에 따라 칭송과 슬픔의 비중이 다르게 나타나게 된다. 앞서 제시된 「무오읍혈록」의 제문 가운데 재종손 승현이나 종질 행현의 제문은 망인이 화자에게 베푼 은혜나 망인과 생전에 지녔던 기억을 두드러지게 함으로써 슬픔의 감정을 표현하는 데 치중하고 있는 반면에 손주 사위 이칭의 제문은 한양조씨의 덕을 칭송하는 데 초점을 맞춤으로써 차이를 드러내고 있다. 이는 화자와 망인이 맺고 있던 실질적 관계의 차이에 의해 발생하는 것으로 이를 토대로 하여 제문을 칭송을 위주로 하는 글과 애도를 위주로 하는 글로 구분해 볼 수 있다.

3. 제문 글쓰기의 기제

제문은 생전에 화자와 망인이 맺고 있던 관계를 바탕으로 하여 칭송과 애도가 비중을 달리하며 교차 서술되는 양식이라 할 수 있다. 제문은 망인과 가까운 관계를 지녔던 사람이 쓰는 것이 관례인데, 망인과 화자 사이의 관계는 부모와 자식, 남편과 아내, 스승과

제자, 친구간 혹은 동기간 등의 다양한 양상으로 나타날 수 있다. 제문은 화자가 망인에게 말을 건네는 대화의 방식을 통해 서술되므로 이러한 망인과 화자의 관계는 제문의 방향을 결정짓는 요소로 작용하게 된다.

> 숭정 갑진년(1664, 현종 5) 10월 15일 계유일이 망자 정랑(正郞)의 발인일(發靷日)이므로 하루 전에 늙은 아비는 조전(祖奠) 때에 통곡하며 다음과 같이 고한다.
>
> 옛말에 “지극한 정에는 문(文)이 없고, 지극한 슬픔에는 사(辭)가 없다.”고 하였으니, 내 오늘 어찌 문과 사를 지을 수 있겠느냐. 다만 하늘을 부르며 통곡하면서 빨리 죽어서 아무것도 모르게 되기를 원할 뿐이지만 이것도 뜻대로 되지 않는구나. 네가 이렇게 된 것은 실로 내가 복이 지나치고 죄가 커서 하늘의 노여움을 사서, 거의 죽을 나이에 갑자기 자식 없는 사람이 된 것이니, 다시 말해 무엇 하겠느냐. 너의 죽음에 대해 저 길 가는 사람들도 슬퍼하지 않는 이가 없는데, 하물며 나의 마음이야 어찌 견딜 수 있겠느냐. 하늘이시여 하늘이시여, 애통하고도 애통합니다.[21]

아아, 이 소자 나이 열여섯에 선생의 가문에 사위로 들어와서 지금 26년이 되었습니다. 제가 비록 어리석고 우매하여 선생의 도를 잘 배우지는 못했지만, 그래도 좋아하는 사람에게 아부하여 선생을 부끄럽게 하는 지경에 이르지는 않았다고 스스로 생각합니다. 이제 선생이

21) 維崇禎歲次甲辰十月十五日癸酉 卽亡子正郎發引之期也 前一日 老父因其祖奠痛哭而告之曰. 古語云 至情無文 至哀無辭 吾於今日 更有何文 更有何辭. 但自號天而長慟 願速溘然無知而不可得也. 此實余福過罪大 見怒神天 垂死之年 遽作無子之人 尙復何言 尙復何言. 汝之死也 行路之人 亦無不傷嗟而悼惜之 況余之心 其何以爲堪. 天乎天乎 痛矣痛矣. 송준길, 「祭亡子文」, 『同春堂集』 권17(『한국문집총간』 107, 민족문화추진위원회, 1993, 134면). 국역은 송준길 지음/정태현 옮김, 『국역 동춘당집』 3, 민족문화추진회, 2001, 54면.

멀리 떠나시는 날에 한 마디 말로써 무궁한 슬픔을 표현하지 않을 수 있겠습니까. 아아/ 선비로서 일생 마치는 걸/ 세상 사람들은 수치로 알지만/ 이를 비천하다 여기는 저들이/ 어찌 선비를 알 수 있으랴/ 이른바 선비란 건/ 상지하고 득기하나니/ 유하(柳下)의 절개와 유신(有莘)의 자득도/ 이와 같은데 불과한 것/ 이로써 보자하면/ 선비로 일생 마치기도/ 역시 어렵다 하리/ 아아/ 선생은 살아서나 죽어서나/ 선비 본분 안 어겼네/ 예순이라 네 해 동안/ 글을 진정 잘 읽으시어/ 오랫동안 쌓인 빛이/ 온아(溫雅)하게 드러났지.[22]

첫 번째 제시된 인용문은 자식을 잃은 부모의 심정을 적은 제문이다. 죽음 가운데 슬픔을 유발하지 않는 것이 드물겠지만 그 가운데서도 자식을 먼저 잃게 된 부모가 느끼는 슬픔은 비교할 데가 없을 것이다. 이런 경우에 칭송을 하고 격식을 갖춘 제문이란 화자의 감정과 상반될 것이며 이때는 걷잡을 수 없는 슬픔의 정서를 표출하는 경우가 더 진실된 것이라 할 수 있다. 이에 반해 스승의 죽음을 조문하는 두 번째 인용문에서는 격식을 갖춘 문체와 망인이 지닌 덕망에 대한 칭송을 통해 화자가 느끼는 추모의 정을 드러내고 있다. 이처럼 화자가 망인의 죽음에 대해 보이는 태도는 화자와 망인이 맺고 있던 관계 양상에 의해 규정되는 경향이 있다. 즉 망인과 화자의 관계가 혈연적 유대나 긴밀한 인간적 교류를 바탕으로 맺어진 경우, 제문은 슬픔을 분출하는 경향을 지니는 데 비해 공적이고 사회적인 관계를 기반으로 형성된 제문일수록 격식을 갖추고 망자

22) 嗚呼 小子年十六 入先生之門 于今二十六年矣. 雖愚鹵顓蒙 未能學先生之道 亦自以爲不至阿好以羞先生爾. 今於先生卽遠之日 可無一言以攄其無窮之哀乎. 嗚呼 以士沒身 世俗所恥 彼以卑賤 惡能識士 所謂士者 尙志得己 柳介莘囂 不過如是 由是觀之 沒身以士亦云難矣 嗚呼 先生存沒 不違士也 六十四年 善讀書者 積久光輝 溫乎發雅. 박지원, 「祭外舅處士遺安齋李公文」, 『燕巖集』 권3, 경희출판사, 1966, 82면. 국역은 박지원 지음/김명호 옮김, 『국역 연암집』 1, 민족문화추진회, 2006, 463～465면.

를 칭송하는 데 방점을 두는 경향이 있다.

제문 글쓰기의 방향을 결정짓는 또 다른 요소는 서술 주체가 망인의 죽음을 대하는 태도에 달려있다. 제문 글쓰기는 망인의 생애와 죽음에 대해 필자가 의미를 부여하는 과정의 일환에 해당한다. 제문을 통해 필자는 망인의 죽음이 자신과 주위에 가져다주는 의미를 해석하는 작업을 수행하게 된다. 이를 통해 필자는 망인의 생애 가운데 어떠한 점을 부각시키고, 자신이 망인의 죽음에 대해 어떤 태도를 취해야 할지를 결정한다. 필자와 망인이 맺고 있던 관계가 유사한 경우에도 다양한 제문이 생산될 수 있는 것은 필자가 망인의 죽음에 대해 의미를 부여하는 과정이 다르게 나타나기 때문이라 할 수 있다. 제문 글쓰기는 한 인간의 삶에 대한 살아남은 자의 해석의 과정을 거치므로 이러한 차이가 나타나게 되는 것이다.

> 축하하는 것과 슬퍼하는 것은 상반되는 감정인데, 실컷 축하해 놓고 이내 슬퍼지니 내가 어찌 이상한 줄 모르겠소. 그렇긴 하지만 내가 슬퍼하는 것은 고금의 사람들이 인정에 맞지 않게 구구하게 죽은 사람을 슬퍼하느라 끝내 맺힌 마음을 풀지 못하는 것과는 다르오. 아! 나는 여인들의 일을 기록한 역사서를 많이 보았고, 규문(閨門)의 아름다운 행실을 기록한 것들도 많이 보았지만 어질고 현명한 당신과 견줄 만한 것은 보지 못했소. 당신은 우리 집에 시집온 뒤로 부모님을 지성으로 섬겼소. 작은 일 하나라도 혹 시부모의 마음에 들지 않을까 염려하여 낮이나 밤이나 기색을 살폈고, 행동은 법도에 맞게 하였소. 그러자 부모님들도 늘 "우리 며느리가 참 어질다."고 하셨소.[23]

23) 嗚呼 賀與悲 情之相反 旣賀旋悲 余豈不知其不可也. 雖然 吾所以爲悲者 其諸異乎古今人區區悼亡之私 終若蘊結而不洩 亦不情也. 嗚呼 余之閱彤管史多矣 錄閨閤懿行者亦衆矣 未見有齊美於夫人之賢且哲者. 盖夫人自入吾室 至誠事吾父母. 雖一事之微 恐或有違舅姑之心 夙夜洞屬 動合榘度. 吾父母每曰 賢哉吾婦也. 채제공, 「祭亡室貞敬夫人權氏文」, 『樊巖集』 권38(『한국문집총간』 236, 민족문화추진회, 1999, 184면). 국역

> 오호통재라! 당신은 진정 나를 버리고 떠난 거요? 위로는 부모님이 안 계시고 아래로는 자식도 없는데, 나더러 누굴 의지해 살라고 떠나 버린 거요. 이제 너무 늙어 옷도 당신이 입혀줘야 마음에 들고, 밥도 당신이 해줘야 입에 맞고, 아프거나 종기가 생기면 당신이 돌봐줘야 조금 편안해지는데, 앞으로 누구를 의지해 살라고 나를 버리고 가버린 거요. 당신 목소리가 아직 귀에 쟁쟁한데 섬돌에 올라서도 아무것도 들리지 않고, 당신 모습이 눈에 선한데 방에 들면 아무도 보이지 않는구려. 휘장을 거둬내고 불러봐도, 관에 기대어 울어봐도 아무런 대꾸가 없구려. 어젯밤엔 꿈에라도 나타날 것만 같았는데, 어슴푸레할 뿐 끝내 만나보지 못했다오. 아! 모든 게 끝인가 보오. 진정 당신은 나를 버리고 가버려 내게 이토록 끝없는 슬픔을 안겨준단 말이오?24)

제시된 제문은 아내의 죽음을 대상으로 한 제망실문(祭亡室文)으로 두 편의 글에서 화자는 죽은 아내에 대해 사뭇 다른 태도를 보이고 있다. 먼저 제시된 제문에서 화자인 채제공은 아내를 잃은 슬픔을 드러내려하기보다 죽은 부인이 여성으로서 최고의 삶을 누린 영예를 나타내고 그것이 남다른 부덕(婦德)의 소산임을 드러내고자 힘쓰고 있다. 이는 채제공이 제문을 지은 의도가 아내에 대한 정리를 표현하기보다 살아남은 후손들에게 교훈을 전달하는 데 있음을 잘 드러낸다. 이에 비해 두 번째 제시된 홍석주의 제문은 아내를 잃은 지아비의 슬픈 심정을 곡진히 드러내는 데 초점을 맞추고 있다. 아

은 유미림 외 옮김, 『빈방에 달빛들면』, 학고재, 2005, 160면.

24) 嗚呼慟哉. 君其眞棄我而逝耶. 上無怙恃 下無繼嗣 君將使我 何所托而逝耶. 我衰甚矣 衣待君而適 食待君而甘 疾痛瘡瘍 待君而小安 由今以後 將使我疇所待 而忍棄我逝耶. 君之聲音 歷歷我耳 而升階則無聞矣 君之儀容 惜惜我目 而入戶則無覩矣. 褰帷而號 憑棺而咷 亦不復者應矣. 疇昔之夜 若將有夢而冥茫怳惚 亦竟無所(만날 악)矣. 嗚呼已矣. 君其眞棄我逝 而忍使我抱此痛於無窮耶. 홍석주, 「祭室人文」, 『淵泉集』 권23(『한국문집총간』 293, 민족문화추진회, 2002, 516면). 국역은 유미림 외 옮김, 같은 책, 2005, 213면.

내의 죽음이 자신에게 가져온 상황이나 그로 인해 느끼게 된 상실감과 슬픔의 감정이 제문의 중심 내용을 이루고 있다. 즉 채제공의 제문은 아내의 죽음을 공적인 가치를 우선으로 하여 해석하고 있는 반면에 홍석주의 제문은 사적이고 개인적인 측면에 초점을 맞춰 죽음을 해석하고 있어서 이런 차이가 발생하게 된 것이다. 이처럼 제문 글쓰기는 필자의 표현 의도와 대상에 대한 태도에 따라 그 양상이 달리 나타나게 된다.

제문은 망자와 가까운 인간관계를 지녔던 필자가 망자의 죽음을 애도하고 그의 삶에 대해 해석 작업을 수행하는 글쓰기 양식이라 할 수 있다. 제문의 양축을 이루는 칭송과 애도의 비중은 망인과 필자가 맺고 있던 관계망과 망인의 삶을 바라보는 필자의 태도와 표현 의도에 따라 다르게 나타난다. 망인과 필자가 예법을 중요시하는 관계를 지닐수록, 필자가 망인의 죽음이 가져다 줄 수 있는 공적 가치의 측면을 부각시킬수록 제문은 격식을 띠며, 칭송을 위주로 한 형태로 나타나게 된다. 이에 반해 망인과 필자가 혈연적 유대와 같은 친밀성을 띠거나 망인의 죽음이 필자에게 지니는 사적 측면이 강조될수록 제문은 슬픔과 애도를 위주로 한 형태로 나타나게 된다. 제문은 이러한 기제를 바탕으로 하여 화자와 망인, 살아남은 이들과의 다양한 의사소통 양상을 나타내게 되는 것이다.[25)]

---

25) 이에 대해 박무영은 '공적 지향이 강한 제문일수록 행장이나 비지류의 글쓰기에 가깝게 되는 특성이 나타나며, 여기서는 망자의 삶에 대한 기록이 규훈서의 요목들을 에피소드화 한 형태로 제시된다. 이와는 반대로 사적 지향이 강한 제문은 문예문화 하는 경향을 보이며, 이때 제문 글쓰기는 편지와 비슷한 성격을 띠게 된다. 공적 지향의 제문은 주된 청자를 의례에 참가한 자손이나 청중들에 두는 데 비해, 사적 지향의 제문은 망자를 청자로 한정한 데서 그 차이점이 나타나게 되는 것이다.'는 설명을 하고 있다. 박무영, 「18세기 제망실문의 공적 기능과 글쓰기」, 『한국한문학 연구』 32, 한국한문학회, 2003.

Ⅳ. 연암 박지원의 제문 글쓰기와 창의성

익히 알려진 대로 연암 박지원의 글들은 조선후기 사회에 큰 영향을 미쳤으며, 첨예한 논쟁의 대상이 되어왔다. 연암의 글들이 당대 사회에서 집중적인 관심의 대상이 된 것은 연암이 전래의 고문체(古文體)를 답습하지 않고 글쓰기에 있어서 창의적 시도를 감행한 결과로 파악할 수 있다. 실제로 연암은 글쓰기 방법과 관련된 많은 논의들을 펼치면서 대상을 관찰하는 어린아이의 편견 없는 눈과 옛것에 바탕을 두되 새로운 창조에 중점을 둔 법고창신을 강조하기도 했다. 연암은 글쓰기 방법론을 단순한 이론적 차원에서 제시하는 데 그치지 않고 그 스스로가 실제 작품을 통해 이를 실현하고자 했으며, 많은 글들에서 관습적 글쓰기 방식을 벗어난 창의성을 보여주기도 했다.[26)] 아래에서는 『燕巖集』에 수록된 제문에 나타난 연암의 글쓰기 방법을 살펴보고 그 창의성을 분석해 나가도록 할 것이다.

1. 연암의 제문 글쓰기와 「祭鄭石癡文」

연암집에 실린 제문은 「祭榮木堂李公文」, 「祭外舅處士遺安齋李公文」, 「祭梧川李丈文」, 「祭鄭石癡文」, 「楊經理鎬致祭文」, 「邢尙書玠致祭文」의 6편이 있다. 이 가운데 「양경리호치제문」과 「형상서개치제문」은 연암이 당시 좌승지였던 이서구의 부탁을 받아 대신 지은 것으로 왜란 때 조선에 파견되어 공을 세운 장수들을 칭송하는 내용을 담고 있다.[27)] 이들 작품은 화자와 망자의 인간관계를 기반으로

26) 이와 관련된 한 예로 연암이 누님의 죽음을 대상으로 하여 쓴 「伯姊贈貞夫人朴氏墓誌銘」이나 친구인 홍대용의 죽음을 대상으로 하여 지은 「洪德保墓誌銘」과 같은 작품을 들 수 있다. 이 작품들에서 연암은 묘지명(墓誌銘)의 관습적 글쓰기 방식을 변용하여 망인의 삶에 대한 기억과 추모의 정을 효과적으로 잘 표현해내고 있다.

27) 연암이 이서구를 대신해 두 제문을 짓게 된 경위에 대해서는 『過庭錄』에 다음과

형성된 제문을 대상으로 하는 본고의 논의 방향과 어긋나서 논의에서 제외하였다.

연암이 쓴 「제영목당이공문」, 「제외구처사유안재이공문」, 「제오천이장문」, 「제정석치문」의 네 작품을 비교해 보면 「제정석치문」과 나머지 세 작품 사이에 놓인 차이점을 쉽게 발견할 수 있다. 앞선 세 글은 기존의 제문 양식이 지니고 있던 관습적 글쓰기 방식을 충실히 따르고 있는 반면에 「제정석치문」은 이에서 벗어난 파격적인 모습을 보여주고 있다. 「제영목당이공문」을 위시한 작품에서 연암은 망인과 자신의 인연, 망인이 자신에게 베푼 은혜를 부각시키고 이들의 청렴하고 강직한 성품을 칭송하며, 이들의 죽음이 자신에게 가져다준 슬픔을 곡진히 드러내고 있다. 이는 「제영목당이공문」의 대상인 이양천과 「제외구처사유안재이공문」의 대상인 이보천이 처가의 어른으로서 연암에게 학문의 길을 열어준 스승의 위치에 있었고, 「제오천이장문」의 대상인 이동필이 형님의 장인으로서 연암에게는 아버지와 같은 자애로움을 베풀어준 인물이었기 때문에 나타난 현상이다.

이에 비해 「제정석치문」은 기존의 제문이 지닌 관습적 특성에서 벗어난 면모를 보이고 있다. 이는 우선 「제정석치문」의 서술 대상인 정철조와 글쓰기 주체인 연암의 인간관계에서 그 연원을 살필 수 있다. 정철조는 연암의 막역한 지기이자 시대적 문제의식을 함께 한 동지로서 매우 친밀한 관계를 유지하였던 인물이다. 『熱河日記』의 「謁聖退述」편에 보면 연암이 연경에 있는 관상대를 관람하다가 홍대용과 정철조가 밤새 천체 현상을 주제로 토론하는 모습을 회상하

같이 전한다. "양호와 형개를 제사지내라는 임금님의 분부가 계셨습니다. 임금님께서는 저더러 제문을 지어 올리라 하셨지만, 공무 때문에 도무지 겨를이 없으니 50운의 제문 두 편을 대신 좀 써 주셨으면 합니다." 박종채 지음/박희병 옮김, 『나의 아버지 박지원』, 돌베개, 1998, 128면.

는 부분이 나타나는데 여기에서 정철조는 뛰어난 과학적 식견을 지닌 인물로 묘사되고 있다.[28] 실제로 정철조는 흔히 연암그룹이라고 불리는 홍대용, 박제가 등과 교류하면서 실학적 관점에서 시대의 문제를 고민하였으며, 기계 제작에도 능해 인중기(引重機)나 승고기(升高機), 취수기(取水機) 등을 직접 제작해 세상에 널리 쓰이도록 만들고자 한 인물이기도 하였다.[29] 또한 정철조는 뛰어난 예술적 재능을 지닌 인물로 알려져 있는데 그의 호인 석치(石癡)의 유래도 돌만 보면 칼로 파서 벼루를 만드는 기벽에서 온 것으로 그가 깍은 벼루는 당대에 최고 명품으로 대접을 받았다고 한다.[30] 이처럼 정철조는 해박한 자연과학적 소양과 뛰어난 기계 제작술, 예술적 재능을 지녔던 인물로 추측된다. 연암의 관점에서 봤을 때 정철조는 뛰어난 능력을 지니고도 등용되지 못한 시대의 불우한 인물로 여겨졌을 것이며, 따라서 「제정석치문」에 나타난 연암의 태도와 글쓰기 방식도 이러한 관점에서 이해되어야 한다.

> (1) 살아 있는 석치(石癡)라면 함께 모여서 곡을 할 수도 있고, 함께 모여서 조문할 수도 있고, 함께 모여서 욕을 할 수도 있고, 함께 모여서 웃을 수도 있고, 여러 섬의 술을 마실 수도 있어 서로 벌거벗은 몸으로 치고받고 하면서 꼭지가 돌도록 크게 취하여 너니 내니도 잊어버리다가, 마구 토하고 머리가 짜개지며 위가 뒤집어지고 어찔어찔하여 거의 죽게 되어서야 그만둘 터인데, 지금 석치는 참말로 죽었구나!
>
> (2) 석치가 죽자 그 시신을 빙 둘러싸고 곡을 하는 사람들은 바로 석치의 처첩과 형제 자손 친척들이니, 함께 모여서 곡을 하는 사람들이 진실로 적지 않다. 또한 손을 잡고 위로하기를, "덕문(德門)이 불행하여

---

28) 박지원 지음/이가원 옮김, 『국역 열하일기 II』, 민문고, 1968, 475~476면.
29) 박종채 지음/박희병 옮김, 같은 책, 1998, 34~35면,
30) 정민, 『미쳐야 미친다』, 푸른역사, 2004, 24~25면.

철인(哲人)이 어찌 이 지경에 이르렀습니까." 하면, 그 형제와 자손들이 절하고 일어나 머리를 조아리고 대답하기를, "제 집안이 흉한 화를 만났습니다." 하고, 그 붕우들마다 서로 더불어 탄식하며, "이 사람은 확실히 얻기 쉽지 않은 사람이었다." 하니, 함께 모여서 조문하는 사람들이 진실로 적지 않다. 한편 석치와 원한이 있는 자들은 석치더러 염병 걸려 뒈지라고 심하게 욕을 했지만, 석치가 죽었으니 욕하던 자들의 원한도 이미 갚아진 셈이다. 죄벌로는 죽음보다 더한 것이 없기 때문이다. 또한 세상에는 진실로 이 세상을 꿈으로 여기고 인간 세상에서 유희(遊戲)하는 자가 있을 터이니, 석치가 죽었다는 말을 들으면 진실로 한바탕 웃어젖히면서 본래 상태로 돌아갔다 여겨서, 입에 머금은 밥알이 나는 벌떼 같이 튀어나오고 썩은 나무가 꺾어지듯 갓끈이 끊어질 것이다.

(3) 석치가 참말로 죽었으니 귓바퀴가 이미 뭉그러지고 눈망울이 이미 썩어서, 정말 듣지도 보지도 못할 것이며, 술을 따라서 땅에 부으니 참으로 마시지도 취하지도 못할 것이다. 그리고 평소에 석치와 서로 어울리던 술꾼들도 참말로 뒤도 돌아보지 않고 자리를 파하고 떠날 것이며, 진실로 장차 뒤도 돌아보지 않고 파하고 가서는 자기네들끼리 서로 모여 크게 한잔 할 것이다.

(4) 제문을 지어서 읽어 가로되, (원문 빠짐)[31]

(단락 구분은 필자)

---

31) 生石癡 可會哭可會吊 可會罵可會笑 可飮之數石酒 相贏體毆擊 酩酊大醉忘爾汝 歐吐頭痛胃翻眩暈 幾死乃已 今石癡眞死矣 石癡死而環尸而哭者 乃石癡妻妾昆弟子姓親嫟 固不乏會哭者 握手相慰曰 德門不幸哲人云胡至此 其昆弟子姓拜起頓首對曰 私門凶禍 其朋朋友友相與歎息言 斯人者固不易得之人 而固不乏會吊者 與石癡有怨者 痛罵石癡病死 石癡死而罵者之怨 已報罪罰無以加乎死 世固有夢幻此世 遊戲人間聞石癡死 固將大笑以爲歸眞 噴飯如飛蜂 絶纓如拉朽 石癡眞死 耳郭已爛眼珠已朽 眞乃不聞不覩 酌酒酹之眞乃不飮不醉 平日所與石癡飮徒 眞乃罷去不顧 固將罷去不顧 則相與會酌一大盃 爲文而讀之曰 缺. 박지원, 「祭鄭石癡文」, 『燕巖集』 권10, 경희출판사, 1966, 135면. 국역은 박지원 지음/김명호 옮김, 『국역 연암집』 2, 민족문화추진회, 2005, 357~358면.

「제정석치문」은 '고유→칭송→관계 부각→애도→결어'로 나타나는 제문의 일반적인 내용 전개 과정과 차이를 보이고 있다. 특히 문제가 되는 것은 (4)번 항으로 「제정석치문」은 제문 글 속에 또 다른 제문이 들어 있는 형식을 취하는 모습을 나타낸다. 『연암집』에 보면 글 속의 제문에 해당되는 내용이 누락된 것으로 나타나 그 전모를 알 수 없게 되어 있다. 여기에서 누락된 부분만을 정석치를 조문하는 제문으로 볼 것인지, 누락된 부분을 제외한 부분만도 제문으로 인정할 수 있을지에 대한 문제가 발생한다. 본고에서는 「제정석치문」의 누락된 제문을 제외한 부분을 제문으로 보아야 한다는 입장에 서서 논의를 전개하고자 한다. 제문은 지인의 죽음이라는 사건과 제사 의식이라는 상황을 배경으로 살아남은 자가 죽은 자에 대해 슬픔의 정을 표하는 것을 본질로 한다. 「제정석치문」의 현전하는 부분에서 화자는 죽은 이에 대한 제사 의식을 배경으로 하여 그에 대한 추모와 슬픔의 감정을 표현하는 데 초점을 두고 있기 때문에 누락된 부분을 제외하고도 제문의 성격을 갖춘 것으로 평가할 수 있다.[32)]

「제정석치문」은 고유나 결어 부분이 생략된 채로 나타나며 그 내용 전개 과정을 살펴보면 다음과 같다. (1)에서 연암은 석치와 함께 했던 생전의 기억을 재현시키고, 그를 통해 석치의 부재를 확인하고 있다. (2)에서는 석치의 죽음을 둘러싼 사람들의 반응 유형을 열거

32) 「제정석치문」의 마지막 부분이 누락된 것은 그 내용이 지닌 비판적 성격 때문인 것으로 추측된다. 앞서 살펴보았듯이 연암은 정철조를 뛰어난 능력을 지니고도 부조리한 현실 때문에 등용되지 못한 불우한 인물로 인식하였을 것이며, 그의 죽음에 임해 세상에 대한 비판을 어떤 방식으로든지 쏟아내었을 것으로 생각된다. 따라서 생략된 부분의 내용은 관습적인 제문의 격식과 내용을 갖춘 것이라기보다 정철조의 죽음으로 인해 연암이 느끼게 된 시대에 대한 비판 의식을 압축적으로 표현한 것으로 추측할 수 있다. 이런 이유로 볼 때 「제정석치문」의 내용 누락은 이 글로 인해 발생할 사회적 물의를 염려한 누군가가 의도적으로 이를 생략한 결과 나타난 현상이 아닐까 한다.

하며, (3)에서는 석치의 죽음에 대해 재확인하고 이와 상반된 살아 있는 자들의 행동을 제시함으로써 둘 사이에 존재하는 괴리감을 나타내고 있다. 즉 「제정석치문」의 내용 전개 과정은 '기억의 재현과 죽음의 확인→고인의 죽음에 대한 반응 열거→죽은 자와 살아남은 자의 거리 재확인'으로 요약될 수 있다.

일반적인 제문과 달리 「제정석치문」은 망자에 대한 칭송이나 제문에 상투적으로 나타나는 '오호애재(嗚呼哀哉)'라는 어구조차 한번 보이지 않을 정도로 화자의 정서가 직접적으로 드러나지 않은 채 오히려 표면적으로는 웃음을 유발하는 해학적 요소가 두드러져 나타나는 양상을 보인다. 「제정석치문」에 나타난 이러한 면모는 일반적인 제문 글쓰기에서 벗어난 파격성을 드러내는 것으로 그 표현 의도와 효과에 대한 면밀한 분석이 요구된다. 아래에서는 「제정석치문」에 나타난 파격성이 제문 글쓰기에 요청되는 망인에 대한 애도의 정서를 표현하는 데 어떠한 기여를 하는지에 대해 살펴보도록 할 것이다.

2. 「제정석치문」에 나타난 창의성

1) 망인에 대한 형상화의 측면

제문은 제례가 거행되는 상황에서의 낭독을 전제로 하므로 실제적 청자인 망인의 인척이나 친지에 대한 정서적 고려가 작용하게 된다. 즉 화자가 고인을 칭송하는 것은 고인의 삶에 대한 경의의 표현이면서, 실제적 청자인 망인의 주위 사람들에 대한 예의로써 작용하기도 한다. 그러나 「제정석치문」에서 연암은 제문이 일반적으로 지니는 이러한 면모를 배제하면서 글을 전개하고 있다.

「제정석치문」에서 망인의 모습은 윤리적이고 규범적인 측면이 배제된 채, 껄껄거리며 웃고 질펀하게 술을 먹고 싸움질을 하는 살아 있는 생생한 인간의 모습으로 나타난다. 망인에 대한 이러한 측면의 형상화는 망인의 생전 모습에 대한 반영이기도 하면서 시신으로 화하여 썩어가고 있는 현재의 모습과 대비되어 망인의 부재를 부각시키는 효과적 장치가 되기도 한다. 기존의 제문에 흔히 보이는 규훈서의 덕목을 체화시킨 인간으로서의 망인에 대한 형상화가 망인을 이미 화석화시킨 모습으로 제시한다면 「제정석치문」에 나타난 석치에 대한 형상화는 죽어서도 여전히 화자의 기억 속에서 지워지지 않는 살아있는 인간으로서의 모습을 잘 드러내고 있다.

> 나는 제문은 歌頌誌狀과는 다른 것이라 생각하였는데, 세상에선 行錄을 써 고하니 그 슬픔이 신을 감동시키는 것을 보지 못하였다. 이는 비유하자면 먼 길을 떠난 이에게 편지를 부치면서 그 혼자 떨어져 있는 쓸쓸함을 말하지 않고 그 나그네 된 고충을 위로하지 않은 채, 평일 언행의 착함과 재덕의 높음만을 장황하게 말하면서 '이와 같은 까닭에 잊을 수 없다.'고 하는 꼴과 같으니, 그 사람이 어찌 발끈 노하여 '이는 나를 업신여기는 것이다. 이렇지 않다면 과연 나를 잊을 것인가?'라 하지 않겠는가?[33]

제시된 인용문은 망인의 행적을 칭송하는 데 치중하여 상투화된 경향을 보이는 18세기 제문 글쓰기 현상을 비판한 심노숭의 글이다. 심노숭은 제문 양식이 행적에 대한 칭송을 위주로 하는 것에 반발하여 제문이 죽은 자를 위로하고 살아남은 사람의 쓸쓸함을 표현하는 글이 되어야 한다고 주장한다. 즉 이 글은 제문이 망인을 본받아야 할 대상으로 높이는 행록이 되기보다 그 죽음이 살아남은 자에게 가져온 슬픔을 이야기하듯 건네는 편지 형식에 가까워야 한다는

33) 심노숭, 「書告祭文後」(심노숭 지음/김영진 옮김, 『눈물이란 무엇인가』, 태학사, 2001, 37면에서 재인용).

생각을 내포하고 있다. 제문이 낭독되는 상황을 전제로 하여 볼 때, 행록의 특성을 지닌 제문이 망인의 공적 측면을 부각시켜 제사에 모인 실제 청자들을 의식하는 모습을 띤다면 편지의 성격을 지닌 제문은 화자가 망인의 죽음으로 인해 느끼는 슬픔의 정서를 사적으로 말하듯 건네는 방식을 취하는 것에 해당한다.

연암은 「제정석치문」에서 제사에 모인 실제 청자들을 고려하지 않은 채 석치의 죽음이 자신에게 가져온 상실감을 담담한 어조로 풀어내는 데 치중하고 있다. 연암이 술을 대취하도록 먹고 싸움질을 하는 석치의 생전 모습과 귓바퀴가 썩어 시신으로 화하고 있는 현재의 모습을 대조적으로 제시한 것은 석치의 죽음이 지닌 의미를 주변의 이목을 배제하고 철저히 개인적 차원에서 파악한 결과 나타난 현상이라 할 수 있다.[34] 연암은 제문이 지닌 공적 글쓰기의 측면을 버리고, 사적 차원에 그 의미를 한정함으로써 절친한 친구의 죽음이 가져다 준 상실감을 효과적으로 표현하고 있는 것이다.

「제정석치문」의 서두에 제시된 석치의 인간적 면모와 후반부에 나타난 시신으로 썩어가는 현재의 모습과의 대비는 망인에 대한 칭송을 위주로 하는 제문의 관습적 글쓰기 방식과 많은 차이를 보이고 있다. 연암은 절친한 친구의 죽음이라는 상황 앞에서 일반적인 제문 양식이 지닌 망자에 대한 의례적 칭송 부분을 배제하고 자신의 기억 속에 있는 망자의 생전 모습과 사후의 모습을 대비하여 제시함으로써 자신이 느끼게 된 충격을 절실하게 표현해내고 있다. 「제정석치문」에 나타난 이러한 망인에 대한 형상화 방식은 관습적 방식으로 표현해 낼 수 없는 주체의 심정을 효과적으로 드러냄으로써

34) 「제정석치문」이 보이는 망인에 대한 칭송부의 배제와 해학적인 표현은 이 글이 제사에서 실제 낭독되지 않았을 것이라는 추측을 가능하게 한다. 이 글은 쓰일 때부터 낭독이라는 의식적 기능보다는 슬픔을 표현하는 데 중점을 둔 것으로 보이며, 이는 문예문화 된 조선후기 제문의 경향과 맥락을 같이 하는 것으로 파악할 수 있다.

창의성을 확보한 것으로 평가할 수 있다.

2) 정서 표현의 측면

정서 표현의 측면에서 봤을 때 제문 양식이 지닌 특성은 슬픔의 과잉이라는 말로 요약될 수 있다. 이는 가까운 사람의 죽음이라는 충격적 상황을 제재로 하는 제문 양식이 지닌 본질적 특성으로 일반적으로 제문에서 주체는 슬픔의 과잉 상태를 나타내게 된다.

> 오호ᄋᆡᄌᆡ(嗚呼哀哉)라! 그ᄃᆡ 방(房)에 드러가니 병풍(屛風)과 장(欌)과 긔용(器用) 즙물(什物)이 버러 이슴이 젼(前)과 ᄀᆞᆺ트되 적적(寂寂)ᄒᆞᆫ 뷘 당(堂)에 다만 ᄒᆞᆫ 널(棺)이 잇고 그ᄃᆡ 홀노 잇디 아니ᄒᆞᆫ디라! 슬프ᄆᆞᆯ 다ᄒᆞ야 ᄒᆞᆫ 번 울매 두 ᄉᆞ매 어롱지ᄂᆞᆫ 지라! 슬프다! 그ᄃᆡ 즙물(什物)을 어ᄂᆡ 아ᄃᆞᆯ의게 ᄭᅵ치며 어ᄂᆡ ᄯᆞᆯ의게 뎐(傳)ᄒᆞᆯ고? 그 슬프ᄆᆞᆯ 견ᄃᆡ디 못ᄒᆞ야 혹(或) 무드며 혹(或) 블ᄉᆞᆯ오ᄃᆡ ᄎᆞ마 다 업시ᄒᆞ지 못ᄒᆞ야 ᄎᆡ련동 병풍(屛風)과 봉(鳳) 삭인 벼로ᄅᆞᆯ 그ᄃᆡ 무덤ᄀᆞ 묘막(墓幕)에 두어 오래 뎐(傳)ᄒᆞᄆᆞᆯ ᄒᆞ랴 ᄒᆞ니 이 ᄯᅩᄒᆞᆫ 슬픔이 심ᄒᆞ미라![35]

제시문은 영조 51(1775)년에 박남수가 자신의 첫 부인인 한산 이씨가 19세의 나이로 운명하자 발인을 하루 앞둔 날에 지은 한글 제문이다.[36] 당시 18세의 나이였던 박남수가 결혼 5년 만에 유명을 달리한 아내의 죽음에 임하여 지은 「을미구월제문」은 단락의 시작

---

35) 제시된 글은 박남수의 「을미구월제문」 중 일부로, 김상홍 교수가 글의 이해를 돕기 위하여 원문에 한자 병기와 띄어쓰기를 한 것을 인용하였다. 김상홍, 「진사 박남수의 한글 ≪을미 제문≫ 연구」, 『성곡논총』 25, 1994, 1179면.

36) 조선초기부터 꾸준히 창작되어 온 한문 제문과 달리 국문 제문은 주로 17세기 무렵 이후부터 지어진 작품이 많다. 대표적인 국문 제문으로는 숙종의 「민비제문」 3편과 박남수의 「을미구월제문」, 「을미사월재동포천장사제문」, 연안이씨의 「제시부문」 등이 있으며, 모두 21 작품이 전하고 있다. '유경숙, 같은 논문, 1995, 19, 209면' 참조.

을 '오호애재라'로 시작하여 아내를 잃은 주체의 심정을 연속적으로 드러내는 형식을 취하고 있다. 「을미구월제문」에서 화자는 망인인 아내를 고려하여 한글로 글을 지었고, 망인의 죽음으로 인해 자신이 느끼게 된 슬픔을 전달하는 데 치중하고 있다. 즉 이 작품은 제문이 일반적으로 보이는 슬픔의 과잉 현상을 단적으로 보이는 작품이라 평가할 수 있다.[37)]

「을미구월제문」과 달리 연암의 「제정석치문」에는 슬픔을 직접 토로하는 문구가 나타나지 않는다. 이는 물론 작자인 연암이 석치의 죽음을 슬퍼하지 않는다는 것을 의미하지는 않는다. 「을미구월제문」이 직접적인 슬픔의 토로를 통해 작자의 정서를 드러내고 있다면 「제정석치문」은 객관화되고 간접화된 방법을 통해 슬픔을 나타내는 차이가 있다. 「제정석치문」을 살펴보면 화자인 연암이 석치의 죽음을 둘러싼 상황을 관찰자의 시선으로 바라보고 있음을 알게 된다. 「을미구월제문」에서처럼 대상의 죽음에 대해 자신을 몰입시키는 것이 아니라 연암은 거리를 둔 관찰자의 시선으로 상가의 풍경을 묘사하고, 석치의 죽음을 대하는 사람들의 반응을 제시하는 모습을 보여준다. 연암은 석치의 죽음에 대해 인척들과 친지들이 애도하는 광경과 석치를 미워한 이와 인생을 초탈한 이의 반응을 제시함으로써 이를 객관화시키고 있다. 석치의 죽음을 둘러싼 상황의 제시가 객관화로 명명될 수 있는 것은 그 어디에도 화자인 연암이 속하지 않고 있기 때문이다.

「제정석치문」에서 연암이 슬픔의 감정을 드러내지 않고, 관찰자의 입장에서 상황을 객관적으로 제시하는 모습을 보이는데도 이 글

---

37) 박남수는 연암의 『열하일기』가 고문의 진흥을 해친다고 생각해 이를 불태우려 한 일화로 유명한 인물이다. 보수적인 문장관을 지녔던 박남수가 아내의 죽음 앞에서 한글을 표기 수단으로 하여 절제되지 않은 슬픔을 분출하는 모습을 보여주는 것은 제문이 슬픔을 표현하는 양식으로 널리 받아들여졌음을 단적으로 보이는 예가 된다.

에서 깊은 슬픔의 감정을 읽게 되는 것은 왜일까? 이는 석치의 죽음에 대한 연암의 인식이 이 사실을 인정할 수 없다는 데에 위치하고 있기 때문이다. 석치의 죽음에 대한 연암의 입장은 요약하자면 이 사실을 받아들일 수 없다는 데 있다. 연암이 생전의 석치의 모습과 시신으로 화해 가는 지금의 모습을 대비시키고, 석치의 죽음을 대하는 주변의 반응을 관찰자의 시선을 통해 분류하여 제시하는 것은 석치의 부재를 인정하기 힘든 애통한 심정을 간접적으로 표현한 것에 해당한다. 즉 연암은 비록 슬픔을 토로하는 말을 직접 하지는 않지만 망인에 대한 가장 큰 슬픔의 표현법이라 할 수 있는 망인의 죽음을 받아들이지 못하는 모습을 보여줌으로써 석치의 죽음에 대한 자신의 심정을 나타내고 있는 것이다.

「제정석치문」에서 연암은 슬픔의 직접적 표출이라는 관습적 방식이 아닌 객관적 관찰자의 자세와 정서의 간접적 표현을 통해 석치의 죽음에 대한 심정을 진실하게 드러내고 있다. 때로는 침묵이 백 마디 말보다 주체의 심정을 효과적으로 전달할 수 있는 것처럼 연암은 「제정석치문」에서 슬프다는 말 한 마디 하지 않고 자신이 느끼는 슬픔의 감정을 효과적으로 표현하는 창의성을 발휘하고 있다.

Ⅴ. 맺음말

제문은 원래 제사에 수반되는 의식적 글쓰기 양식에 해당했지만 조선후기에 이르러 살아남은 이가 망인에 대하여 느끼는 슬픔을 표현하는 기능이 강화되면서 사회적으로 활발한 생산 양상을 보이게 되었다. 가까운 이의 죽음이란 인간이 겪게 되는 보편적인 경험 영역의 하나로 살아남은 이는 제문을 통해 지인의 죽음에 대한 추모의 정을 곡진히 나타낼 수 있었다. 일반적으로 상례 절차는 예법에 따라 엄숙하게 진행되므로, 제문 또한 망인과 화자의 긴밀한 인간관계를 토대로 하여 칭송과 애도를 표현하는 것을 기본형으로 하였다.

이에 비해 연암은 「제정석치문」에서 기존의 제문 양식이 지녔던 망인에 대한 규범적 측면의 부각이나 화자가 느끼는 슬픔의 직접적 토로라는 관습적 방식에서 벗어나 창의적 방식을 통해 제문 글쓰기의 새로운 면모를 보여주었다. 즉 「제정석치문」에서 연암은 망인의 인간적인 면모를 생생하게 드러내고, 슬픔의 감정을 직접 토로하지 않고도 자신이 의도한 망자에 대한 애틋하고도 곡진한 마음을 효과적으로 전하고 있다. 이처럼 연암의 제문 글쓰기가 효과성을 지닐 수 있었던 것은 연암과 망인이 맺었던 인간관계의 특수한 측면이나 망인의 삶에 대한 개인적 평가 등이 복합적으로 작용하여 나타난 결과라 할 수 있다.

창의적 글쓰기는 관습에 대한 변용과 현실적 효과성에 기반하여 창출된다. 관습에 대한 변용이 효과성을 획득하려면 글이 소통되는 상황에 대한 면밀한 고려가 필요하다. 제문 글쓰기에서 망인에 대한 칭송과 애도라는 관습적 방식을 벗어나는 것이 곧바로 창의성을 가져다주는 것은 아니며, 오히려 이는 망인에 대한 무례나 일탈 행위로 여겨질 수도 있다. 따라서 창의적 글쓰기는 관습적 글쓰기 방식에 대한 깊은 이해를 바탕으로 형성되어야 마땅하다.

본고는 창의적 글쓰기 교육이 관습적 글쓰기 방식에 대한 이해를 바탕으로 이루어져야 한다는 관점에서 제문 글쓰기가 지닌 관습적 면모를 살펴보고, 이를 창의적으로 변용한 연암의 제문을 분석해 보았다. 창의적 글쓰기가 교육 현장에서 제대로 가르쳐지기 위해서는 규범적이고 관습적인 글쓰기 방식에 대한 이해를 바탕으로 하여 학습자가 창의성을 발휘할 수 있도록 교육 내용이 설계되어야 한다. 따라서 보편적 양식과 개별적 글쓰기 차원에서 우리의 전통적인 글쓰기 방식에 주목하고 창의적 변용 가능성을 탐색하는 작업은 이런 점에서 의의를 지니며 계속되는 관심을 필요로 하고 있다.

서사적 글쓰기에 나타난 필자의 태도

-『계축일기』의 표현 전략을 중심으로-

Ⅰ. 머리말

『癸丑日記』는 조선조 광해군 재위 시에 발생한 궁중비사(宮中悲事)를 다룬 작품으로 널리 알려져 있다.[1] 인목대비 측의 내인(內人)들이 창작한 것으로 알려진 이 작품은[2] 계축옥사(癸丑獄事)와 서궁(西宮) 유폐와 같은 역사적 사건 속에서 인목대비와 그를 모셨던 내인들이 겪은 고난을 중심 내용으로 하고 있다. 『계축일기』의 작자는 핍박을 가하는 광해군과 수난을 당하는 인목대비를 선악의 대립으로 설정하고, 철저하게 인목대비 측을 긍정하는 시각에서 작품을 서술하고 있다.[3] 이는 『계축일기』의 필자가 자신이 다루고 있는 작

1) 『계축일기』는 낙선재본 『계축일기』와 홍기원 소장본 『서궁일기』 가운데 있는 <서궁일기 상>의 두 텍스트가 있는데, 본고에서 사용하는 『계축일기』는 두 본을 아우르는 작품군을 통칭하는 의미를 나타낸다. 본고에서 특정 텍스트를 의미하는 경우에는 어느 본에 해당하는 것인지를 밝혀 서술해 나가도록 하겠다.

2) 『계축일기』의 작자에 대해서는 인목대비설, 정명공주설, 변상궁설 등 다양한 견해가 존재한다. 그러나 작품의 말미에 내인들이 기록한다는 직접적인 언급이 나타나고, 내인들의 생활이 세세하게 서술되고 있다는 점에서 내인설이 타당한 것으로 생각된다. 『계축일기』의 작자 추정과 내인설의 타당성에 대한 자세한 논의는 '민영대, 『조선시대 궁중소설 연구』, 역락, 2004, 36～55면' 참조.

3) 『계축일기』의 내용과 역사적 사실 간의 상관성에 대한 연구에서는 『계축일기』의 서술자가 편파적인 입장에서 사실을 왜곡하여 광해군을 폄하하고 인목대비를 편들고 있음을 밝히고 있다. 이에 대한 자세한 내용은 '김용숙, 『조선조여류문학연구』, 혜진서관, 1990', '정은임, 『궁정문학 연구』, 솔터, 1993', '민영대, 같은 책, 2004'

중 현실과 밀접한 관련을 맺고 있기 때문에 발생한 현상이라 할 수 있다. 작중 현실과 관련된 당사자로서 『계축일기』의 필자가 지닌 특성은 서술의 신빙성에 대한 의문을 제기하도록 만드는 요소가 되기도 한다. 『계축일기』의 장르적 성격에 대한 논의 또한 필자의 서술을 사실적 기록과 허구적 서사 가운데 어느 쪽에 더 비중을 두고 받아들이느냐에 따라 크게 수필(교술)과 소설의 두 갈래로 구분하고 있다.[4)]

이처럼 『계축일기』를 이해하는 데에는 서술자[5)]가 중요한 비중을 차지한다. 『계축일기』에서 서술자는 제 3자에게서 들은 사항을 전하기도 하고, 사건을 직접 관찰하여 보고하기도 하며, 자신의 목소리를 직접 드러내기도 한다. 서술되는 내용과 상황에 따라 다양한 양상으로 나타나는 서술자의 역할은 『계축일기』를 이해하는 데 있어서 필수적이다. 이러한 관점에서 본고는 서술자의 역할에 따라 『계축일기』의 내용을 구분하고, 각각에 특징적으로 나타나는 서술자의 표현 전략을 분석해 나가도록 할 것이다. 『계축일기』의 서술자는 일련의 역사적 현실 속에서 자신들의 입장을 정당화하고 이를 독자들에게 전하려는 창작 의도를 지니고 있었으며, 이는 작품 내에서 구체적인 표현 전략을 통해 실현되고 있다.

현전하는 『계축일기』의 텍스트로는 낙선재본(樂善齋本) 『계축일기』와 홍기원 소장본 ≪西宮日記≫ 가운데 있는 <서궁일기 상>이 있다.[6)] 두 텍스트는 전체적인 내용의 측면에서 보면 비슷한 모습을

참조.

4) 정병설, 「계축일기의 작가 문제와 역사소설적 성격」, 『고전문학연구』 15, 한국고전문학회, 1999.

5) 본고는 『계축일기』를 교술 장르로 파악하는 입장에 서 있다. 서사 양식에서는 이야기를 기술하고 전달하는 화자를 가리키는 말로 서술자라는 용어를 흔히 사용한다. 『계축일기』의 경우는 실기 문학의 성격을 지니기 때문에 서술자와 필자가 일치하는 양상을 나타낸다. 따라서 본고에서는 『계축일기』의 필자를 가리키는 말로 서사 양식에서 통용되는 서술자라는 말을 사용하여 논의를 전개해 나가도록 하겠다.

보이고 있지만 어휘나 표기의 측면에서는 다소 차이를 나타내고 있으며,[7] 두 텍스트 가운데 어느 쪽이 더 원본에 가까운가에 대해서는 견해가 엇갈리고 있다.[8] 이에 본고에서는 낙선재본에 대해 주석 작업을 행한 강한영 교주의 『계축일기』를 토대로 하면서, 홍기원 소장본을 아울러 검토하여 논의를 전개해 나가도록 하겠다.[9]

Ⅱ. 『계축일기』의 서사 단락과 서술자의 역할

『계축일기』는 영창대군이 탄생한 계유년(선조 36년, 1606년)부터 인조반정(仁祖反正)으로 인해 인목대비가 복권되는 계해년(광해군 15년, 1623년)에 이르기까지의 기간을 배경으로 하여 그간에 인목대비에게 발생한 비극적 사건과 그를 모셨던 내인들의 수난을 다룬 작품이라 할 수 있다. 『계축일기』는 일기라는 표제를 달고 있기는

6) 낙선재본 『계축일기』는 창덕궁 낙선재에 전해오던 한글 필사본으로 한국 전쟁을 거치면서 원본의 행방이 묘연한 상태가 되었다. 다행히 이에 대한 영인본(민병도 편, ≪조선역대여류문집≫, 을유문화사, 1950)이 남아 있어 그 실상을 파악할 수 있게 되었다. 홍기원본 『서궁일기』는 인목대비의 딸인 정명공주가 시집간 풍산 홍씨 집안에 전해오던 것으로 천권・지권・인권으로 구성되어 있다. 여기에는 낙선재본 『계축일기』에 해당하는 <서궁일기 상>뿐만 아니라 이와 관련된 여러 자료들이 함께 수록되어 있다.

7) 두 텍스트에 대한 비교는 '길영경, 「서궁일기와 계축일기의 비교」, 『성대문학』 18・19호, 성균관대 국어국문학과, 1971' 참조.

8) 홍기원은 『서궁일기』가 인목대비와 정명공주에 의해 쓰였다고 주장하면서 『서궁일기』가 원본이자 유일본이며 낙선재본은 인현왕후에 의해 필사된 것이라고 주장하고 있다. '홍기원 교주, ≪인목대비의 서궁일기≫, 민속원, 2004, 55~61면' 참조. 이에 비해 김신연은 표기법을 근거로 낙선재본은 18세기 말에, 『서궁일기』는 18세기 초에 필사된 것이라 주장하였으며, 궁중이라는 폐쇄적인 공간의 특성상 낙선재본이 원본에 더 가까운 형태를 유지하고 있는 것으로 파악하였다. '김신연, 「서궁일기 연구」, 숙명여대 석사논문, 1985, 19~32면' 참조.

9) 본고에서 인용하는 텍스트는 '강한영 교주, ≪계축일기≫, 민협출판사, 1963'이다. 홍기원 소장본은 '홍기원 교주, ≪인목대비의 서궁일기≫, 민속원, 2004'를 검토하였다.

하지만 일상사를 시간의 순서에 따라 단순 기록한 작품은 아니다. 『계축일기』의 서술자는 광해군의 집권기에 해당하는 15년 남짓한 기간 가운데 광해군의 잘못을 드러내고 인목대비 측의 억울함을 부각시킬 수 있다고 판단하는 일화(逸話)나 사건들을 선택하여 글을 써 나갔다. 이는 『계축일기』의 서술자가 작품의 창작 동기를 밝힌 부분에서 명확히 드러나고 있다.

> 계튝년(癸丑年)브터 셜운 일이며 샹시 ᄂᆡ관 보내여 저히며 ᄭᅮ짓던 일이며, 박ᄃᆡ 브도브효지ᄉᆞ(不道不孝之事)ᄅᆞᆯ 니ᄅᆞ 긔록디 못 ᄒᆞ야 만분의 ᄒᆞᆫ 말이나 긔록 ᄒᆞ노라. 다 쓰려ᄒᆞ면 남산(南山)의 대ᄅᆞᆯ 다 버히다 엇디 다 니ᄅᆞ쓰며, 다 니ᄅᆞ랴 ᄒᆞ면 션텬디 진ᄒᆞ고 후텬디 니ᄅᆞᆫ달 다 녜아기 삼아 보랴 ᄂᆡ인들이 잠간 긔록 ᄒᆞ노라.[10)]
>
> (밑줄은 필자)[11)]

『계축일기』에서 서술자는 ‘셜운 일’, ‘ᄂᆡ관 보내여 저히며 ᄭᅮ짓던 일’, ‘박ᄃᆡ 브도브효지사’를 기록하여 후세에 전하기 위해 작품을 창작하였다고 밝히고 있다. 여기서 ‘셜운 일’이란 주로 인목대비의 수난을 의미하고, ‘ᄂᆡ관 보내여 저히며 ᄭᅮ짓던 일’은 대비 측 내인들이 받았던 핍박을 가리키며, ‘박ᄃᆡ 브도브효지사’는 인륜을 저버린 광해군 측의 부도덕함을 나타낸 것으로 볼 수 있다. 즉 『계축일기』의 내용은 서술자가 밝힌 대로 크게 이 세 부분으로 나뉠 수 있으며, 서술자는 이러한 창작 의도를 효과적으로 드러내기 위해 서술 내용을 선정하고 조직해 나간 것이라 할 수 있다.

『계축일기』의 전체 내용을 서술자의 창작 의도에 따라 크게 세

10) 강한영 교주, ≪계축일기≫, 민협출판사, 1963, 227면. 이하 인용문에서는 페이지 수만 표시.
11) 이하 인용문에서는 해당 표현 생략.

부분으로 나누고, 각 부분의 내용을 일화나 사건을 기준으로 하여 세부적으로 구분하면 다음과 같다. 아래 표의 서사 단락 번호는 『계축일기』에 나타난 서술 순서를 의미한다.

내용분류	광해군 측의 비윤리성	인목대비의 수난	내인들이 받은 핍박
서사 단락의 내용	1) 대군의 탄생과 유자신 일당의 흉계 2) 선조의 죽음과 대비의 처신 3) 표변하는 광해군의 태도 4) 광해군에 대한 선조의 불만 5) 대군에 대한 광해군의 의심 6) 임해군 살해 7) 광해군의 불손한 문안 태도 8) 선조의 묘호(廟號) 설정 논란 9) 대비의 능행(陵幸) 만류 10) 대군에 대한 광해군의 미움 11) 국상(國喪)에 임하는 광해군의 불공한 태도 12) 정사(政事)에 대한 광해군의 무능 13) 광해군의 인색함과 고집스러움 14) 대비에 대한 불공과 가희에 대한 총애 15) 광해군의 비정상적 행동 16) 대비전 내인들에 대한 박대 17) 광해군의 형식적 능 참배 18) 대비에 대한 내전의 불손한 태도 19) 대비에 대한 광해군의 의심	22) 김직재의 난과 유희량의 음모 23) 유자신 집안의 방정(謗穽) 24) 은도적 사건과 대비 집안에 대한 모함 28) 부원군에 대한 대비의 구명 요청과 광해군의 거절 29) 웅벽의 무복(誣服) 30) 대비 측근에 대한 제거 시도 31) 영창대군의 출궁을 둘러싼 대비와 광해군의 논쟁 32) 대군 출궁의 재촉과 대비의 망설임 33) 대군의 출궁 34) 대군을 여윈 대비의 슬픔 35) 대비와 대군사이의 소식 단절 36) 대군의 자신의 운명에 대한 예언 37) 대군의 소식을 알고자하는 대비의 청 거절 38) 어머니의 소식을 알고자하는 대비의 청 거절 39) 유폐 생활로 인한 물자 부족과 소식 단절 51) 내인의 꿈에 대군이 나타남	25) 박동량의 초사(招辭)와 김상궁의 호통 26) 박동량의 초사로 인한 내인들의 연행 27) 내인들에 대한 무복 강요와 음모 40) 중환과 경춘이 가희의 심복이 됨 41) 중환과 경춘의 이중성 42) 가희의 대비전 염탐과 방정 43) 경(經) 읽기와 관련된 중환의 음모 44) 대군과 관련된 중환의 음모와 문상궁의 실책 45) 중환의 무고로 인한 옥사 46) 옥사로 인한 내인들의 죽음 47) 최여옥의 무복과 뉘우침 48) 난이의 세간 도둑질 49) 중환과 난이의 위세와 횡포 50) 대비에 대한 난이의 험담과 무례 54) 학질로 인한 변상궁의 출궁 55) 천복의 입궁 56) 대비에 대한 천복의 무례한 행동 57) 천복의 방화와 방정 58) 어린 내인들의 월담 59) 방화와 방정에도 공주의 역질이 나음

	20) 광해군 측 내인들의 겁박 21) 내전 측의 대비에 대한 비방	52) 대군의 죽음을 비밀에 부침 53) 대군이 대비의 꿈을 통해 죽음을 알림	60) 대전 내인들의 서궁 침범 61) 변상궁의 귀궁과 가희의 흉계 62) 서궁 창고의 물품을 빼앗고 담장을 높임 63) 오물 처리와 관련된 고통 64) 내인들에 대한 감시와 위협 65) 내인들의 화재 진압 66) 의식주 부족으로 인한 궁핍 67) 이적(異蹟)의 발생과 신인(神人)의 예언 68) 대전 측의 저주와 내인 연행 69) 서궁의 문이 열림

〈표 1〉 『계축일기』의 서사 단락과 내용

제시된 표에 잘 나타나듯이 『계축일기』는 '광해군 측의 비윤리성', '인목대비의 수난', '내인들이 받은 핍박'을 다룬 세 부분으로 구분이 가능하며, 이는 다시 세부적으로 69개의 서사 단락으로 나누어 살필 수 있다. '광해군 측의 비윤리성'과 관계된 부분에서 영창대군의 탄생과 선조의 죽음을 다룬 1)과 2)단락은 본격적인 서술 이전의 도입부로서 기능을 하며, 3)단락부터 광해군의 성격적 결함이나 비행과 관련한 일화의 제시와 그에 대한 비판적 시각이 나타난다. '인목대비의 수난'과 관련한 부분에서 계축옥사가 일어나기까지의 경과를 다룬 22), 23), 24) 단락은 도입부에 해당하며, 28)단락부터는 대비를 둘러싼 음모와 영창대군의 출궁이 본격적으로 다루어지고 있다. '내인들이 받은 핍박'을 다룬 부분에서는 광해군 집권기 동안 권력을 좇아 대비를 배반한 인물들의 행태에 대한 비판과 계속되는 핍박에도 이를 꿋꿋이 이겨나간 내인들의 고생담이 대조되어 나타난다.

<표 1>에 나타난 내용 분류는 서술자가 초점을 맞춘 대상의 변

화와 일치하는 양상을 보인다. '광해군→인목대비→내인들'로 이어지는 초점화 대상의 변화는 『계축일기』의 서술 의도와 밀접한 관련을 맺고 있다. 그런데 『계축일기』 서술자의 신분이 대비전의 내인임을 고려하면 서술자와 초점화되는 대상 사이의 관계에 차이점이 나타난다. 서술자의 입장에서 보면 광해군은 신분상의 차이와 공간적 격리에 의해 직접적인 관찰과 접촉의 대상이 되기 힘들고, 인목대비는 직접적인 관찰의 대상일 수는 있으나 신분상의 차이 때문에 정서적 교류의 대상이 되기는 힘들다. 이에 반해 내인들은 관찰과 접촉의 대상이자 정서적 교류가 가능한 집단이기 때문에 서술자가 자유롭게 다룰 수 있는 대상이 된다고 할 수 있다. 이러한 서술자와 서술 대상간의 관계는 『계축일기』의 내용 형성에 있어서 중요한 역할을 한다.

'광해군 측의 비윤리성'을 다룬 부분에서 서술자는 광해군의 언행을 직접 지켜볼 수 없는 위치에 있었음에도 불구하고 광해군 측의 비행을 고발하고 비판을 가한다. 이는 서술자가 광해군과 관련하여 떠돌아다니던 풍문(風聞)을 수집하여 서술한 것으로 추정할 수 있다. 여기서 서술자는 제 3자의 견문에 바탕을 둔 풍문을 독자에게 매개해주는 역할을 수행하는 것으로 볼 수 있다. '인목대비의 수난'을 다룬 부분에서 서술자는 대비에게 가해지는 핍박을 직접 관찰할 수 있는 위치에 있었기 때문에 이를 세부적으로 형상화하여 전달한다. 여기서 서술자는 자신이 관찰한 사실을 구체화시켜 독자에게 전달하는 사건의 목격자로서의 역할을 수행하는 것으로 볼 수 있다. 마지막으로 '내인들이 받은 핍박'을 다룬 부분에서 서술자는 대전 측과 결탁한 무리들의 횡포와 유폐 생활로 인해 겪어야만 했던 고생담을 체험적 사실에 기반하여 나타내고 있다.[12] 여기서 서술자는

12) 『계축일기』는 인조반정 이후에 대비를 곁에서 모셨던 내인들이 자신과 동료들의 체험을 기록하여 남긴 글로 추정할 수 있다. 창작에 참여한 내인들은 자신이나

관찰자의 입장에서 다른 내인들의 행동을 살피고,[13] 자신들의 언급이 없으면 잊힐 내인들의 체험을 전하면서,[14] 작중 현실과 관계된 행위 주체로서의 면모를 드러내기도 한다.[15] 따라서 '내인들이 받은 핍박'에서 서술자는 내인들이 겪은 집단적 체험에 대한 기록자로서의 역할을 수행하는 것으로 파악할 수 있다.

이상에서 살펴본 『계축일기』 서술자의 역할을 정리하면 다음과 같다.

동료들의 체험 가운데 후대에 전해야 할 필요성이 있다고 판단하는 사실들을 가려내었을 것이며, '내인들이 받은 핍박'은 이러한 체험적 사실이 집대성 된 부분에 해당된다.

13) '내인들이 받은 핍박'에서 서술자들은 앞선 부분과 달리 '우리'라는 말을 통해 자신들의 존재를 빈번하게 노출시키는 특성을 보인다. 이는 서술자가 다루는 대상이 자신들의 체험 영역과 긴밀한 관련을 맺고 있기 때문에 나타나는 현상으로 보이며, 다음의 인용문은 그 예에 해당한다.
우리ᄂᆞᆫ 더리 사괴ᄂᆞᆫ 줄을 몰낫더니 계튝년(癸丑年) 변(變)이 나매 저히ᄂᆞᆫ 져리 될 줄을 미리 알고 가ᄒᆡ 복심이 되여시니 우리 보ᄂᆞᆫ ᄃᆡᄂᆞᆫ 놈의 뉴의 더욱 셜워 싸흘 허위고 (121면)

14) '47)최여옥의 무복과 뉘우침'에 보면 "이후의 변샹궁이 병ᄒᆞ야 죽어 가거ᄂᆞᆯ 내여보내엿더니 녀옥이 노혀(放) 죠히 살며 뵈라 와셔 이 곡절을 ᄀᆞ마니 니ᄅᆞ매"(151면)라는 언급이 나타난다. 이는 본의와 다르게 대비에 대해 무복을 한 최여옥이란 내인이 변상궁에게 자신의 사연을 전하는 상황을 설명한 부분으로, '내인들이 받은 핍박'에 나타난 관련된 일화나 사건들이 어떤 경로를 통해 알려지게 되었는지를 잘 드러내고 있다. 즉 최여옥의 사례는 『계축일기』의 기록이 수많은 내인들의 회상과 증언에 바탕하고 있음을 잘 보여주고 있다.

15) 다음의 인용문은 작품에 나타난 서술자가 지닌 행동 주체로서의 면모를 보여주는 예에 해당된다.
열이튼날 가족의 두 역신(疫神) 그리고 블근 쟈근 줌치예 죽은 ᄂᆡ인들 일홈 뻐너고 산 ᄂᆡ인들 일홈 뻐 밧긔 ᄆᆡ고 ᄂᆡ관 보내여, 『이 가족으란 침실 문 안ᄒᆡ 걸고 줌치란 게 잇ᄂᆞᆫ ᄂᆡ인들 일홈 뵈여 ᄎᆡ오라. 제(除)ᄒᆞ면 외리라.』 ᄒᆞ고 가니라. 보매하 흉고 무서워 즉시 파무드니라. (226면)

서술자의 역할	서술 방법
풍문의 매개자	광해군 측의 비윤리성 —(제 3자의 견문 인용)→ 독자
사건의 목격자	인목대비의 수난 —(장면의 세부적 묘사)→ 독자
체험의 기록자	내인들이 받은 핍박 —(체험의 선택적 기술)→ 독자

〈표 2〉『계축일기』 서술자의 역할과 서술 방법

이처럼 『계축일기』는 '행위의 주체는 누구인가', '누가 관찰한 것인가', '누가 이야기하는가'와 같은 요소에 의해 서술자의 역할과 서술 방법이 차이를 나타낸다.[16] '풍문의 매개자'는 광해군 측의 행위에 대해 제 3자가 관찰한 것을 서술자가 이야기하는 경우에 해당하며, '사건의 목격자'는 대비가 받은 수난에 대해 서술자가 관찰한 것을 직접 이야기하는 경우에 해당한다. '체험의 기록자'는 서술자가 행위 주체로 포함된 집단적 체험에 대해 서술자의 관찰과 다른 내인들의 증언을 토대로 하여 서술자가 이야기한 경우라 할 수 있다. 『계축일기』에서 서술자는 그 역할에 따라 독자들의 공감을 얻기 위해 다양한 표현 전략을 활용하고 있다. 다음 장에서는 각각의 국면에서 서술자가 활용한 표현 전략을 분석해 나가도록 하겠다.

Ⅲ. 서술자의 역할에 따른 『계축일기』의 표현 전략

1. 풍문의 사실화와 논평의 첨가를 통한 인물상 구현

'광해군 측의 비윤리성'과 관련된 부분에서 서술자는 광해군의

16) 즈네뜨는 '누가 보는가'와 '누가 말하는가'(보는 주체와 말하는 주체)에 대한 구분이 서술법 연구에서 갖는 중요성을 지적하였다. 본고에서는 이에 더하여 보는 주체와 행위 주체의 구분을 통해 『계축일기』 서술자의 역할을 분류하고자 하였다. 'Genette, 지음/권택영 옮김, 『서사 담론』, 교보문고, 1992, 174～177면' 참조.

부도덕함을 잘 보여주는 사례들을 수집하여 이를 독자들에게 매개하는 역할을 수행하고 있다. 이러한 사례들을 통해 서술자는 불효하고, 음탕하며, 무능하고, 잔인한 광해군의 인물상을 독자들에게 인식시키려는 노력을 기울인다. 그러나 서술자는 신분상 광해군 측과 접촉할 기회가 제한되었기 때문에 그에 대한 정보를 제 3자의 견문에 의존할 수밖에 없었으며, 이러한 간접적인 정보들은 신빙성이 낮은 풍문의 성격을 띨 수밖에 없었다. 따라서 자신이 의도한 대로 광해군 측의 비윤리성을 독자들에게 납득시키기 위해서 서술자는 제시하는 정보에 대한 신빙성을 제고시켜야만 했다. 서술자가 전하는 광해군에 대한 정보를 독자들이 근거없는 것으로 받아들인다면 작품의 창작 의도는 반감될 수밖에 없다. 이에 서술자는 광해군과 관련된 풍문을 독자들에게 매개하는 데 그치지 않고, 이를 사실로 받아들이도록 만드는 전략을 구사하게 되었다.

> 빙텬ᄒᆞ오신 이칠일만의 형을 외척으로 두 ᄃᆡ간ᄒᆞ야 논계ᄒᆞ게 ᄒᆞ야 노코 님ᄒᆡ(臨海)ᄅᆞᆯ 보고 계ᄉᆞᄅᆞᆯ 뵈여 왈,『이제 나가면 죄를 벗고 궐듕(闕中)의 이시면 죄 더을 거시니 내 몰나 니ᄅᆞᆯ가, 수이 나가소.』ᄒᆞ고 군병(軍兵)을 포렬(布列) 은복(隱伏) ᄒᆞ엿ᄃᆞᆺ더라 …… 님ᄒᆡ 죽일제 대군을 ᄒᆞᆷ긔 잡으려 ᄒᆞᆫ번의 소계 언ᄌᆞ니 됴뎡이 혹 시비 ᄒᆞᄃᆡ,『당시 강보(襁褓)의 잇고 신정을 ᄒᆞ매 형뎨 둘흘 ᄒᆞᆷ긔 업시기 어렵다.』ᄒᆞ니, 도로 대군을 거두지 아니ᄐᆞᆺ더라. (24~27면)

제시된 ‘6)임해군 살해’와 관련된 서사 단락에서 서술자는 광해군이 임해군을 죽이고 아울러 어린 영창대군까지 죽이려 한 사실을 ‘ᄒᆞ엿ᄃᆞᆺ더라’나 ‘아니ᄐᆞᆺ더라’와 같은 간접 인용의 형식을 사용하여 누군가에게서 전해들은 것으로 나타내고 있다.[17] 서술자는 조정의 논의에 참여할 신분에 있지 않았기 때문에 임해군이나 영창대군과 관련된 일을 전해들은 것으로 표현함은 온당하다. 그러나 '광해군 측의 비윤리성'에서 서술자는 자신이 직접 관찰하기 힘든 사례에 해당하는 것도 대부분 직접 관찰한 것과 같은 회상의 방식을 사용하여 나타내고 있다.

> 샹시(常時)예 뉴개 민망ᄒᆞ여 날마다 ᄣᅢ마다 ᄀᆞᄅᆞ쳐 이제 아모개 샹소ᄒᆞ려 ᄒᆞ니 이리이리 ᄃᆡ답ᄒᆞ고, 뎌ᄣᅢ 아모개 계ᄉᆞ(啓辭)ᄒᆞ려 ᄒᆞ니 이리이리 ᄃᆡ답하시고 시시로 진셔(眞書)로며 언셔(諺書)로 ᄡᅧ 광ᄌᆞ리이며 속고리예 너허 ᄃᆞ니며 …… 사ᄅᆞᆷ이 들게 쇠공을 내여시ᄃᆡ 하 크매 밧ᄀᆡ셔 번히 뵈디 못 ᄒᆞ게 안희만 ᄀᆞ리와 두고 ᄂᆡ외(內外)예 응(應)ᄒᆞ야 츌납(出納)ᄒᆞ고 하 ᄌᆞ로 ᄒᆞ매 담 밧ᄀᆡ 죵을 막 지어ᄂᆡ 죠히 살니며 밤이면 그 죵ᄒᆞ야 뉴가의 통ᄒᆞ야 <u>아라오더라</u>. (40면)

제시된 글은 '12)정사에 대한 광해군의 무능'을 나타낸 서사 단락 중 일부분으로 여기에서 서술자는 광해군이 정사를 제대로 처리할 능력이 없어서 대궐에 개구멍을 내고 그곳을 통해 유자신과 통하였다는 일화를 목격한 듯이 표현하고 있다. 서술자가 제시하는 이러한 일화는 실제 있었던 일이라고 믿기 힘든 것이며, 더구나 대비전 내인 신분인 서술자가 관찰하기도 힘든 사실에 해당된다. '광해군 측의 비윤리성'에서 서술자는 이와 같이 자신이 관찰하기 힘든 풍문에 해당하는 일화를 직접 본 사실인 것처럼 나타내고 있다. 이는 광해군의 비행이나 성격적 결함에 대한 서술의 신빙성을 높이기 위해 서술자가 의도적으로 사용한 표현 방식이라 할 수 있겠다.

『계축일기』에서 서술자는 자신이 직접 관찰하기 힘들었던 일화들

---

17) '광해군 측의 비윤리성'의 서사 단락 가운데 간접 인용의 형식을 사용한 경우는 14)단락의 "~ᄒᆞᆫ다 ᄒᆞ더라"(45면)와 20)단락의 "~못 드ᄅᆞᆫ톄 ᄒᆞ고 오ᄃᆞᆺ더라"(51면)와 같이 드물게 나타난다.

을 마치 목격한 듯이 회상하여 제시하면서 일화에 대한 서술 끝 부분에 논평을 달아서 그에 대한 견해를 드러내고 있다. 광해군이 보여주는 잘못에 대해 서술자는 직접적인 평가의 말을 덧붙이거나 다른 사람의 반응을 첨가함으로써 비판 의식을 강화시킨다.

> 대왕 빙텬 ᄒᆞ오신 후 삼칠일만의 문안드니 샹시 벗의 됴상(弔喪)도 처엄 만나면 곡읍(哭泣)ᄒᆞ미 녜ᄉᆡ(例事)어늘 우히 ᄋᆡ곡(哀哭)ᄒᆞ오시니 드리ᄃᆞᄅᆞ며 손 내여 헤저으며 시위인ᄃᆞ려, 『우디 마ᄅᆞ시게 ᄒᆞ라.』 ᄒᆞ고, 더두어리며 곡 ᄒᆞ믄ᄏᆞ니와 죠곰도 ᄋᆡ쳑지용이 업ᄉᆞ니 인ᄌᆞ정(人子情)은 업거니와 쳑인(戚人)인들 상가(喪家)의 와 ᄆᆞ음이 무심ᄒᆞᆯ 거시랴. 크게 비인정(非人情)이러라. (28면)

> 대뎐이 처엄으로 ᄇᆡ능(拜陵)가니 녜 ᄌᆡ상(宰相)들은 동구(洞口)브터 통곡고저 ᄒᆞᄃᆡ 겨우 촘아가셔 샹이 우오셔든 슬컷 울거라 하고 이때 뎌때 기ᄃᆞ리고 잇더니 샹능(上陵)ᄒᆞ여 천천이 그저 오니 기간의 뉘 ᄀᆞᄅᆞ친디 ᄂᆞ려온 후야 녜죠의 <울냐 말냐> 의논ᄒᆞ니, <우ᄅᆞ셔야 올타.> ᄒᆞ니 올적이야 우니 그 소ᄅᆡ를 듯고 뉴ᄌᆞ(儒者)ᄂᆞᆫ ᄒᆞᄃᆡ, <실셩통곡(失聲痛哭) ᄒᆞ엿더니 너모 우다 외오 넉이실가.> ᄒᆞ더라. 이러틋 텬셩(天性)의 조촌 효셩이 업서 완포(頑暴)ᄒᆞ미 심ᄒᆞ니 우리게 향ᄒᆞ야 엇디 또 지극ᄒᆞ리오.[18] (49면)

첫 번째 인용된 '7)광해군의 불손한 문안 태도'에서 서술자는 대비에게 문안을 와서 슬픈 기색을 보이지 않는 광해군에 대해 인자

---

18) 홍기원본에는 "올 적의야 그 소ᄅᆡ 듯고 뉴ᄀᆞ(柳家)ᄂᆞᆫ 실셩통곡(失聲痛哭)ᄒᆞ엿더니 너모 우다가 외오 너기 오실가 ᄒᆞ더란 말이 잇더라."라 하여 실성통곡한 주체를 광해군의 장인인 유자신으로 보고 있다. 홍기원 교주, ≪인목대비의 서궁일기≫, 민속원, 2004, 114면.

정이 없다거나 비인정한 태도라 평을 가하고, 두 번째 '17)광해군의 형식적 능 참배'에서는 선조의 무덤에 참배를 가서 억지 울음을 우는 광해군의 모습을 제시하고, 이에 대하여 천성에 좋은 효성이 없고 완포하여 대비에게까지 도리를 못한다는 평을 달아 비판하고 있다. 광해군의 잘못된 행동을 제시하고 이에 대하여 서술자가 직접적인 논평을 가하는 방식은 광해군 측의 비윤리성을 드러내는 부분에서 빈번하게 나타난다.[19] 이러한 방식은 서술자의 광해군에 대한 반감과 비판을 직접 보여주는 장치로 부도덕한 광해군의 인물상을 독자에게 형성시키는 효과를 거두게 만든다.

『계축일기』에서 서술자는 직접적인 논평을 가하는 방식과 아울러 다른 사람의 언행을 인용하여 비판 의식을 드러내기도 한다.

> 빙측의도 ᄒᆞᆫ ᄃᆞᆯ의 ᄒᆞᆫ번식 가락말낙 ᄋᆡ쳑(哀戚)이 아조 업서 샹복듕(喪服中)의 우음이 ᄌᆞ약(自若)ᄒᆞ고 대뎐샹(大殿喪)의 감션ᄒᆞᄂᆞᆫ 톄도 ᄒᆞ고 입을 ᄀᆞ리오고 우으믈 ᄎᆞᆷᄂᆞᆫ 톄도 ᄒᆞ되 다 ᄎᆞᆷ디 못 ᄒᆞ야 하 우ᄉᆞ니 <u>보ᄂᆞ니 민망ᄒᆞ더라</u>. ……『ᄌᆞ뎐의셔 우옵시ᄂᆞ이다.』『무슴 일 져리 우옵시ᄂᆞ니.』『츈취 만하업서 겨옵시니 셜워 하오시미 우읍다. 사ᄅᆞᆷ이 ᄆᆡ양 살냐, 듯기슬타.』ᄒᆞ니 <u>좌우의 잇ᄂᆞᆫ 사ᄅᆞᆷ이 어히 업시 너겨 혹 ᄀᆞ마니 웃더라</u>. (37면)

인용된 '11)국상에 임하는 광해군의 불공한 태도'에서 서술자는 선왕인 선조의 상중에도 웃음을 참지 못하고 대비의 슬픔까지 비웃는 광해군의 태도를 보여주고, 이에 대한 비판 의식을 좌우에 있던

19) '광해군 측의 비윤리성'에서 서술자의 직접적 논평이 나타난 부분으로는 서사 단락 3)의 "그런 간인(奸人)이 어ᄃᆡ 이시리오."(22면), 8)의 "그 브효하미 가히 달디라."(29면), 9)의 "그런 블샹ᄒᆞ오신 일이 업더라."(30면), 14)의 "불공(不恭)ᄒᆞ미 심터라."(45면), 15)의 "속은 흉하고 말은 실(實)이 업ᄉᆞ니 위엄은 걸쥬ᄅᆞᆯ 본밧고 힝실은 양뎨의게 더으니~과연 난(亂)을 일워 내니라."(46면) 등이 있다.

근시인(近侍人)들의 어이없는 웃음을 통해 제시하고 있다. 이러한 방식은 서술자의 직접적인 논평과 아울러 광해군 측의 행태를 비판하는 데 자주 동원된다.[20] 광해군 측의 비행을 드러내는 일화와 이에 대한 다른 인물의 비판적 반응 제시는 광해군에 대한 서술자의 비판 의식을 일반화시키는 장치로서 '광해군 측의 비윤리성'에서 효과적으로 사용되고 있다.

『계축일기』에서 서술자는 광해군의 부도덕성을 비판하기 위하여 자신이 직접 관찰하기 힘든 것으로 보이는 사례들을 일화로 구성하여 제시하고 있다. 여기에서 서술자가 전달하는 내용은 신빙성이 낮은 풍문에 해당한다고 할 수 있는데, 서술자는 풍문을 마치 자기가 직접 관찰한 사실인 양 독자에게 전달하고 있다. 그리고 풍문의 내용을 사실처럼 형상화 한 후에는 그것에 대해 서술자가 직접 논평을 달거나 다른 사람의 반응을 첨가함으로써 특정한 일화를 선택하여 제시한 의도를 명확히 하고 있다. 즉 '광해군 측의 비윤리성'에서 서술자는 풍문을 사실화하여 그것에 대해 논평을 가함으로써 독자들을 자신의 의도대로 설득하려 하고 있다.

광해군 측의 비행과 관련된 일화는 부정적인 인물로서 광해군의 상을 도출하는 구성 요소의 역할을 한다. 결국 '광해군 측의 비윤리성'에서 서술자는 일화와 그에 대한 논평을 통해 자신이 의도하는 광해군의 성격을 완성해나가고 있으며, 이를 통해 계축옥사와 영창대군의 죽음과 같은 비극적 사건이 광해군의 성격적 결함에서 왔음을 보이고자 하였다. 이러한 표현 방식은 광해군과 인목대비의 대립을 선과 악의 구도로 설정하는 기반으로 작용하며, 작품이 다루고

20) 다른 이의 언행을 인용하는 방식은 서사 단락 13)의 "셰자 보모샹궁 옥환(玉環)이~『쇼 ᄀᆞᆺ거든 쇄라 아니랴』 하더라."(43면), 16)의 "듯ᄂᆞ니 다 어히 업시 너기더라."(47면), 18)의 "늙은 ᄂᆡ인들이~웃던 셤기ᄋᆞᆸ던 일을 보아다가 어히업시 너기더니"(50면), 20)의 "듣ᄂᆞᆫ 사ᄅᆞᆷ이 하 흉히 넉여 못 드ᄅᆞᆫ 톄 ᄒᆞ고 오ᄃᆞᆺ더라."(51면)에서 나타난다.

있는 비극적 사건들의 정치색을 탈색시키고 이를 인간 윤리의 문제로 치환하는 요소로 작용하고 있다. 풍문의 매개자로서 서술자가 활용한 이와 같은 표현 전략은 독자들에게 광해군의 비윤리성에 대한 인식을 한층 강화시키는 효과를 거둔 것으로 보인다.

2. 극적 제시에 의한 정서의 전달

'인목대비의 수난'을 다룬 부분에서 서술자는 광해군 측의 핍박에 의해 고통을 겪게 되는 대비를 가까이에서 지켜보는 목격자로서의 역할을 수행하고 있다. 여기서 서술자는 사건의 목격자로서 인목대비가 겪게 되는 수난을 구체적으로 형상화하는 데 주의를 기울인다. '인목대비의 수난'에서는 계축년(광해군 5년, 1613년)의 옥사와 영창대군의 출궁과 관련된 비교적 짧은 기간 동안 발생한 일을 다루고 있는데, 서술자가 대비에게 가해지는 고난과 핍박을 생생하게 그려내려는 노력을 기울인 결과 서사 속도가 느려지는 현상이 나타나게 된다. 이 부분에서 서술자는 대비의 언급을 직접 인용하거나 주변 상황을 구체적으로 묘사하여 인목대비의 비통한 심정을 독자들에게 효과적으로 전달하려는 시도를 한다.

'인목대비의 수난'을 다룬 부분에서 먼저 서술자는 계축옥사와 관련된 역사적 사건의 전개 과정을 제시하고 난 후 대비에게 초점을 맞춰 이야기를 전개해 나간다.

> 살인 도적의 일노 부원군 나수(拏囚) ᄒᆞ오시다 듯ᄌᆞ오시고 뜰ᄒᆡ 박셕(薄石) 돌ᄒᆡ 마리ᄅᆞᆯ 브드잇ᄌᆞ오시고,『대군으로 이런 홰(禍) 부모 동생의게 미ᄎᆞ니 엇디 ᄎᆞ마 드ᄅᆞ리잇가 내 머리털을 버혀 표ᄒᆞ니 대군을 ᄃᆞ려다가 아ᄆᆞ리나 쳐치ᄒᆞ고 아바님과 동ᄉᆡᆼ을 노흐쇼셔.』ᄒᆞ시며,『ᄌᆞ식으로 ᄒᆞ여 어버의게 홰 밋ᄂᆞᆫ 일을 ᄎᆞ마 사라셔 못 볼소이다.』ᄒᆞ오시

니 (79면)

인용된 '28)부원군에 대한 대비의 구명 요청과 광해군의 거절'에서 서술자는 강도 사건이 역모로 비화되어 대비의 친정 식구들이 죄를 뒤집어쓰고 잡혀 들어가게 되자 이로 인해 애통해 하는 대비의 모습을 자세히 묘사하고 있다. 대비의 수난을 드러낸 부분에서 서술자는 이를 직접적으로 관찰할 수 있었던 위치를 잘 활용하여 광해군의 핍박에 고통을 받는 대비의 모습과 언행들을 구체적으로 드러내 독자에게 전달하려는 노력을 보인다. 이러한 세부적 묘사를 통해 서술자는 독자에게 인목대비의 상황을 옆에서 지켜보는 것처럼 생생하게 전달하고 그에 대한 공감을 유도하려는 의도를 나타낸다.

『아버님 업ᄉᆞ신 일은 간댱이 버히ᄂᆞᆫ듯 ᄒᆞ나 나라 법이 듕ᄒᆞ여 ᄆᆞᄋᆞᆷ으로 살오디 못 ᄒᆞ나 이 아ᄒᆡᄂᆞᆫ 션왕의 유ᄌᆡ(遺子)니 그러나 ᄉᆡᆼ각ᄒᆞ미 겨실가 ᄒᆞ더니 새로이 그런 말을 ᄒᆞ시니션후 말이 다ᄅᆞ믈 셜워ᄒᆞᄂᆞ이다. 어린아ᄒᆡᄅᆞᆯ 어ᄃᆡ가 두리잇가 내 안고 ᄒᆞᆫ 가지로 죽을 ᄲᅮᆫ이언뎡 내여 보내기ᄂᆞᆫ ᄎᆞ마 못 ᄒᆞᆯ소이다.』……『이 말슴은 그ᄅᆞᄋᆞᆸ사이다. 대군이 안ᄒᆡ 이시면 오히려 됴뎡이 노(怒)ᄒᆞ여 쥭여디라 ᄒᆞᆯ 거시니 나ᄂᆞᆫ 뎐을 보오나 대군을 보오나 됴흔 일을 보고져 ᄒᆞᄋᆞᆸ더니 ᄆᆞᄎᆞᆷ내 이리 듯디 이니 ᄒᆞᄋᆞᆸ시면 나도 내 ᄆᆞᄋᆞᆷ으로 못 ᄒᆞ여 됴뎡이 ᄒᆞᄂᆞᆫ대로 ᄒᆞ올소이다. 이제 내여 보내ᄋᆞᆸ시면 살게 ᄒᆞ려니와 이리 막고 아니 내여 보내ᄋᆞᆸ시면 사디 못 ᄒᆞ오리다.』(88~90면)

낸들 므슴 일을 아니 혜리오 마ᄂᆞᆫ 동셔도 모ᄅᆞᄂᆞᆫ 아희 슬하(膝下)의셔 ᄌᆞ라ᄂᆞᆫ 양이나 보려 ᄒᆞ더니 위력(威力)으로 아사다가 갓ᄂᆞᆫ 곳도 니ᄅᆞ디 아니 ᄒᆞ다가 죽여시니 애ᄅᆞᆯ 끗ᄂᆞᆫ듯 ᄉᆞᆯ흘 베히ᄂᆞᆫ듯 ᄒᆞ니 셜우믈

> ᄎᆞᆷ디 못 ᄒᆞ며 …… 션왕이 ᄉᆞ랑티 아니시던 일을 원을 내게 와 프니 이 원을 내 바드믄 ᄏᆞ니와 내 가문(家門)과 어린 대군을 다 죽여시니 엇디 ᄒᆞᆫ갓 셟다 ᄒᆞ리오. 세셰ᄉᆡᆼᄉᆡᆼ애 소ᄅᆡ 듯ᄂᆞᆫ ᄶᆞ히도 나디 마라디라. (172~173면)

『계축일기』에서 인목대비에게 가해지는 고난으로 가장 생생하게 다루어지는 부분은 영창대군과 관련된 것이다. 영창대군의 출궁과 관련된 본격적인 서술은 첫 번째 제시된 '31)영창대군의 출궁을 둘러싼 대비와 광해군의 논쟁'에서 시작된다. 여기에서 서술자는 아들을 살리기 위한 인목대비의 간절한 심사와 대군을 궁 밖으로 쫒아내려는 목적을 달성하기 위한 광해군의 위협적인 언사를 편지 형식을 통해 직접적으로 대비시키고 있다.21) 두 번째 인용문은 '53)대군이 대비의 꿈을 통해 죽음을 알림'의 일부분으로 대비가 대군의 죽음을 알고 나서 자신의 비통한 심정을 직접 언급하는 내용을 담고 있다. 여기서 서술자는 아들을 잃은 슬픔과 광해군에 대한 원망의 감정을 숨기지 않는 대비의 말을 인용하는 형식을 통해 대비의 정서를 생생하게 전달하고 있다.22)

---

21) 이러한 광해군과 인목대비의 서신 왕래는 다른 전거를 찾을 수 없는 근거가 매우 희박한 것으로 인목대비의 처절한 심정을 극대화시키기 위한 문학적 장치로 볼 수 있다. 민영대, 같은 책, 2004, 151~152면.

22) 인목대비가 서궁에 유폐되어 있던 시기에 쓴 <인목대비 술회문>에도 53)단락의 내용과 유사한 언급이 나타난다.

此哀痛호믄 一日不敢聊生홀이리오 此不共戴天之讐와 不同國之恥ᄂᆞᆫ 尤爲一時도 不容息於覆載之間이니 人子ㅣ 一欠의 주글 거시로ᄃᆡ 小節을 크게 ᄎᆞᆷ고 伍員之奔吳와 嘗膽臥薪之心의 ᄉᆡᆼ각ᄒᆞ야 形體 기텨시며 骨髓未涸枯ᄒᆞ야시니 어ᄂᆞ날 骨中之怨을 消雪할고

'不共戴天之讐'와 '어ᄂᆞ날 骨中之怨을 消雪할고'와 같은 표현 등은 인목대비가 광해군에 대해 어떠한 심정을 지니고 있었는지를 단적으로 보여주고 있으며, 앞선 53)단락의 인용된 부분과 정서적으로 상통하고 있다. <인목대비 술회문>, 문학사상 1972년 11월호(통권 2호), 451면.

『계축일기』에서 서술자가 아무리 대비의 입장에 동조하는 인물이라고 할지라도 대비의 정서를 그대로 표현하는 것은 불가능하다. 서술자가 전지적(全知的) 시점에서 대비의 마음속을 읽을 수 없는 이상 이를 가장 효과적으로 드러내는 방법은 편지글과 같은 관련 자료나 대비의 언급을 직접 인용하는 것이라 할 수 있다. '인목대비의 수난'에서 서술자는 이러한 방식을 잘 활용하여 서술자가 직접적으로 파악하기 힘든 인목대비의 정서를 독자에게 효과적으로 전달해 주고 있다.

> 날은 느저가고 하 민망ᄒᆞ여 힐(詰)우다가 못 ᄒᆞ여 우흔 뎡샹궁이 업ᄉᆞᆸ고 공쥬 아기시ᄂᆞᆫ 쥬샹궁이 업ᄉᆞᆸ고 대군 아기시ᄂᆞᆫ 김샹궁이 업ᄉᆞ와 시니 대군이 하시ᄃᆡ, 『웃뎐과 누으님과 몬져 셔시고 나난 뒤ᄒᆡ 셔디라.』 ᄒᆞ셔ᄂᆞᆯ, 『엇디, 그리 셔라 ᄒᆞ시ᄂᆞᆫ고』 ᄒᆞ니, 『내 몬져 셔면 날만 내고 다 아니 나오실거시니 나 보ᄂᆞᆫ ᄃᆡ셔 가ᄋᆞᆸ사이다.』 하시더라. …… 대군 아기시만 문밧긔 업혀 나셔셔 업은 사ᄅᆞᆷ의 등의 머리ᄅᆞᆯ 브ᄃᆡ처 우ᄅᆞ시며, 『마마 보세』 ᄒᆞ다가 못 ᄒᆞ여, 『누오님이나 보새.』 ᄒᆞ시고 하 애ᄅᆞᆯ 타 설워 ᄒᆞ오시니 곡셩이 ᄂᆡ외예 텬디진동ᄒᆞ여 눈믈이 싸히 ᄀᆞ득ᄒᆞ니 사ᄅᆞᆷ들이 눈이 어두워 길흘 모ᄅᆞᆯ너라. (102～104면)

인용된 부분은 '33)대군의 출궁'과 관련된 부분으로 이는 『계축일기』의 여러 사건 가운데 서술자가 가장 심혈을 기울여 묘사한 장면에 해당된다. 여기에서는 어린 나이의 영창대군이 대비의 곁을 떠나지 않으려고 애쓰는 심정과 억지로 궁 밖으로 쫓겨나면서 애통해하는 모습이 생생하게 묘사되고 있다. 『계축일기』의 등장인물 가운데 가장 비극적인 인물은 영창대군이라 할 수 있는데, 목격자의 입장에서 있는 서술자가 나이 어린 영창대군의 심정을 효과적으로 전달하는 방법 또한 당사자의 목소리를 그대로 전달하는 것이라 할 수 있다. 영창대군의 출궁과 관련된 부분에서 서술자는 실제로 섣부른 논평이나 장면에의 개입을 자제하고 그가 목격한 것으로 여겨지는 장면들을 그대로 보여주는 데에 힘을 기울이고 있다.

'인목대비의 수난'에서 서술자는 기법적인 측면에서 볼 때 대상이 되는 인물의 말과 행동을 보여주는 데 치중하는 극적 제시 방법을 구사하고 있다.[23] 여기에서 서술자는 비록 대상이 되는 인물에 대하여 정서적 유대감을 느끼는 위치에 있었지만 관찰자의 입장에 머무는 이상 대상 인물의 정서를 드러내는 데에는 한계를 가질 수 밖에 없었다.[24] '인목대비의 수난'에 속한 서사 단락은 주로 대비의 언행에 대한 인용이나 상황에 대한 구체적 묘사를 통해 서술되고 있는데, 이러한 극적 제시 기법의 활용은 사건의 목격자 입장에 서 있는 서술자가 대상 인물의 정서를 독자들에게 효과적으로 전달하기 위해 전략적으로 선택한 장치라 할 수 있겠다.

인목대비의 수난사는 『계축일기』에서 서사 속도가 가장 느린 부분에 해당한다. '광해군의 비윤리성' 부분이 선조 사후에서 광해군 4년에 걸친 기간을 다루고, '내인들이 받은 핍박' 부분이 광해군 집권기 전반을 다루는 데 비해, '인목대비의 수난' 부분은 계축년, 영창대군의 출궁이라는 사건 전후의 상황을 집중적으로 서술하고 있다. 여기에서 서술자는 인목대비의 비통한 심정을 독자들에게 효과적으로 전달하기 위하여 인목대비의 수난과 영창대군의 비극을 세

23) '보여주기'와 '말하기'는 서술 양식을 양분하는 방법으로 이는 텍스트 상에서의 서술자의 중립적 역할과 적극적 개입의 정도와 밀접한 관련을 맺고 있다. 웨인 부스는 플로베르 이래로 강조되던 극적 제시 기법의 우위를 비판하면서 서술자의 논평적 진술과 극적 제시는 서사적 상황에서의 적합성 여부에 따라 효과가 달라질 수 있음을 지적하고자 하였다. 부스의 견해는 'Booth 지음/최상규 옮김, 『소설의 수사학』, 예림기획, 1999' 참조.

24) 『계축일기』에서 대비는 대군을 내어주는 것이 좋겠다는 변상궁의 말에 대해 "너ᄒᆡᄂᆞᆫ ᄂᆡ인인 젼ᄎᆞ로 ᄌᆞ식의 졍을 모르ᄂᆞᆫ도다. 졍의 ᄎᆞ마 내여주기를 못 ᄒᆞᆯ노라."(99면)하여 내인들이 자신의 심정을 이해하기 힘들다는 언급을 한다.

밀하게 묘사하여 보여준다. 서술자는 편지글과 같은 자료나 대비와 영창대군의 언행에 대한 직접 인용을 통해 자신이 직접 파악하기 힘든 이들의 정서를 구체화하여 독자들에게 제시함으로써 이들의 처지에 대한 동정과 공감을 이끌어내려는 전략을 구사하고 있다.

3. 인물 대비를 통한 교훈적 의도의 실현

'내인들이 받은 핍박'과 관련된 부분은 서술자의 체험적 영역과 깊은 관련을 맺고 있다. 여기서 서술자는 수동적인 관찰자의 입장에서 벗어나 작중 현실에 적극적으로 개입하고 자신이 체험한 일들을 드러내려고 노력한다. '내인들이 받은 핍박'에서 서술자가 중점을 둔 사항은 대비가 수난을 당하는 동안 각 내인들이 보여준 태도와 서궁 유폐기에 대비 측 내인들이 겪어야만 했던 고생담이라 할 수 있다. 전자의 경우에 서술자는 내인들의 잘잘못을 가려내 그 공과(功過)를 후세에 전하려는 의도를 나타내고 있으며, 후자의 경우에는 대비에 대한 충성심으로 갖은 핍박과 어려움을 이겨냈던 내인들의 자부심을 드러내려는 의도를 보이고 있다.

내인들의 공과를 다룬 부분에서 서술자는 대비전에 속한 내인뿐만 아니라 대전 측에 속한 내인들까지 다양한 유형의 인물들의 언행을 적극적으로 부각시키고 있다.

> 가히 나아드러 손목 쥐고 닐오ᄃᆡ, 『우리 아ᄒᆡ 적부터 ᄒᆞᆫᄃᆡ 사라 위연이 절ᄒᆞᆫ가 대비마노라 시위 ᄒᆞ여 살기ᄂᆞᆫ 젹으니 ᄆᆞᄉᆞᆷ 졍이 그리 듕ᄒᆞ실고』 웃으며 각ᄉᆡᆨ으로 달내며 위엄을 지어 닐오ᄃᆡ, 『냥뎐(兩殿)이 샹궁을 보아 친히 니ᄅᆞ고져 ᄒᆞ오시더니 연고 이셔 못 감(鑑)ᄒᆞ오시니 날ᄃᆞ려 니ᄅᆞ라 ᄒᆞ오셔ᄂᆞᆯ 니ᄅᆞᄋᆞᆸᄂᆡ. 이제 드러가셔 브ᄃᆡ 죽이ᄋᆞᆸ고 살와 두면 죵의 ᄒᆡ만셜울 ᄯᆞ롬이오. 유익 ᄒᆞ미 업ᄉᆞ리라. 이 말 곳 내면 보

> 쟈. 죽은 어버의게 니ᄅᆞ히 화ᄅᆞᆯ 벗디 못 ᄒᆞ리라.』 촘노라 ᄒᆞᄃᆡ 분ᄒᆞ믈 이긔디 못 ᄒᆞ야 울고 ᄃᆡ답 ᄒᆞᄃᆡ,『이 일은 죵이 ᄎᆞ마 못 ᄒᆞᆯ 일이니 드러가디 마라디라.』(205~206면)

인용된 '61)변상궁의 귀궁과 가희의 흉계'에서 서술자는 대비를 없애려는 음모를 꾸미는 가희와 대비를 충직하게 섬기는 심복인 변상궁을 함께 등장시켜 이들의 성격을 대조적으로 드러내고 있다. 여기서는 대비를 없애기 위해 변상궁을 자기편으로 회유하려는 가희의 간사한 행동과 이에 분노하여 차라리 궁 밖으로 다시 나가기를 청하는 변상궁의 충직한 모습이 대비되어 팽팽한 긴장감을 불러일으키고 있다. 변상궁과 가희는 인목대비와 광해군 측 내인의 최고자리에 있는 인물들로서 서술자가 대비하는 내인 유형의 양극에 위치하고 있다.

> 이 사ᄅᆞᆷ이 본ᄃᆡ 불통(不通)ᄒᆞ여 ᄉᆡᆼ셰(生世) 뉵십이로ᄃᆡ 디식이 젼혀 업고 얼골이 고이ᄒᆞ며 양ᄌᆡ(樣子) 등유(燈油)칠 ᄒᆞ니 ᄀᆞᆺ고, 언셔(諺書) ᄒᆞᆫᄌᆞ도 잘 못 쓰며 의인(懿仁)적부터 쓰이디 못 ᄒᆞ믈 앙앙(怏怏)ᄒᆞ여 ᄒᆞ더니 이적도 쇼임 못 ᄒᆞ여 하 셜워 ᄒᆞᆫ다 ᄒᆞ오시고,『제 ᄒᆡᆼ실 용티 못 ᄒᆞᆫ 줄ᄂᆞᆫ 모ᄅᆞ고 나히 만토록 고초(苦楚)히 디내니 그도 사ᄅᆞᆷ이라 불상타.』 ᄒᆞ오시고 감찰ᄒᆞ엿더니, 냥뎐(兩殿)의 서로 문안 ᄃᆞᆫ니며 아ᄎᆞᆷ의 문안가셔 낫만 오ᄃᆞᆺᄒᆞ고 ᄯᅩ 나죄 오ᄃᆞᆺ도 ᄒᆞ며, 은덕이 가히(介屎)와 날 느저가ᄂᆞᆫ 줄을 모ᄅᆞ고 됴챠ᄒᆞᄃᆞᆺ더라. (177~178면)

> 공쥐 역질 ᄒᆞ오시니 텬복이 이제야 ᄠᅳᆺ을 엇괘라 ᄒᆞᄃᆡ ᄒᆞᆯ 일이 업서 ᄒᆞ더니 침실(寢室)문을 닷고 조심ᄒᆞ니 텬복이 알파 누엇다가 그제야 니러나 와 두로 보고 역신(疫神)인 줄 알고 드러 안자셔 브러 고기 졈이고 술 먹거ᄂᆞᆯ ᄂᆞᆷ이 드러나 보니 닐오ᄃᆡ,『디우(知委)로 술 고기ᄅᆞᆯ 못

> 먹을 거시니 우리 ᄀᆞ마니 먹자.』 ᄒᆞ고, 먹더니 침실의셔는 먹는 줄 아디 못 ᄒᆞᄃᆡ ᄌᆞ가는 아ᄅᆞ시고 텬복이놈 몰내여 둘히 안자셔 고기 쓰고 술 먹으며 ᄀᆞ마니 먹자 ᄒᆞ니 괘심코 다랍다 어셔 아사라 ᄒᆞ오셔늘 사ᄅᆞᆷ 보내여 보니 과연 ᄒᆞᆫ 사ᄅᆞᆷ을 ᄃᆞ리고 안자셔 먹더라. (190～191면)

제시된 인용문은 변상궁이 병을 앓아 출궁한 후 대신 일을 맡게 된 천복이라는 인물의 근본과 행실, 비행과 관련된 것이다. 서술자는 천복의 못생긴 외양과 방자한 태도, 공주에게 저주를 가하는 행태를 보여줌으로써 그가 죄를 받아 마땅한 인물임을 드러내고자 한다. '내인들이 받은 핍박'과 관련한 부분에서 서술자의 관심은 가희나 은덕이와 같이 대비전과 직접적인 대립 관계에 있던 인물들보다 원래는 대비 측 내인이었으나 사욕을 위해 대전 측과 결탁한 인물들에 집중된다. 서술자는 서사 단락 40), 41), 44), 45)에서 중환과 경춘이의 비행을, 49), 50), 51)에서 난이의 횡포를, 56), 57), 58)에서 천복의 흉계를 부각시킴으로써 대비의 은혜를 배신한 인물들에 대한 비판 의식을 드러내고 있다. '내인들이 받은 핍박'에서는 이와 같은 배신형 인물들이 보여주는 어리석음과 탐욕, 음모에 대한 서술이 중요한 비중을 차지하고 있다.

> 이ᄢᅢ예 듕환이를 쵹(促)ᄒᆞ여 이 시녀를 잡아ᄂᆡ여다가 별옥의 가도와셔 달내여 『이리이리 ᄃᆡ답ᄒᆞ면 너를 살게 ᄒᆞ마.』 ᄒᆞ니 녀옥이 울고 수일을 허(許)티 아녓더니 아비 어미를 듀야 ᄒᆞᆫᄃᆡ셔 달내게 ᄒᆞᄃᆡ, ……『아니라 어버의게 보채이어 무복을 ᄒᆞ여시나 타일의 멸족(滅族)ᄒᆞᆯ 화를 저즐고 사라시니 내 죄 태산 ᄀᆞᆺᄐᆞ니 죽고져 하ᄃᆡ 모진 목숨이 죽디 못 ᄒᆞ여 나라흘 쇽여 거즛말노 ᄉᆞᆲ아시니 이ᄂᆡ ᄂᆞᆺᄎᆞ로 ᄂᆞᆷ을 뵈리잇가. ᄆᆞᄋᆞᆷ의 업ᄉᆞᆫ 말노 무복ᄒᆞ여시니 죽이오셔도 ᄒᆞᆫ티 아니 ᄒᆞ오리이다.』 ᄒᆞ고 우더라. (151～152면)

제시된 인용문은 '48)최여옥의 무복과 뉘우침'의 일부분으로 여기에는 본의와는 다르게 부모의 간청으로 대비에 대해 무복을 하고 살아난 여옥이 자신의 행위를 뉘우치는 내용이 나타난다. 서술자는 여옥에 대해 비록 대비의 은혜를 저버리기는 했지만 상황의 불가피성을 인정하여 동정적인 태도를 보이고 있다.[25] 여옥의 경우와 같이 본심과 달리 대비를 곤경에 처하게 만드는 인물로 문상궁을 들 수 있다. 문상궁은 중환의 음모에 빠져 대비의 시름을 풀어 줄 목적으로 영창대군에게 편지를 전하게 되고, 이로 인해 새로운 옥사를 일으키는 잘못을 범한다.[26] 이에 대해서도 서술자는 사태의 발단이 문상궁의 충심에서 비롯된 것으로 보아 그에 대해 동정적인 태도를 나타낸다. 즉 서술자는 이 두 인물에 대해 그들의 실책을 탓하기보다 이들 또한 음모의 희생자로 파악하는 시각을 나타내고 있다.

이처럼 '내인들이 받은 핍박'에서 서술자가 역사적 고난에 대응했던 다양한 인물들의 유형과 그 공과를 제시하는 것은 후대 내인들에게 권계와 교훈을 주고자 한 의도로 풀이할 수 있다. 『계축일기』에서 관련된 일화가 제시되거나 반복적으로 등장하는 중요 내인들의 성격 유형을 분류하면 다음과 같다.[27]

---

25) '47)최여옥의 무복과 뉘우침'은 서사적 전개 과정에 비추어 볼 때 반드시 필요한 단락이라 할 수 없다. 서술자는 옥사로 인한 내인들의 죽음과 고통을 서술한 끝에 사족처럼 최여옥의 일화를 덧붙이고 있다. 중환과 경춘에 대한 내용을 서술하는 가운데 삽입된 '42)가희의 대비전 염탐과 방정' 또한 이와 마찬가지 경우에 해당한다. 이처럼 내용 전개에 있어서 필수적이지 않은 일화의 삽입은 '내인들이 받은 핍박'에서의 서술자의 의도가 내인들 개개인에 대한 평가에 놓여있음을 보여주고 있다.

26) 이와 관련한 내용은 '44)대군과 관련된 중환의 음모와 문상궁의 실책'에 나타나 있다.

27) 김상궁은 '25)박동량의 초사와 김상궁의 호통'에 등장하는 인물로 박동량의 초사 사건으로 옥으로 잡혀 가는 도중에 광해군의 잘못을 의연히 꾸짖는 행동을 한다. 정순, 은덕이, 갑이는 가희의 심복에 해당한다.

성격 분류	충심형	희생형	배신형	음모형
해당 인물	김상궁, 변상궁	문상궁, 여옥	중환, 경춘, 난이, 천복	가희, 정순, 은덕이, 갑이

〈표 3〉 내인들의 성격 분류

'내인들이 받은 핍박'에서는 여러 내인들에 대한 비판적 고찰 외에 대비전 내인들이 겪었던 고통의 기록들이 나타난다. 여기서 서술자는 체험의 주체로서 이 시기 내인들이 겪은 고통을 하소연하기도 하고, 어려움을 이겨낸 데 대한 자부심을 피력하는 모습을 보이기도 한다.

> ᄂᆡ인이 신을 거시 업서 헌 오술 ᄯᅳ더 노흘 ᄭᅩ아 집신 텨로도 ᄒᆞ며 헌 신을 ᄯᅳ더 신ᄂᆞᆫ 거술 기워 신으ᄃᆡ ᄒᆡ포니 견ᄃᆡ디 못 ᄒᆞ여 살 밋틀 ᄲᅢ혀 송곳 ᄆᆡᆫᄃᆞ라 초혀(草鞋) 짓기ᄅᆞᆯ 시작ᄒᆞ다. …… ᄂᆡ인이 발이 ᄌᆞᆺ믈너 울고 ᄃᆞ니더니 ᄒᆞᆫ ᄂᆡ인 아ᄒᆡ 발이 ᄢᅦ여뎌 급ᄒᆞᆫ 소ᄅᆡ로 우니 우ᄒᆡ 듯ᄌᆞ오시고 잔잉이 넉이오사, 『아모조로 발 간ᄉᆞᄒᆞ여 주라.』 하오시니 처엄은 칼노 평격지ᄅᆞᆯ ᄆᆡᆫᄃᆞ라 주엇더니 졈졈ᄒᆞ여 굽격지ᄅᆞᆯ ᄆᆡᆫᄃᆞ라 주다. (215~216면)

『계축일기』의 서술자는 시련의 세월을 상전에 대한 충성심으로 이겨낸 일원에 속한 인물로 추정할 수 있다. '내인들이 받은 핍박'에서 63)단락 이후의 내용은 대비 측 내인들이 서궁 유폐기에 겪어야만 했던 곤궁함이나 대전 측의 위협적 행동에 대한 대응을 기록하는 데 집중되어 있다. 여기에서는 대비가 유폐 생활을 하던 십 년 남짓한 기간에 내인들이 겪어야 했던 고생과 노력이 압축적으로 제시된다. 서술자는 몇 년의 시간에 걸쳐 반복적으로 체험했던 사실들을 '시작ᄒᆞ다', 'ᄆᆡᆫᄃᆞ라 주다'와 같은 현재형 시제를 사용하여 나타내고 있다.[28] 시간의 축약과 현재형 시제의 사용은 당시에 겪었던 힘든 체험이 특정 개인의 일이 아니라 서술자를 포함한 내인 집단의 공동 체험임을 드러내는 요소로서 기능을 하고 있다.

> 여러번 방화를 ᄒᆞ여 집 우희 블이 올나 셩홰(盛火)급ᄒᆞ거ᄂᆞᆯ ᄂᆡ인이 노쇼 업시 헤딜너 멸화(滅火)ᄒᆞ미 몃번인동 알니오. (214면)
>
> 외장(外墻)이 또 문허디거ᄂᆞᆯ 빵더니 ᄂᆡ관이 드러와 보고 닐오ᄃᆡ, 『겨집의 ᄒᆞᆫ배 아녀 진딧 장ᄉᆞ(壯士)의 일 갓다.』 긔특이 너기더라. (218면)

또한 집단적 체험을 다룬 부분에서 서술자는 정치적 모략에 의한 생명의 위협과 궁핍한 생활 속에서도 대비에 대한 의리를 지키고 고통을 이겨나간 스스로에 대해 자부심을 숨기지 않는다. 인용된 부분에서 서술자들은 대비에게 가해지는 방화(放火)의 위협을 물리치고 무너진 담장을 스스로의 힘으로 해결해 나간 데 대해 자랑스러워하는 모습을 보인다. 이는 개인적 영달을 위해 각종 음모와 비행을 자행했던 무리들과 대비되어 내인들이 지녀야 할 태도가 어떠해야 하는가에 대한 강조의 효과를 거두고 있다. 서술자들의 이러한 자부심은 자신들의 정당성에 대한 확신과 연계돼 신이한 존재가 자신들을 후원하고 있다는 믿음으로 나타나기도 한다.[29] 인조반정으로 인목대비가 복권되기 직전에 빈번하게 등장하는 신이한 존재의 출현은 서술자가 자신들의 자부심을 드러내기 위해 고안한 장치로 파악하는 것이 타당하겠다.

'내인들이 받은 핍박'의 전반부에서 서술자는 인물 중심의 구성을 통해 이야기를 전개하고 있다. 서술자는 자신의 체험 영역 속에 있는 다양한 내인들이 역사적인 시련 속에서 보인 태도를 평가하는

---

28) 주로 '66)의식주 부족으로 인한 궁핍'에서 몇 년을 뛰어넘는 시간의 경과와 의식주의 생산과 관계된 행동들이 현재형으로 표현되어 나타나고 있다.

29) 이에 해당하는 내용은 '67)이적의 발생과 신인의 예언'에 나타나고 있다.

데 많은 관심을 기울이고 있다. 여기서 서술자는 대비의 은혜를 입었으면서도 이를 배신한 인물들의 행태에 대한 비판과 충심으로 대비를 보좌한 인물들을 대조하면서 그들의 공과를 낱낱이 전하려는 태도를 보인다. 그리고 후반부에서는 서술자 자신을 포함하여 내인들이 겪은 고생과 이를 이겨낸 데 대한 자부심을 피력함으로써 후대인들에게 대비를 끝까지 보좌한 공로를 인정받으려는 모습도 나타낸다.

『계축일기』는 내인 신분의 작자가 궁중이라는 폐쇄적 공간 속에서 창작한 작품으로 추정되기 때문에 일차적인 예상 독자는 내인들이라고 할 수 있다. 따라서 『계축일기』는 광해군 집권기에 있었던 역사적 사건에 대해 서술자가 처한 집단의 정당성을 주장하는 것과 동시에 서술자와 같은 입장에 있는 내인들에게 역사적 시련기에는 어떠한 자세를 견지하는 것이 옳은지에 대한 교훈을 전달하려는 의도를 내포하고 있다.[30] '내인들이 받은 핍박'에 나타난 인물들의 선악 대비와 고생담의 부각, 자부심의 표출과 신이한 존재의 출현 등은 후대의 내인들에게 교훈과 권계를 전하려는 체험의 기록자로서 서술자가 취한 의도된 전략에 해당하는 것이라 할 수 있겠다.

Ⅳ. 맺음말

『계축일기』는 인목대비의 내인들이 광해군의 부도덕함을 비판하고, 대비와 자신들이 겪었던 억울한 사연과 심정을 호소할 목적으로

30) 홍기원본 <서궁일기 상>에는 가히, 은덕이, 갑이, 중환이, 경춘이, 난이, 천복이와 같이 대비를 핍박한 내인들이 법에 의해 정형(正刑)된 사실을 기록하고 있다. 홍기원 교주, 같은 책, 2004, 286면. 이와 같은 악인형 인물들의 최후에 대한 기록은 서술자의 교훈적 의도를 잘 보여주는 근거라 할 수 있겠다.

창작한 작품이라 할 수 있다. 『계축일기』는 인조반정에 의해 대비가 복권되자 대비를 시위하였던 내인들이 모여서 그 동안에 겪었던 일들을 회상하고 그에 대해 논의하여 엮어낸 기록물로 추정된다. 이 과정에서 작자들은 역사적 평가를 염두에 두고 자신들의 정당성과 광해군 측의 잘못을 부각시키는 데 역점을 두었던 것으로 보인다. 이러한 점에서 『계축일기』는 필자의 특정한 의도를 실현하기 위한 전략적 기록물로서의 위상을 지니고 있다.

앞서 살펴 본 대로 『계축일기』의 서술자들은 풍문의 매개자이자 사건의 목격자이며, 체험의 기록자로서의 면모를 지니고 있다. 풍문의 매개자로서 서술자는 자신들에게 핍박을 가한 광해군 측 인물들의 부도덕성을 드러낼 수 있는 사례들을 수집하여 이를 믿을 만한 사실의 형태로 제시하고, 규범적 측면에 입각하여 논평을 가함으로써 이들에 대한 비판 의식을 드러내고자 하였다. 또한 계축옥사나 영창대군의 출궁과 같은 대비에게 발생한 비극적 사건에 대해서는 관련된 상황을 곁에서 지켜 본 사건의 목격자로서 극적 제시를 통해 이를 생생하게 전달하고 독자들의 동정과 공감을 이끌어내고자 하였다. 마지막으로 내인들이 받은 핍박을 다룬 부분에서 서술자는 내인들의 집단적 체험에 대한 보고자이자 행위 주체의 일원으로서 복합적인 면모를 지니고 있다. 여기서 서술자는 역사적 시련에 대처해 나간 다양한 내인들의 공과에 대한 평가와 충성심으로 가혹한 핍박을 이겨낸 대비 측 내인들의 자부심에 서술의 초점을 맞춰 후대 내인들에게 교훈을 주려고 하였다. 이처럼 『계축일기』의 필자는 서술자의 역할에 따라 자신들의 정당성을 주장하고 독자들을 설득해나가는 다양한 표현 전략을 구사하고 있다.

본고는 『계축일기』를 대상으로 하여 서술자의 역할과 그에 따르는 표현 전략과의 상관성을 밝혀내고자 하였다. 서사적 글쓰기에서 학습자가 부닥치게 되는 중요한 문제 중 하나가 서술자의 역할 설정과 그에 따른 표현 전략의 수립이라 할 수 있다. 『계축일기』는 바로 이러한 점에서 학습자에게 다양한 서술자의 역할과 태도를 인지시키고, 그에 따른 표현 전략의 활용을 가르칠 수 있는 자료로서 의의를 지닌다.

이념적 시각에 기반한 논쟁적 글쓰기 방법

-『열하일기』의 표현 전략을 중심으로 -

Ⅰ. 머리말

논쟁적 글쓰기는 의견 대립을 전제로 하여 필자가 독자들을 자신의 의견에 동조하도록 만들고자 하는 설득의 목적을 지니고 있다. 설득을 목적으로 하는 경우에 필자는 독자들의 견해를 자신이 의도하는 방향으로 변화시키기 위한 효율적인 방법을 필요로 하며, 여기에서 바로 글쓰기 전략의 필요성이 대두된다. 따라서 논쟁적 글쓰기에서는 필자의 주장을 독자들에게 효과적으로 전달하기 위한 표현 전략의 수립이 중요한 역할을 한다.

현대의 놀랄만한 매체 환경의 변화는 논쟁적 글의 생산에 있어서 기폭제가 되고 있다. 일례로 과거에 신문의 독자 투고란을 이용하여 제한적으로 행해지던 논쟁적 텍스트의 생산이 지금에는 인터넷을 통해 즉각적이고 능동적인 방향으로 독자의 참여가 가능한 형태로 변화하였다. 그 결과 논쟁적 소통이 사이버 공간 상에서 활발히 이루어지고 있으며, 논쟁적 텍스트의 생산이 현실의 문제에 깊은 영향을 미치는 상황까지 나타나게 되었다. 흔히 '사이버 논객'이라고 불리는 논쟁적 소통의 주도층까지 생겨나고 있으며 주요 매체들은 쟁점이 되는 현안들에 대해 사이버 토론방을 운영하면서 네티즌들의 적극적인 참여를 유도하고 있다.

매체 환경의 변화와 그에 따른 논쟁적 소통의 활성화는 사회 구성원들 간의 의사소통의 통로로서 역할을 하고 있다. 논쟁적 소통에 참여하는 사람들은 다른 사람들의 생각을 이해하는 과정에서 인식의 폭을 넓히게 되고, 자신들의 의견을 피력하는 과정에서 민주 시민으로서의 역할을 수행하게 된다. 이러한 논쟁적 소통이 생산적 결과를 도출하기 위해서는 논쟁 참여자들이 주체적 태도를 견지할 필요가 있다. 즉 논쟁 참여자들은 논의되는 현상과 관련해 일정한 사상, 신념, 가치를 지니고 있어야 하며, 이러한 이념적 시각이 전제될 때 논쟁적 소통은 그 의미를 배가할 수 있게 된다.

쓰기 주체의 이념적 시각에 기반한 논쟁적 글쓰기 수행은 사회적 효용성과 교육적 유용성을 동시에 지닌다. 학생들은 사회적 문제와 관련하여 자신의 의견을 나타내는 과정에서 사회 현안에 관심을 갖고 능동적으로 참여하는 민주 시민으로서의 역량을 강화할 수 있다. 또한 논쟁 상황에서 자신의 생각을 가다듬고 이를 언어로 표현하는 과정을 통해 표현 능력과 사고력의 발달과 같은 교육적 효과를 거둘 수 있다.

이러한 관점에서 본고는 학생들이 이념적 시각에 기반하여 논쟁적 글쓰기를 수행하는 데 필요한 구체적인 표현 방법론을 마련하고자 하였다. 이를 위해 본고에서는 전범이 되는 글에 대한 분석을 통해 논쟁적 글쓰기에 필요한 원리와 방법을 도출하고 하였으며, 대상 자료로 연암 박지원의 『열하일기』를 선택하였다. 『열하일기』는 연암 박지원이 18세기 조선 사회의 사대부들을 대상으로 하여 그들의 이념적 시각을 대변하는 화이론(華夷論)을 비판하고, 자신이 주장하는 북학론(北學論)에 동조하도록 만들기 위한 설득의 목적을 가지고 쓴 작품이다. 본고에서는 『열하일기』에 대한 분석 작업을 통해 연암이 당대의 지배적 이념적 시각을 어떻게 비판하고 자신의 생각을 어떻게 펼쳐나가는지를 분석하고자 하였으며, 현대의 자료들을 통해『열하일기』에 나타난 표현 전략이 현재의 논쟁적 글쓰기에서도 여전히 유효함을 확인하고자 하였다. 본고에서 시도한 이러한 작업이 현재의 논쟁적 글쓰기 교육에 필요한 방법론을 도출하는 데 도움이 되기를 기대한다.

Ⅱ.『열하일기』에 나타난 논쟁적 글쓰기 전략

연암의 필생의 역작인『열하일기』는 당대 사회가 안고 있던 문제점을 예리하게 파헤치고 실학, 보다 구체적으로는 북학의 관점에서 당대 사회가 나아가야 할 발전적 방향을 제시하고 있다. 본고에서는『열하일기』가 나타내는 당대 사회의 거시적 방향 설정과 관련된 논쟁적 측면에 주목하여 연암이 당대 사대부들의 지배적 이념이었던 화이론(華夷論)을 어떤 방식으로 비판하고 자신이 지닌 북학론의 논지를 당대 사대부들에게 어떻게 설득해 나가는지를 분석해보도록 하겠다. 본문의 분석 작업을 통해서 연암이 당대의 지배 담론을 비판해 나가고 자신의 주장을 전개해 나가기 위해 구사한 효과적인 전략이 추출될 수 있을 것이다.

1. 연암의 이념적 시각과『열하일기』

『열하일기』가 연암의 북학 사상을 충실히 반영하고 있다는 것은 여러 논자들에 의해 지적되어 왔다. 원래 북학이란 용어는『孟子』에서 남만(南蠻)의 지식인들이 북쪽에 위치한 중국에서 유가 사상을 배운다는 함의를 가지고 처음 사용하였다고 한다.[1] 이를 박지원과

1) 吾聞用下變夷者, 未聞變於夷者也. 陳良, 楚産也, 悅周公仲尼之道, 北學於中國, 北方之學者, 未能或之先也, 彼所謂豪傑之士也.(나는 중화의 법을 써서 오랑캐의 도를 변화

박제가가 차용하여 청이 계승한 중화의 남아 있는 제도, 특히 이용후생지구(利用厚生之具)를 배운다는 뜻을 나타내게 되었다.[2] 연암은 청조 지배하의 중국을 인식하는 데 있어서 왕조와 문화를 일체시하는 관점을 버리고 문화를 별개의 것으로 보고자 하였다. 즉 실속 없는 명분에 사로잡히지 말고 이적(夷狄)의 것이라도 배울 점이 있으면 배워야 한다는 것이 연암이 주장한 핵심이라 할 수 있다.[3]

> 만약 배우고 물으려고 할진대 중국을 버려두고 어떻게 할 것인가. 그러나 그들은 말한다. 지금 중국을 다스리는 사람은 되놈이라고. 그들 되놈에게 배우기를 부끄럽게 여길 뿐 아니라, 중국에서 전해오는 문화 제도까지 싸잡아서 더럽고 야만적인 것으로 업신여긴다.[4]

연암은 자신의 제자인 박제가가 지은 『北學議』의 서문을 지으면서 청조의 발달된 문물은 외면하고 명분만을 고집하는 당대 사대부들의 경향을 통렬하게 비판하는 모습을 보여준다. 연암은 왕조와 문화를 동일시하여 중국의 발달된 문화 제도까지 거부하는 사대부들의 편협한 시각을 문제 삼고 있는 것이다.

시켰다는 말은 들었고, 오랑캐에게 변화 당했다는 말은 듣지 못했다. 진량은 초나라 태생이니, 주공・중니의 도를 좋아하여 북쪽으로 중국에 가서 공부하거늘 북방의 학자들이 혹시라도 그보다 앞선 자가 없었으니, 저는 이른바 호걸의 선비라는 것이다.) 『孟子』, 「滕文公章句上」에 나오는 내용으로 남쪽의 초나라 출신인 진량이 주공과 공자의 도를 좋아하여 북쪽에 와서 이를 배워갔다는 데서 나온 말이다. 성백효 역주, 『孟子集註』, 전통문화연구회, 1991, 160면.

2) 유봉학, 『연암 일파 북학사상 연구』, 일지사, 1995, 14면.

3) 민두기, 「『열하일기』의 일연구」, 『역사학보』 20, 역사학회, 1963, 88~92면.

4) 如將學問, 舍中國而何然? 其言曰: "今之主中國者, 夷狄也." 恥學焉, 幷與中國之故常, 而鄙夷之. 「北學議序」, 『燕巖集』, 경희출판사, 1966, 105면. 이하 연암집의 해당 부분은 이 책의 페이지 수만을 표기하도록 하겠다. 번역은 박지원의 주요 산문을 대상으로 작업을 한 '김혈조, 『그렇다면 도로 눈을 감고 가시오』, 학고재, 1997, 119면' 참조. 연암의 산문에 대한 번역은 김혈조의 책을 참고로 하였고 이하에서는 서명과 해당 페이지 수만을 병기하겠다.

그렇다면 연암이 주된 비판 대상으로 삼고 있는 당대의 지배적인 시각은 어떤 것이었는가?

17세기 이래 조선 사회는 병자호란에서의 치욕과 청에 의한 명나라의 멸망 등으로 인해 반청 분위기가 팽배하였다. 즉 임진왜란 때 명으로부터 입은 은혜를 갚고 조선이 청으로부터 받은 국가적 치욕을 씻어야 한다는 북벌론(北伐論)이 대세를 이루고 있었다. 특히 송시열은 주희의 대일통(大一統)사상에 근거하여 대통을 밝히는 것을 대의(大義)와 인도(人道)로 삼았고 이를 행하는 것이 곧 야만의 힘에 굴복하지 않고 인간답게 사는 문화 의식이라고 생각하였다. 이러한 송시열의 사상은 인의(仁義)의 문화를 기준으로 한 엄격한 화이론(華夷論)에 바탕을 두고 있었다. 더 나아가 송시열은 중화 문화가 결코 한족(漢族)의 전유물이 아니며 조선이 예의로 풍속을 변화시켜 이를 잇고 있다는 자부심도 갖고 있었다.[5)]

18세기에 이르러서는 전래의 대명의리론(大明義理論)과 문화자존의식이 그대로 유지되면서 조선을 중화로 보는 조선중화의식이 더욱 강조되는 경향을 보이게 된다. 즉 명나라는 하나의 문화이념의 상징물로서 현저히 관념화되고 조선의 문화자존의식은 훨씬 더 부각되게 된다. 이런 의식을 통해 당대의 지배층들은 조선의 생활은 자체의 문물만으로 충분하므로 청의 문물은 받아들일 필요가 없다는 입장을 취하게 되는 것이다.[6)]

즉 청나라에 대한 사대부들의 태도는 17세기에는 명나라에 대한 의리와 청나라의 침략에 대한 복수심으로 대변되는 북벌론의 경향을 보였다면 18세기에 접어들어서는 조선이 중화의 문명을 이었다는 자긍심을 바탕으로 하여 문화적 측면에 있어서 폐쇄적 태도가

5) 김인규, 「조선후기 화이론의 변용과 그 의의-북학파를 중심으로」, 『한국사상논문선집』 140, 불함문화사, 2000, 261～263면.
6) 유봉학, 앞의 책, 1995, 56～63면.

강화되는 방향으로 변화하였다. 이런 결과로 당대의 사대부들은 엄격한 화이론(華夷論)에 입각하여 청조를 오랑캐로 인식하고, 조선을 중화 문명의 계승자로 자임하면서 청의 문물을 배척하는 태도를 견지하게 되었다.

이러한 당대의 주도적인 이념적 시각에 대하여 본격적인 비판 작업을 가하기 시작한 것이 이른바 연암그룹[7)]이라고 불리는 새로운 신진 학자군이었다. 북학파 사상가들 가운데 가장 먼저 청나라를 다녀 온 홍대용은 화이론이 보여주는 역사의식과 세계관에 대하여 근본적인 문제를 제기하였다.

> 하늘이 내고 땅이 길러주는, 무릇 혈기가 있는 자는 모두 이 사람이며 …… 문을 거듭 만들고 해자를 깊이 파서 강토를 조심하여 지키는 것은 다 같은 국가요 …… 하늘에서 본다면 어찌 안과 밖의 구별이 있겠느냐? 이러므로 각각 제 나라 사람을 친하고 제 임금을 높이며 제 나라를 지키고 제 풍속을 좋게 여기는 것은 중국이나 오랑캐나 한·가지다.[8)]

홍대용은 화이론이 보여주는 세계관을 비판하기 위하여 천(天)의 관점을 도입하였다. 천의 관점에서 보면 중국과 오랑캐는 엄격히 구분되는 것이 아니라 결국 같은 존재일 뿐이다. 천의 관점을 도입한 상대주의적 인식을 통해 홍대용은 기존의 화이론이 지니고 있던 구

---

7) 오수경은 연암그룹을 우정을 가교로 하여 학문과 예술 세계의 공감대를 형성시킨 문학동호단체로 규정하고 있다. 연암그룹의 인적 구성과 학문적 성향에 대한 개관은 '오수경, 「연암그룹 연구 서설」, 『한국사상논문선집 144』, 불함문화사, 2000' 참조.

8) 天之所生, 地之所養, 凡有血氣, 均是人也, …… 重門深濠, 謹守封疆, 均是邦國也 …… 自天視之, 豈有內外之分哉? 是以各親其人, 各尊其君, 各守其國, 各安其俗, 華夷一也. 홍대용, 「醫山問答」(『湛軒書』, 경인문화사, 1969), 362면. 번역은 민족문화추진회 편, 『국역 담헌서 Ⅰ』, 탐구당, 1974, 490면 참조.

분을 부정하고 공자가 구이(九夷)에서 살았다면 중국이 아닌 그가 거주하던 지역을 중심으로 한 역외춘추(域外春秋)를 지었을 것이라는 혁신적 주장을 전개하였다.[9]

일찍이 홍대용과 교유한 연암은 화이론에 대한 담헌의 시각을 받아들이면서 사(士)의 책임 의식과 이용후생(利用厚生)의 학문을 강조하였다. 연암은 연행 전인 1768년경에 지금의 탑골공원 근처인 원각사지 부근에 살면서 홍대용을 비롯하여 이 당시 근처에 살고 있던 이덕무, 박제가, 유득공, 이서구 등과 교유하며 그의 사상적 기반을 다져나갔다.

> 그래서 매번 만나면 며칠을 함께 지내며, 위로 고금의 치란(治亂)과 흥망에 대한 일로부터 옛 사람들이 벼슬에 나아가거나 물러날 때 보여준 절의(節義), 제도의 연혁(沿革), 농업과 공업의 이익 및 폐단, 재산을 증식하는 법, 환곡(還穀)을 방출하고 수납하는 법, 지리, 국방, 천문, 음악, 나아가 초목(草木), 조수(鳥獸), 문자학, 산학(算學)에 이르기까지 꿰뚫어 포괄하지 아니함이 없었으니 모두가 외워 전할 만한 내용이었다.[10]

흔히 백탑청연(白塔淸緣)의 모임이라 일컬어지는 학문적 교류[11]에서 연암은 경전의 지식을 답습하는 학문적 자세를 비판하고 백성들

---

9) 孔子周人. …… 春秋者, 周書也, 內外之嚴 不亦宜乎? 雖然, 使孔子浮于海, 居九夷 …… 內外之分, 尊攘之義, 自當, 有域外春秋. 홍대용, 위와 같은 책, 363면. (공자는 주나라 사람이다. …… 춘추란 주나라의 사기인 바, 안과 바깥에 대해서 엄격히 한 것이 또한 마땅하지 않겠느냐? 그러하나 공자가 바다에 떠서 구이로 들어와 살았다면 …… 안과 밖이라는 구별과 높이고 물리치는 의리가 스스로 딴 역외춘추가 있었을 것이다.) 번역은 『국역 담헌서 Ⅰ』, 491면.

10) 每相盍簪, 輒留連累日, 上自古今治亂興亡之故, 古人出處大節, 制度沿革, 農工利病, 貨殖糴糶, 與夫山川關防, 曆象樂律, 以至草木鳥獸, 六書算數, 無不貫穿該括, 皆可記而誦也. 박종채 지음/박희병 옮김, 『나의 아버지 박지원』, 35면, 286면.

11) 당시 모임의 분위기에 대해서는 '박제가, 「白塔淸緣集序」, 『貞蕤集』, 국사편찬위원회, 탐구당, 1961, 234면' 참조.

의 삶을 풍족하게 하고 세상을 경륜하는 데 도움을 줄 수 있는 학문의 영역에 깊은 관심을 보여주었다. 이러한 학문적 자세와 관심을 통해 연암은 이용(利用)과 후생(厚生)을 강조하는 관점을 줄곧 견지하게 된 것이다.

> 무릇 오행(五行)이란 것은 …… 곧 정덕(正德)·이용(利用)·후생(厚生)하는 도구임에 불과하고, 그 작용은 곧 조화를 이뤄 제 위치에서 생육(生育)되는 공효를 벗어나지 않을 뿐이다. …… 지금 내가 오행의 쓰임새를 말한다면 이 홍범구주(洪範九疇)의 이치를 밝힐 수 있으리라. 왜냐하면 이롭게 쓴 다음이라야 삶을 넉넉하게 할 수가 있고, 삶을 넉넉하게 한 다음이라야 덕을 바꿀 수 있기 때문이다.[12)]

만물의 생성을 음양의 기와 오행의 작용에 의해 설명하는 주자학적 관점과 달리 연암은 오행이 지닌 이용후생의 도구적 측면을 강조하였다.[13)] 연암은 오행에 대한 사변적 논의를 배격하면서 오행의 이용을 통해 후생에 이르러야 정덕을 실현할 수 있다고 보았다. 이는 정덕을 우선시 하는 주자학적 인식을 전복시킨 결과 나타나는 것으로[14)] 연암은 정덕이란 연역적으로 정해져 있는 것이 아니라 이

---

12) 夫五行者 …… 則不過正德利用厚生之具, 其用則, 不出乎中和位育之功而已矣. …… 今吾先言五行之用, 而九疇之理, 可得而明矣. 何則利用然後, 可以厚生, 厚生然後, 德可以正矣. 「洪範羽翼序」, 『燕巖集』, 13면. 『그렇다면 도로 눈을 감고 가시오』, 120~122면.

13) 오행은 원래 인간의 생활에 필수불가결한 다섯 가지 물질을 의미하였다. 그러던 것이 성리학에 와서 음양 이론과 결합하여 만물을 생성하는 존재로 추상화되는 방향으로 변하게 되었다. 주희는 음양 두 기가 나뉘어서 오행의 기가 되며 오행의 작용에 의해 사물이 생성된다고 보았다. 즉 하나의 사물은 동시에 일기(一氣)이며 음양이며 오행일 수 있는 것이다. 오행의 존재론적이고 생성론적 측면에 대한 설명은 '김인규, 「성리학파와 실학파의 음양 오행에 대한 인식」, 『한국사상논문선집 140』, 불함문화사, 2000, 230~243면' 참조.

14) 주자학은 만물의 생성을 기의 움직임으로 파악하면서 맑고 탁함이 없는 기의 작용으

용후생의 관점에 부합할 때 비로소 성립될 수 있다고 생각하였다.

연암은 북학파의 일원 가운데 비교적 늦은 시기에 연행(燕行)의 체험을 하게 되었다.[15] 연암은 앞서 살펴 본대로 먼저 청조 치하의 중국을 다녀온 사람들과 활발한 사상적 교류를 통해 그의 이념적 관점을 정립해 나갔다. 따라서 연암은 확고한 이념적 시선을 통해 청나라의 문물을 관찰할 수 있었던 것으로 보인다. 연암이 청나라의 문물을 관찰하고 『열하일기』를 저술한 이념적 관점은 이용후생에 입각한[16] 북학론이라 할 수 있다. 연암은 기존의 존주론(尊周論)에 기반한 엄격한 화이론에서 벗어나 이용후생의 관점에서 청조의 발달된 문물을 관찰하고 조선의 낙후된 현실을 개선하기 위해 이를 받아들일 것을 주장하였다.

연암은 중국을 다녀온 후 연암골에 은거하면서 틈나는 대로 『열하일기』를 저술했다고 한다. 저술 과정에서 연암은 중국 기행 중에 써 두었던 자료를 정리하고 중국 체험을 통해 새롭게 인식하게 된 점들을 써 내려갔던 것으로 보인다.[17] 이런 과정에서 연암은 당대

로 인간이 존립하게 된다고 보았다. 따라서 인간만이 인의예지와 같은 성(性)을 온전하게 타고났으며 지켜야 할 규범을 지니게 되는 것이다. 즉 성리학의 관점에서 보면 인간이 지켜야 할 마땅한 규범, 정덕은 미리 정해져 있는 것이라 할 수 있다. 성리학에서의 인간관과 도덕적 관념에 대해서는 '야마다 케이지 지음/김석근 역, 『주자의 자연학』, 통나무, 1991, 367～384면' 참조.

15) 북학파 사상가들의 입연(入燕) 시기는 '홍대용, 김재행(1765)-유금(1776)-이덕무, 박제가(1778)-박지원(1780)-이희경(1782)-유득공, 박제가, 이희경(1790)-박제가(1790)-유득공, 박제가(1801)' 순이다.

16) 이우성 교수는 실학파를 크게 성호 이익을 중심으로 하여 제도상의 개혁에 치중한 경세치용파(經世致用派), 연암 박지원을 중심으로 하여 상공업의 유통 및 기술의 혁신을 강조한 이용후생파(利用厚生派), 완당 김정희를 중심으로 하여 고증을 위주로 한 실사구시파(實事求是派)로 구분하였다. 실학의 유파와 그 경향에 대한 설명은 '이우성, 「실학연구서설」, 『한국의 역사상』, 창작과 비평사, 1982' 참조.

17) 연암은 『열하일기』의 창작 동기를 늙어서 한가해지면 심심풀이 삼아 읽으려고 지었다고 밝히고 있다. 박종채 지음/박희병 옮김, 『나의 아버지 박지원』, 돌베개, 1998, 50면. 김명호 교수는 『열하일기 연구』, (창작과 비평사, 1990, 80면)에서 연암의 사행(使行) 목적이 단순한 유람에 있는 것이 아니라 조선사회의 후진성을

사대부들을 독자로 설정하여 그들의 허위에 찬 소중화의식을 비판하고 조선의 낙후된 현실을 개선시키기 위한 방법으로 청나라의 문물을 수용해야 함을 설득하려고 하였다.

『열하일기』에서 연암이 독자로 설정한 당대의 사대부들은 '조선=중화', '청=이(夷)'라는 문화자존의식에 기반하여 청의 문물을 배척하였다. 연암은 당대의 독자들이 지닌 지배적 시각의 허위성을 비판하고 왕조와 문화를 분리시킴으로써 조선의 낙후된 사회 현실을 개선시키기 위한 방법으로 청의 발달된 문물을 수용할 것을 주장하고 있다. 『열하일기』는 청나라 문물의 수용이라는 당대 사회의 핵심적 의제에 대해 연암이 이용후생과 북학의 관점에서 자신의 주장을 전개하고 정당화시키고 있다는 점에서 이념[18] 논쟁으로서의 성격을 지니고 있다.

2. 『열하일기』에 나타난 이념 논쟁의 양상

『열하일기』는 창작 당시부터 당대 사대부 층의 폭발적인 관심의 대상이 되었다. 연암이 연암골에 은거하면서 초고를 토대로 『열하일기』를 반도 채 집필하기 전에 벌써 사대부들이 책을 돌려가며 베

타개할 수 있는 방책을 모색하기 위한 데 있으며, 『열하일기』는 뚜렷한 목적의식과 남다른 노력의 소산이라고 지적하고 있다. 연암이 『열하일기』의 성격과 창작 목적을 해학담이나 소일거리로 내세우는 것은 당대 사회가 제기할 수 있는 무의미한 비방에 휘말리지 않으려는 의도로 해석함이 타당하다고 생각된다.

18) 이념이 지닌 의미를 16가지로 나누어 살핀 이글턴에 의하면 이념의 역할은 크게 '기술적', '경멸적', '긍정적' 의미의 세 가지로 구분된다고 한다. 이 가운데 본고가 주목하고자 하는 이념의 의미는 이념의 긍정적 역할과 관련을 맺고 있다. 긍정적 의미에서의 이념의 역할은 서로 다른 가치관에 바탕을 둔 집단이나 개인이 바람직하다고 판단하는 정치적 이해를 추구하기 위하여 자신의 입장을 정당화하고 합리화하고 보편화시키려는 시도로 볼 수 있다. 이념이 지니는 다양한 의미와 역할에 대한 사항은 '이글턴 지음/여홍상 옮김, 『이데올로기 개론』, 한신문화사, 1994' 참조 바람.

껴 세상에 유포되었다고 하니[19] 그 관심이 얼마나 지대했는지는 미루어 짐작할 수 있다. 『열하일기』에 대한 당대의 부정적 반응은 연암이 오랑캐를 미화하고 있다는 비난에서 왔다.[20] 이는 『열하일기』의 내용이 당대 사대부들의 허식적인 태도를 비판하고 청나라의 문물을 받아들여야 한다는 주장에 기반하고 있었기 때문에 발생한 필연적인 결과라 할 수 있다. 『열하일기』가 노호지고(虜號之稿)를 사용하고 있다는 세간의 비난에 대해 연암은 이런 비방이 헛된 것임을 비판하면서 『열하일기』에 대한 진정한 비판은 오히려 "자네는 어째서 옛날부터 내려오던 중국의 훌륭한 법과 아름다운 제도라든지 중국의 자랑으로 될 만한 전통과 사실을 알아다가 모두 책으로 저술하여서 우리나라에 유용하도록 하지 않았는가?"[21] 하는 이용후생의 미흡함을 지적하는 데 초점이 놓여야 된다고 자평했다. 『열하일기』에 대한 연암 스스로의 언급은 중국의 문화와 오랑캐를 구분하고 백성들의 삶에 도움이 되는 이용후생의 학문을 해야 한다는 북학의 주장이 『열하일기』의 주지임을 잘 드러내고 있다.

『열하일기』를 둘러 싼 이러한 논란은 이 글이 화이론과 북학론의 이념적 대립을 바탕으로 쓰였음을 명확히 보여주고 있다. 조선에서 먼저 청나라를 다녀온 사람들과의 교류를 통해 청조 문물에 대한 많은 정보를 간접적으로 알게 되었던 연암은 연행의 체험을 통해 이를 직접 확인하고자 했다.

---

19) 『나의 아버지 박지원』, 50면.

20) 연암은 안의 현감으로 재직하던 시절에 오랑캐의 옷을 입고 백성을 다스린다는 비방과 함께 『열하일기』가 오랑캐의 연호를 사용하고 있다는 비난을 받았다. 이는 모두 『열하일기』의 사회적 파급력 때문에 발생한 것이라 볼 수 있다. 『나의 아버지 박지원』, 112~113면.

21) 子何不盡得, 其古來固有之良法美制, 中華可尊之故常實, 踐歸而悉著于篇, 以爲一國用也? 「答李仲存書」, 『燕巖集』, 43면. 『그렇다면 도로 눈을 감고 가시오』, 130면.

> 기와를 이는 법은 더구나 본받을 만한 것이 많다. 모양은 마치 동그란 통대를 네 쪽으로 쪼개놓은 것과 같고 그 크기는 두 손바닥만하다. …… 한 장은 엎치고 한 장은 젖히어 자웅으로 서로 맞아 틈서리는 한 층한층 비늘진 데까지 온통 회로 발라 붙여 때운다. 이러니까 쥐나 새가 뚫거나 위가 무겁고 아래가 허한 폐단이 저절로 없게 된다.[22]

『열하일기』에서 연암은 압록강을 건넌 후 처음으로 마주치게 되는 청나라의 문물 가운데 벽돌과 기와와 같이 백성들의 삶의 조건과 밀접한 관련이 있는 사물들을 현미경을 들이대듯 세밀하게 관찰하고 기록한다. 기와 제도에 대한 관찰에서 연암은 기와의 모양과 크기뿐 아니라 조합법과 생활에서의 이점에 이르기까지 대상에 대한 지대한 관심이 없었다면 놓치기 쉬운 사실들을 자세하게 드러내준다. 이러한 생활 도구들에 대한 관심은 바로 조선의 낙후된 현실에 대한 연암의 비판적 인식에서 기인한다. 즉 벽돌과 기와와 같은 도구들은 연암의 비판적 현실 인식에 바탕하여 단순한 사물로서의 의미를 벗어나 새로운 가치를 획득하게 되는 것이다.

생활 도구들에 대한 관심은 『열하일기』에만 특수하게 나타나는 현상이 아니라 연암과 인식을 같이 했던 북학파 사상가들의 저서에서도 빈번하게 언급되고 있다.

> 그럼에도 불구하고 산골에 사는 사람은 아그배(樝梨)를 담가서 식초를 얻고, 그것을 가지고 소금이나 메주 대용으로 사용하기도 하며, 새

22) 其蓋瓦之法, 尤爲可效. 瓦之體, 如正圓之竹, 而四破之, 其一瓦之大, 恰比兩掌. …… 一仰一覆, 相爲雌雄, 縫瓦亦以石灰之泥, 鱗級膠貼. 自無雀鼠之穿屋, 最忌上重下虛. 「渡江錄」, 『燕巖集』, 149면. 이에 대한 번역은 이가원 역, 『국역 열하일기Ⅰ』, 민족문화추진위원회, 1968, 54면 참조. 『열하일기』에 대한 번역은 '이가원 역, 『국역 열하일기Ⅰ』과 『국역 열하일기Ⅱ』, 민족문화추진위원회, 1968'을 참조하여 현대의 맞춤법과 어휘에 맞게 고쳐 인용하였다. 이하 번역 부분은 원문 뒤에 번역서와 해당되는 페이지 수를 병기하는 방식으로 나타내겠다.

> 우젓과 조개젓을 보고서 특이한 물건이라고 생각하기도 한다. 그들의 가난한 형편이 이 지경인 것은 대체 무슨 까닭인가? 나는 단연코 수레가 없기 때문이라고 말하겠다.[23)]

> 가령 벽돌을 사용하여 담을 쌓는다고 할 것 같으면 수백 년 동안 담이 붕괴되지 않을 것이다. 그렇다면 나라 안에는 다시는 담을 쌓는 공사가 없을 것이므로 소득이 많을 것이다. 그 나머지 일은 이 사례를 통해서 유추할 수 있다. 지금 우리나라에서 담이 날마다 붕괴되고, 집이 해마다 부서지는 것이 무슨 까닭인지를 생각해보라![24)]

『열하일기』와 아울러 북학론의 사상을 극명하게 드러내고 있는 저서로 평가받는 『북학의』에서 박제가는 수레와 벽돌, 기와, 자기 등 백성들의 생활과 밀접한 관련이 있는 도구들을 끊임없이 제시한다. 인용된 부분에서 잘 드러나듯이 박제가는 조선이 가난할 수밖에 없는 원인을 수레와 벽돌과 같은 생활에 유용한 도구들이 제대로 사용되지 않는다는 점을 들어 나타내고 있다.

이러한 생활의 도구들에 대한 관심은 북학파 사상가인 홍대용의 『燕記』[25)]나 이희경의 『雪岫外史』,[26)] 유득공의 『古藝堂筆記』[27)] 등에

---

23) 然而峽人, 有沈樝梨取酸, 以代鹽鼓者, 見蝦蛤醢, 而爲異物焉. 其窶如此者, 何哉? 斷之曰: "無車之故也" 박제가, 『북학의』, 한국학문헌연구소 편, 『農書 6』, 아세아문화사, 1981, 17면. 번역은 박제가 지음/안대회 옮김, 『북학의』, 돌베개, 2003, 31면.

24) 假如以甓築墻, 數百年不壞. 則國中更無築墻之事, 所獲多矣. 餘可類推. 今有月壞之墻, 歲壞之屋, 何也. 위의 책, 29면. 번역은 안대회 역, 『북학의』, 50면.

25) 홍대용은 『연기』에서 「器用」의 장을 따로 두어 수레와 가마 같은 일상생활의 도구들에 대해 자세히 관찰하고 있다. 민족문화추진위원회 편, 『국역 담헌서 IV』, 1974, 탐구당.

26) 『설수외사』에서는 「車制」, 「甓」, 「燔法」 등의 장을 두어 수레, 벽돌, 가마 등에 대해 언급하고 있다. 이희경, 『설수외사』, 이우성 편, 『설수외사 외 2종』, 아세아문화사, 1986.

27) 『고예당필기』에서는 「用車」, 「東人御馬」 등의 장을 두어 수레의 사용과 조선의

도 공통적으로 기록되어 있는데, 이를 통해서 벽돌과 수레와 같은 도구들은 북학파 학자들의 담론 속에서 단순한 사물의 의미를 벗어나 조선의 낙후성을 대표하는 상징물로서의 위치를 획득하게 되었다. 즉 당대의 담론적 소통 상황 속에서 벽돌과 수레에 대한 언급은 북학론에 대한 표지로서의 역할을 수행하게 되었고, 북학파 사상가들은 담론 속에서 이들을 자신들의 이념적 시각을 드러내는 이념적 쟁점소[28)]로서 사용하였다.

생활의 도구들에 대한 북학파 사상가들의 관점은 '이용후생'이라는 이념어[29)]로 집약되어 표현된다.

> 예절은 소박한 편이 낫다고 말하고 비루한 꼴을 도리어 검소한 것으로 인식하고 있으니, 이른바 사(士)·농(農)·공(工)·상(商)의 사민이란 것도 겨우 명목만 남았고, 이용후생(利用厚生)하는 도구는 하루가 다르게 곤궁해질 수밖에 없다. …… 우리나라와 중국을 비교한다면 정말 한 치도 나을 것이 없으련만, 유독 한 움큼 상투 트는 것을 가지고 자신들이 천하에 제일인 체하면서, 오늘의 중국은 옛날이 아니라고 말한다.[30)]

제시된 「北學議序」에서 연암은 조선 사회가 지닌 문제점으로 '이용후생 도구의 곤궁'을 들고 있다. 이용후생의 도구란 바로 수레와 벽돌과 같은 생활의 도구들을 이념적 시각에 의해 추상화시킨 용어

말 다루는 법에 대해 언급하고 있다. 위와 같은 책, 1986.

28) 이념적 쟁점소란 주체의 이념적 시각에 의해 새롭게 해석되고 가치화되어 논쟁의 요소로 성립되는 대상을 가리킨다.

29) 이념어는 주체의 이념적 시각을 정당화하고 합리화시키는 압축화된 언어로 정의할 수 있다. 담론 속에서 이념어는 주체의 이념적 시각을 대변하는 추상적 가치어로 표현되고 현상에 대한 주체의 가치 판단을 명확하게 드러내는 역할을 한다.

30) 謂禮寧野, 認陋爲儉, 所謂四民, 僅存名目, 而至於利用厚生之具, 日趨困窮. …… 以我較彼, 固無寸長, 而獨以一撮之結, 自賢於天下曰, 今之中國, 非古之中國也. 「北學議序」, 『燕巖集』, 105～106면. 『그렇다면 도로 눈을 감고 가시오』, 118면.

로, '이용후생'은 북학파들이 오랑캐로 치부되던 청의 문물을 받아들일 것을 주장하게 된 핵심적인 요인이며 북학파의 사상을 집약시킨 이념어에 해당한다. 『열하일기』를 비롯한 수많은 북학파 사상가들의 저서에서 청조의 발달된 생활 도구가 공통적으로 언급되는 것은 이들이 바로 이용후생과 직접적인 관련성을 지닌다고 인식되었기 때문이다. 『열하일기』 속에서 벽돌과 수레를 비롯한 생활의 도구들은 연암의 현실에 대한 문제의식을 통해 이념적 쟁점소로서 작용하게 되었으며, 이는 북학파의 사상적 경향을 대변하는 '이용후생'이라는 이념어로 집약되고 있다.

이에 비해 북학론과 대척점에 서 있었던 화이론에서는 '상투'와 '도포' 등이 이념적 쟁점소로서의 기능을 수행하였다. 「북학의서」에서 연암은 '이용후생 도구의 곤궁'과 대비되는 현상으로 '상투 트는 것에 대한 집착'을 들고 있다. 상투와 도포 같은 풍속의 요소에 대한 집착은 연암과 비슷한 시기에 연행을 다녀온 사대부들의 기록에서 그 모습을 쉽게 발견할 수 있다.

> 상가에서 북치고 피리 불고, 조객을 대접하는 것이 역시 원나라의 유풍(遺風)이다. 청인은 말할 것도 없지마는, 명나라에서도 오히려 이어받았으니 무슨 까닭인지? 5~6장(丈)이 되는 명정(銘旌)과 1백 여 필이나 되는 송백(送帛), 출빈(出殯)하는 절차와 성분(成墳)하는 제도가 황명 때 그릇된 풍습이 아닌 것이 없다. …… 명 태조(明太祖)가 비록 중화(中華)의 옛 제도를 다 회복하였다 하나 실상은 금나라 원나라의 호풍(胡風)을 많이 바로잡아 고치지 못하여 선왕(先王)의 제례(制禮)가 문득 없어지고 말았으니, 이것은 이천(伊川)의 피발(披髮)을 기다리지 않고도 백 년 뒤에는 오랑캐가 될 것을 점칠 수 있는 것이다.[31]

31) 민족문화추진위원회 편, 『연행록 선집 VI』, 민문고, 1967, 245~246면.

연암보다 2년 앞서 연행을 다녀온 이압은『燕行記事』속에「聞見雜記」라는 장을 따로 두어 청나라에서 견문한 것들을 기록해 놓았다. 여기에서 이압은 청나라의 지리적 특성이나 관료제도, 법제, 황족 등에 대한 다양한 관심사를 보여주고 있는데 특히 관혼상제와 같은 풍속에 대한 관심이 두드러지게 나타난다. 제시된 부분에서 이압은 북학파 사상가들이 조선의 가난을 벗어나게 해 줄 이용후생의 도구로서 벽돌과 수레를 관찰해 나간 것처럼 조선의 문화적 우월성을 확인하려는 시각에서 청나라의 상가 풍속을 관찰하고 이것들이 오랑캐 풍속에 불과하다는 비하의 감정을 노출시키고 있다.

이런 경향은 강고한 이념적 시각에 바탕한 것이어서 연암이『열하일기』를 저술한 지 10여 년이 지난 후 나온 김정중의『燕行錄』에서도 마찬가지로 확인된다.

> 내가 그 뜻을 살피려고 자리에 아무도 없음을 틈타서 무릎을 다가앉아 묻기를, "노랑 옷은 천자의 옷인데 몽고의 오랑캐가 함부로 입고, 궁혜(弓鞋)는 몸에 해로운 물건인데 중국 여자가 신고, 각희(脚戲)와 주유(侏儒)는 유희하는 것인데 잔치 자리에 먼저 오르니, 무슨 까닭인지 모르겠습니다." 하니, 소백이 곧 먹으로 그 글자를 지우고 한 번 웃고 만다. 이때에 차 달이는 연기가 막 그치고 술기가 조금 얼근했다. 다시 먹을 갈아 놓고 가까이 다가앉아서 무슨 말이든 다하였다. 내가 오른손에 부채를 들고 소백이 입은 마하라(麻霞羅)를 치며 말하기를, "어찌 이것을 입습니까?" 하니, 소백이 "오늘 저녁에는 풍월(風月)만 이야기 합시다." 하고[32]

김정중은 한족(漢族)인 소백과의 필담에서 청조의 풍속을 비판하

---

32) 위의 책, 444면.

고 소백이 입고 있는 마하라까지 문제 삼으며 거리낌 없는 태도를 보이고 있다. 필담의 상대자인 소백이 이러한 화제에 대한 언급을 내켜하지 않음에도 불구하고 김정중은 청조의 풍속에 대한 비하의 감정을 숨기려하지 않는다. 김정중의 거침없는 태도는 연암이 살았던 당대 사대부들의 지배적인 정서를 잘 보여주는 것으로 판단된다. 중화의 제도를 온전하게 보존하고 있다는 사대부들의 자부심은 청조에 대한 문화적 우월감과 함께 청조 문물에 대한 배타적 태도로 이어지게 되는 것이다.

당대 사대부들에게 상투나 의복과 같은 대상은 문화적 차이를 나타내는 단순한 풍속의 의미를 넘어서 있었다. 상투나 의복은 당대 사대부들이 지녔던 청조 치하의 중국에 대한 거부감에 의해 풍속의 의미를 벗어나 문명과 야만을 가름하는 상징물로서의 의미를 띠게 되었다. 즉 당대의 담론적 소통 상황에서 사대부들은 상투와 의복을 풍속의 영역을 벗어난 소중화의식을 대변하는 이념적 쟁점소로서 활용하였다.

풍속의 요소들에 대한 당대 사대부들의 관점은 '예의'라는 이념어로 압축되어 나타난다.

> 무릇 중국이라는 것은 무엇인가? 예의일 따름이다. 예의를 밝히기만 하면 오랑캐라도 중국이 될 수 있고 예의를 밝히지 못한다면 중국이라도 오랑캐가 될 수 있다. 일신(一身)이 중국의 시대에 있느냐 오랑캐의 시대에 있느냐는 것은 진실로 예의가 밝혀져 있느냐 그렇지 않느냐에 달려있을 따름이다.[33)]

---

33) 夫所謂中國者, 何也? 禮義而已矣. 禮義明, 則戎狄可以爲中國, 禮義不明, 則中國可以爲戎狄. 一人之身, 有時乎中國, 有時乎戎狄, 固在於禮義之明, 與不明也. 황경원, 『江漢先生文集 1』, 경인문화사, 1991, 500면.

송시열의 뒤를 이어 화이론의 시각을 대변한 황경원은 중화와 이적의 기준을 예의의 문제로 집약시켰다. 중국이 예의일 따름이라는 황경원의 언급은 당대 사대부들의 소중화의식을 그대로 드러내는 것으로 당대의 담론적 상황 속에서 '예의'는 화이론적 시각을 대변하는 이념어로서의 역할을 수행하였다. 즉 변발과 구분된 상투, 마하라와 구분된 도포가 지닌 가치는 예의라는 이념어를 통해 그 모습을 드러내는 것이다. 소중화의식에 물들었던 당대 사대부들의 담론 속에서 상투와 도포와 같은 풍속의 요소들은 그들이 지녔던 청조에 대한 문화적 우월감에 의해 이념적 쟁점소로서 위치를 획득하게 되었으며 이들 이념적 쟁점소들은 화이론의 사상적 경향을 대변하는 '예의'라는 이념어로 집약될 수 있다.

『열하일기』는 대청(對淸) 인식이라는 당대의 사회적 의제를 조선사회가 갖고 있는 가난의 문제를 해결하기 위한 방법과 관련시켜 쟁점화시키고 있다는 점에서 이념 담론[34)]으로서의 성격을 나타내고 있다. 연암은 『열하일기』에서 연행(燕行)의 체험을 당대 사대부들의 이념적 시각을 비판하고 자신이 바람직하다고 생각하는 북학론을 정당화시키는 계기로서 적극적으로 활용하고자 하였다. 즉 『열하일기』는 주체의 이념적 시각에 대한 정당화와 반대 담론에 대한 비판을 통해 구성된 이념 담론의 전형으로 파악할 수 있다.

앞서 논의한 사항을 바탕으로 『열하일기』를 둘러싼 담론적 상황을 정리하면 다음 표와 같이 나타낼 수 있다.

---

34) 이념 담론의 의미는 넓게 보면 거대 이념을 구성하는 사상(思想) 자체나 언어적 체계 전반에서부터 좁게는 사회적 의제를 대상으로 한 소통의 상황에서 주체가 신념과 가치에 기반하여 나타낸 언어 표현물까지를 포괄하고 있다. 이념 담론이 지닐 수 있는 폭 넓은 의미의 영역 속에서 본고가 주목하고자 하는 이념 담론의 의미는 논쟁적 소통의 상황에서 주체가 생산해 내는 구체적인 언어 표현물에 있다. 이념 담론의 의미를 언어적 측면에 초점을 맞추어 규정하는 것은 본 논의의 목적이 논쟁적 글쓰기의 방법론 구안에 있기 때문이며, 이러한 이념 담론 규정은 현대의 변화된 이념적 환경과 소통 상황을 반영한 결과이기도 하다.

	『열하일기』 창작 당대의 이념 담론의 형성 과정
북학론의 이념 담론	조선 사회의 낙후성에 대한 비판 의식 생활 도구 → 이용후생의 이념적 쟁점소
화이론의 이념 담론	청조 치하 중국에 대한 우월 의식 풍속 요소 → 예의의 이념적 쟁점소

〈표 2〉 『열하일기』 창작 당대의 담론 형성 과정

『열하일기』는 이념적 측면에서 봤을 때 북학론의 시각과 화이론의 시각에 대한 대립을 바탕으로 하고 있다. 연암은 『열하일기』에서 이용후생의 이념적 쟁점소들을 통해 북학론의 이념적 시각을 정당화하면서 화이론이 가치를 둔 예의의 이념적 쟁점소에 대해서는 비판과 풍자의 작업을 행하고 있다. 『열하일기』에 나타난 이념적 합리화와 비판은 이념적 쟁점소와 이념어 사이의 관련성을 드러내는 방향에서 진행된다. 연암은 청조의 발달된 생활 도구들이 조선의 피폐한 현실을 개선하는 데 큰 역할을 할 것임을 주장하면서 당대의 사대부들이 자랑하였던 풍속의 요소가 절대적인 예의로서의 가치를 지니고 있지 않음을 드러내려 하고 있다. 『열하일기』에서 연암이 문제 삼고 있는 현실은 이용후생을 도외시하고 예의에만 집착하는 사대부들의 태도에 있는 것이지 예의의 가치 자체를 부정하고 있는 것은 아니다.

『열하일기』는 방대한 분량이 잘 드러내듯 다양한 형식과 내용의 글들이 집적되어 있다. 『열하일기』는 총 26편으로 구성되어 있는데 연행의 과정에 따른 일기의 형식을 취하고 있는 7편의 글들과 연암이 따로 수습해서 편집한 19편의 글들로 크게 구분된다.[35] 『열하일

35) 이가원 교수는 『국역 열하일기』의 해제에서 『열하일기』 26편의 글들에 대한 내용을 개관하고 있다. 이가원 교수의 해제를 참고하여 연암이 따로 편집한 19편의 글들을 그 내용에 따라 묶어보면 중국 학자들과 경학이나 악률 등에 대해 토론한

기』에서 연암은 중국의 정치, 경제, 역사, 지리, 풍속, 건축, 인물 등의 다양한 문화상을 세심한 안목으로 관찰하여 묘사, 논변, 대화, 필담 등의 방식을 통해 폭넓게 그려내고 있다.[36] 연암의 아들인 박종채는 『열하일기』의 내용을 「심세편」·「혹정필담」·「망양록」 등의 풍속을 통해 천하대세를 살핀 것, 「황교문답」·「반선시말」 등의 사교(邪敎)를 물리치고 올바른 학문을 조정하려는 뜻을 담은 것, 「산장잡기」·「환희기」·「피서록」 등 중국의 기이한 풍물을 낱낱이 기록한 것, 여행의 도정에 해당하는 「도강록」에서 「환연도중록」까지 인정물태(人情物態)를 곡진히 기록한 것, 「행재잡록」과 같이 사신의 왕래와 역관의 통역과 관련된 일을 기록한 것의 다섯 영역으로 구분하고 있다.[37]

방대한 『열하일기』의 내용 가운데 본고가 주목하고자 하는 것은 연암이 이용후생의 이념적 쟁점소를 활용하여 북학론을 정당화해 나가는 부분과 예의의 이념적 쟁점소를 활용하여 당대 사대부들이

내용을 다룬 필담 기록인 경개록(傾蓋錄)·망양록(忘洋錄)·혹정필담(鵠汀筆譚) 3편과 청나라의 주변 정세(政勢)를 살핀 심세편(審勢編)·황교문답(黃敎問答)·행재잡록(行在雜錄) 3편, 기이한 인물이나 풍물을 소재로 한 찰십륜포(札什倫布)·반선시말(班禪始末)·환희기(幻戲記)·구외이문(口外異聞)·황도기략(皇圖紀略)·알성퇴술(謁聖退述)·앙엽기(盎葉記) 7편, 시문을 다룬 피서록(避暑錄)·양매시화(楊梅詩話) 2편, 그 밖에 의술을 다룬 금료소초(金蓼少鈔), 이야기를 엮어 놓은 옥갑야화(玉匣夜話), 연행 경험에서 얻게 된 깨달음을 적은 산장잡기(山莊雜記), 지리부터 역사에 이르는 잡다한 내용을 다룬 동란섭필(銅蘭涉筆)로 나뉜다. 이가원 역, 『국역 열하일기 I』, 민족문화추진위원회, 1968, 2～6면 참조.

36) 김은미는 『열하일기』에 나타난 서술법을 묘사, 보고, 대화, 논의로 구분하고 그 서술유형을 묘사에서는 약술(略述), 상술(詳述), 곡사(曲寫), 보고에서는 언설(言說), 술회(述懷)로, 대화에서는 대화로, 논의에서는 논술(論述), 변증(辨証), 담론(談論), 평언(評言)으로 분류하였다. 또 『열하일기』의 내용을 크게 작가가 관찰한 세계와 인간과 사건을 재현하는 기사(記事)와 작가의 내적 정신세계를 드러내는 담리(談理)의 두 영역으로 나누고, 『열하일기』의 서술 양식의 구조를 잡기(雜記), 화(話), 논변(論辨), 우언(寓言)으로 파악하고 있다. 이에 대한 자세한 사항은 '김은미, 「열하일기의 서술형태 고찰」, 이화여자대학교 대학원, 1982' 참조 바람.

37) 『나의 아버지 박지원』, 47～49면.

지녔던 화이론적 시각을 비판해 나간 부분들이다. 이와 관련된 내용은 풍속을 통해 천하대세를 살핀 기록과 인정물태를 곡진히 다룬 기록에서 중점적으로 드러난다. 궁궐의 화려함이나 사적에 얽힌 전설, 마술사의 재주 등을 기록한 글들이 조선에서 볼 수 없는 현상에 대한 호기심에서 비롯되었다면 천하대세를 살핀 기록이나 인정물태를 곡진히 다룬 기록들은 조선의 현실에 대한 성찰과 북학의 관점을 기반으로 쓰였기 때문이다.

『열하일기』의 이념 담론은 이용후생의 이념적 쟁점소를 통해 북학론을 정당화하는 부분과 예의의 이념적 쟁점소를 통해 화이론적 시각을 비판하는 부분으로 나뉜다. 이외에도 당대 사대부들의 이념적 시각을 비판한 부분으로는 의리론적 시각에 의해 절의(節義)의 이념적 가치를 대변해 왔던 고사리와 백이숙제(伯夷叔齊)에 관계된 담론도 나타난다. 담론에 나타난 이념적 시각의 방향성과 이념적 쟁점소를 기준으로 하여 『열하일기』의 이념 담론을 나누면 다음과 같다. 표에 제시된 이념 담론의 명칭은 『열하일기』 속에 제목이 따로 붙어 있는 경우를 제외하고는 이념적 쟁점소를 기준으로 하여 나타내었다.

주체의 이념적 시각을 정당화한 담론	대립적 이념의 시각을 비판한 담론
1. 벽돌 제도	1. 고사리 사건
2. 기와 제도	2. 호질 후지
3. 가마 제도	3. 조선인과 오랑캐 복장
4. 구들장 제도	4. 심세편
5. 수레 제도	5. 조선의 도포와 중국의 중옷
6. 말 다루는 법	6. 조선과 변발
7. 말 기르는 법	
8. 천하제일의 장관	

〈표 3〉 『열하일기』의 이념 담론

『열하일기』 가운데 이용후생의 이념적 쟁점소를 중심으로 북학의 주장을 합리화한 담론과 예의의 이념적 쟁점소를 중심으로 하여 당대 사대부들을 비판한 담론은 모두 14개의 글로 나타났다.[38] 북학론을 합리화하는 담론인 '벽돌 제도', '기와 제도', '가마 제도', '구들장 제도'는 「도강록」에 실려 있으며, '수레 제도'와 '천하제일의 장관'은 「일신수필」에, '말 다루는 법'은 「막북행정록」에, '말 기르는 법'은 「태학유관록」에 각각 기록되어 있다. 또 당대 사대부들을 비판한 담론인 '고사리 사건'과 '호질 후지'는 「관내정사」에 실려 있으며, '조선인과 오랑캐 복장'은 「막북행정록」에, '조선의 도포와 중국의 중옷', '조선과 변발'은 「동란섭필」에 기록되어 있으며, '심세편'은 그 자체가 『열하일기』의 한 편제에 해당된다. 다음 장에서는 이들 14개의 담론들을 중심으로 하여 『열하일기』에서 연암이 연행의 과정에서 견문한 것들과 당대 사대부들의 사상을 이념 담론의 내용으로 생성시키고, 이들을 담론으로 구성하는 데 사용한 표현 전략들을 분석해 나가도록 하겠다.

3. 『열하일기』의 이념 담론 쓰기에 나타난 표현 전략

이념 담론으로서 『열하일기』가 지닌 특성은 일상의 사상(事象)을 중심으로 담론을 생성해 나간 데 있다. 이는 추상적 이론이 아닌 구

38) 『열하일기』 속에는 벽돌이나 상투 등이 이념적 쟁점소의 역할을 하지 않는 경우도 있다. 「황교문답」에 나타난 "천하가 일이 있으면 주옥(珠玉)이 굴러다녀도 거두어 들이지 않지만 해내(海內)가 승평한 때는 기왓장이나 벽돌이 땅에 묻혀 있어도 반드시 캐내는 것이다."(『국역 열하일기II』, 103면)의 서술에서처럼 기왓장이나 벽돌이 사소한 물건이라는 의미로 사용되는 경우가 있고 「태학유관록」에서처럼 상투와 변발이 화이론의 이념적 시각을 대변하지 않는 경우도 있다.(『국역 열하일기 I』, 356~357면). 또 '허생전'에서는 예의의 이념적 쟁점소가 화이론적 시각을 비판하기 위해 사용되고 있지만 이 글은 일반적으로 소설로 다루어지고 있기 때문에 이념 담론의 논의 대상에서 제외하였다.

체적인 현실을 학문의 기반으로 삼았던 실학의 특성이 연암의 글쓰기에 반영된 결과로 볼 수 있다. 연암은 연행의 체험을 특유의 글쓰기 전략[39]을 통해 이념 담론으로 생성시켜 나간다. 본 장에서는 일상의 사상을 담론으로 만들어 나가는 연암의 글쓰기 전략을 주체의 이념적 시각에 의한 내용생성 전략, 반대 이념 담론에 대한 비판 전략, 비판과 정당화를 통한 담론구성 전략으로 나누어 살펴보도록 하겠다.

1) 주체의 이념적 시각에 의한 내용 생성 전략

벽돌과 수레와 같은 생활의 도구에 대한 언급이 당대의 담론적 상황에서 어떠한 의미를 갖는지에 대해서는 앞서 살핀 바 있다. 연암은 북학파 사상가들 가운데 비교적 늦은 시기에 연행의 체험을 갖게 되었으며, 연암이 『열하일기』에서 언급한 청조의 발달된 생활도구들은 먼저 연행을 다녀온 많은 사상가들에 의해 언급되어 이미 그 자체가 북학론을 대변하는 표지로서의 역할을 하고 있었다. 그럼에도 불구하고 『열하일기』가 다른 북학파 사상가들의 연행록과 비

39) 전략의 개념은 '행위자가 주어진 목표를 달성하기 위하여 세우는 최적의 계획이나 방법'으로 정의할 수 있다. 『국어교육학 사전』, 663면. 연암은 「騷壇赤幟引」이라는 글에서 글쓰기 과정을 전쟁에서 펼치는 전법의 일종으로 파악하였다. 연암은 글쓰기에서 중요한 것이 상황에 맞는 전법의 응용임을 강조하였는데, 이는 본고가 사용하는 전략의 일반적인 의미와 상통하고 있다. 字譬則士也, 意譬則將也. 題目者, 敵國也, 掌故者, 戰場墟壘也. …… 字句之雅俗論, 篇章之高下者, 皆不識合變之機, 而制勝之權者也. …… 苟能單辭而擊領, 如雪夜之人蔡, 片言而抽緊, 如三鼓而奪關. 則爲文之道, 如此而至矣.(글자는 비유하면 군사이고, 글 뜻은 비유하면 장수이다. 제목은 적국이고 전고와 고사는 전장의 보루이다. …… 자구의 아속을 평하고, 편장의 고하만을 논하는 자는 실제의 상황에 따라 전법을 변화시켜야 승리를 쟁취하는 꾀인 줄 모르는 사람들이다. …… 한 마디의 말로도 요령을 잡게 되면 적의 아성으로 질풍같이 돌격하는 것과 같고, 한 조각의 말로써도 핵심을 찌른다면 마치 적군이 탈진하기를 기다렸다가 그저 공격신호만 보이고도 요새를 함락시키는 것과 같다. 글 짓는 묘리는 이렇게 하여야 성취할 수 있을 것이다.) 「騷壇赤幟引」, 『燕巖集』, 25면. 『그렇다면 도로 눈을 감고 가시오』, 87～88면.

교할 수 없을 정도로 큰 사회적 반향을 불러일으키고 많은 논쟁에 휩싸이게 된 것은 무슨 까닭일까? 그 이유는 자신의 이념적 시각을 담론의 내용으로 생성시켜 나간 연암의 글쓰기 전략의 우수함에서 찾을 수 있을 것이다.

『열하일기』에서 연암은 연행의 과정에서 접하게 되는 청조의 발달된 생활상에 대한 세밀한 관찰과 묘사를 통해 청나라의 문물을 수용하는 것이 조선의 현실을 개선시키는 방안이 될 수 있음을 보이고자 하였다. 연암은 압록강을 건넌 후 마주치게 되는 청조의 발달된 생활상이 이용후생의 도구들이 지닌 효율성에 의한 것임을 간파하고 이들에 대한 높은 관심을 보여준다. 생활 도구에 대한 관찰과 묘사를 바탕으로 한 이념 담론으로는 '기와 제도',[40] '벽돌 제도',[41] '가마 제도',[42] '구들장 제도',[43] '수레 제도'[44]의 다섯 글들이 있다. 연암은 이들 이념 담론에서 청나라의 발달된 생활상을 현미경을 들이대듯 세밀하게 묘사하면서 이와 대비되는 조선의 피폐한 생활 현실을 끊임없이 끌어들이고 있다. 여기에서 연암은 조선의 민생이 피폐한 원인으로서 이용후생 도구의 곤궁을 들고 청나라의 발달된 생활상과 대비시킴으로써 북학의 필요성을 이끌어내려 하고 있는 것이다.

> 또 한 가마는 벌써 구워서 식어졌으므로, 방금 벽돌을 가마에서 끌어내는 중이다. 대체로 이 벽돌 가마의 제도가 우리나라의 기왓가마와는 아주 다르다. 먼저 우리나라 가마의 잘못된 점을 말해야 이를 잘 이해할 수 있을 것이다. 우리나라의 기왓가마는 곧 하나의 뉘어 놓은 아

40) 「渡江錄」, 6월 28일자 기록에 실려 있다.
41) 「渡江錄」, 6월 28일자 기록에 실려 있다.
42) 「渡江錄」, 7월 2일자 기록에 실려 있다.
43) 「渡江錄」, 7월 5일자 기록에 실려 있다.
44) 「馹汎隨筆」에 '車制'란 제목으로 따로 편제되어 있다.

> 궁이여서 가마라고 볼 수 없다. 이는 애초에 가마를 만드는 벽돌이 없기 때문에 나무를 세워서 흙으로 바르고 큰 소나무를 연료로 삼아서 이를 말리는데, 그 비용이 벌써 수월찮다. 아궁이가 길기만 하고 높지 않으므로, 불이 위로 오르지 못한다. 불이 위로 오르지 못하므로 불기운이 힘이 없으며, 불기운이 힘이 없으므로 반드시 솔을 때서 불꽃을 세게 한다. …… 그러나 솔은 한 번 베면 새 움이 돋지 않는 나무이므로, 한 번 옹기장이를 잘못 만나면 사면의 뫼가 모두 벌거숭이가 된다. 백년을 두고 기른 것을 하루아침에 다 없애 버리고, 다시 새처럼 사방으로 솔을 찾아서 흩어져 가버린다. 이것은 오로지 기와 굽는 방법 한 가지가 잘못 되어서, 나라의 좋은 재목이 날로 줄어들고 질그릇점도 역시 날로 간군해지는 것이다.[45]

'가마 제도'에서 연암은 청나라에서 목도하게 된 벽돌 가마의 효율성을 얘기하기 위하여 우리의 가마 제도가 지닌 비효율성에 대해 문제를 제기한다. 이에 의하면 우리의 가마는 벽돌을 사용하지 않고 나무와 흙으로 만들어서 비용이 많이 들고, 또 소나무를 연료로 쓰기 때문에 산림의 황폐화를 유발한다는 단점이 지적된다. 조선의 가마 제도가 지닌 문제점에 대한 연암의 통찰은 청나라의 가마 제도에 대한 세밀한 관찰과 기술로 이어지고 이를 통해 청나라의 가마 제도가 지닌 우수성이 강조되게 된다.

> 이곳의 벽돌 가마를 보니, 벽돌을 쌓고 석회로 봉하여 애초에 말리

45) 一窯先已燒冷, 方取甓出窯. 大約窯制與我東之窯判異. 先言我窯之誤, 然後窯制可得. 我窯直一臥竈, 非窯也. 初無造窯之甎, 故支木而泥築薪, 以大松燒, 堅其窯, 其燒堅之費, 先已多矣. 窯長而不能高, 故火不炎上..火不能炎上, 故火氣無力, 火氣無力故, 必爇松取猛爇.. …… 松一剪則非再蘖之樹, 而一遇陶戶四山童濯. 百年養之, 一朝盡之, 乃復鳥散, 逐宋而去. 此緣一窯失法, 而國中之良材日盡, 陶戶亦日困矣. 「渡江錄」, 『燕巖集』, 152면. 『국역 열하일기 I 』, 69～70면.

> 고 굳히는 비용이 들지 않고, 또 마음대로 높고 크게 할 수 있어서 그 꼴이 마치 큰 인경을 엎어 놓은 것 같다. 가마 위는 못처럼 움푹 패게 하여 물을 몇 섬이라도 부을 수 있고, 옆구리에 연기 구멍 네댓을 내어서 불길이 잘 타오르게 되었으며, 그 속에 벽돌을 놓되 서로 기대어서 불꽃이 잘 통하도록 되어 있다. …… 불기운이 그리로 치오르면 그것이 각기 불목이 되어, 그 수없이 많은 불목이 불꽃을 빨아들이므로 불기운이 언제나 세어서, 비록 저 하찮은 수수깡이나 기장대를 때도 고루 굽히고 잘 익는다. 그러므로 터지거나 뒤틀어지거나 할 걱정은 별로 없다. …… 혹은 말하기를 "수수깡이 3백 줌이면 한 가마를 구울 수 있는데, 벽돌 8천 개가 나온다." 한다. 수수깡의 길이가 길 반이고, 굵기가 엄지손가락만큼씩 되니, 한 줌이라야 겨우 너덧 개에 지나지 않는다. 그런즉, 수수깡을 때면 불과 천 개 남짓 들여서 거의 만 개의 벽돌을 얻을 수 있는 것이다.46)

'가마 제도'에서 연암은 우리의 가마 제도가 지닌 비효율성을 제시한 뒤에 이와 대비되는 청나라의 가마 제도가 가진 효율성과 생산성을 드러내고 있다. 이 글에서 연암은 청나라의 가마가 열의 전달이 효율적이어서 얼마 되지 않는 수수깡만으로도 흠 없는 엄청난 양의 벽돌을 생산할 수 있다는 점을 자세하게 보여주고 있다. 이처럼 연암이 청나라의 가마 제도에 대해 세밀한 관찰을 하고 그 효율성을 발견하게 된 것은 조선의 낙후된 현실에 대한 문제의식에 의해 가능했다. 연암이 지녔던 조선의 낙후된 현실에 대한 문제의식은

46) 今觀此窯, 甎築灰封, 初無燒堅之費, 任意高大形如覆鍾. 窯(?)頂爲池 容水數斛, 旁穿烟門四五, 火能炎上也, 置甎其中, 相支爲火道. …… 火氣上達, 相爲咽喉引焰, 如吸萬喉遞呑, 火氣常猛, 雖薥秸黍柄, 能勻燔齊熱. 自無攣翻龜坼之患. …… 或云: "薥秸三百握, 爲一窯之薪, 得甎八千." 薥秸長, 一丈半拇指大, 則一握僅四五柄耳. 然則薥秸爲薪, 不過千餘柄, 可得僅萬之甎耳. 「渡江錄」, 『燕巖集』, 152면. 『국역 열하일기 I』, 70~71면.

청나라의 문물을 인식하는 판단 기준으로서의 역할을 하였으며, 이는 당대 사대부들이 관심을 두지 않았던 청나라의 생활 문물에 대한 관심과 관찰의 태도로 이어졌다. 청조 치하의 중국 현실이라는 대상을 바라보는 연암의 이념적 시각은 북학파 사상가들과의 교류를 통해 다져진 이용후생의 관점이라 할 수 있으며, 연암은 이용후생의 관점에 의해 청조 백성들의 풍요로운 삶을 자세하게 관찰하고 이를 조선의 낙후된 생활 현실과 대비시킴으로써 담론의 내용을 생성하고 있다.

청조의 생활 도구들에 대한 묘사와 조선과 청나라의 문물을 대비하는 작업은 다른 이념 담론에서도 공통적으로 나타난다. '기와 제도'에서는 기와의 형태・제조법에 대한 묘사와 기와 쌓는 법에 의해 발생하게 되는 지붕의 효율성이 대비되고, '벽돌 제도'에서는 성을 쌓는 데 있어서 벽돌과 돌의 효능이, '구들장 제도'에서는 구들의 모양과 열을 발생시키는 원리에 대한 묘사와 청나라의 구들과 우리의 온돌이 지닌 난방 효과가 서로 비교된다. 이들 담론에서 청과 조선의 생활 도구들이 지닌 장단점에 대한 대비는 자연스럽게 북학에 대한 필요성을 강조하는 논의와 이어지게 된다. 연암은 '구들장 제도'의 말미에서 자신이 청의 구들장 제도에 관심을 가지는 이유를 "우리나라에서는 집이 가난해도 글 읽기를 좋아해서, 겨울이 되면 백 천 명의 형제들 코끝에는 항상 고드름이 달릴 지경이니, 이 법을 배워가서 삼동의 그 고생을 덜었으면 좋겠다."[47]라고 밝히고 있다. 이는 곧 청나라의 발달된 이용후생의 도구들을 수용하여 백성들의 생활을 개선시키는 방안으로 삼아야 한다는 북학의 필요성을 강조한 것에 해당된다.

이용후생의 이념적 쟁점소를 대상으로 한 이념 담론의 전개 과정

---

47) 吾東家貧, 好讀書, 百千兄弟等鼻端, 六月恒垂晶珠, 願究此法, 以免三冬之苦. 「渡江錄」, 『燕巖集』, 154면. 『국역 열하일기 I 』, 81면.

은 '대상에 대한 관찰→대상이 지닌 이점 발견→조선의 현실과 대비→문물 수용의 필요성 주장'의 단계로 정리할 수 있다. '기와 제도', '벽돌 제도', '가마 제도'에서는 문물 수용의 필요성을 직접적으로 드러내고 있지는 않지만 조선과 청의 현실 대비를 통해 간접적으로 북학의 필요성을 주장하고 있다. 『열하일기』에 나타난 이러한 담론 전개 과정을 집약적으로 보여주는 담론은 '수레 제도'라 할 수 있다. 앞서 제시한 단계를 기준으로 '수레 제도'의 담론 전개 과정을 살펴보면 다음과 같다. 단락 번호는 네 단계에 대응되는 담론 전개 과정을 드러내기 위해 붙인 것이다.

> 1. 타는 수레는 태평차(太平車)라고 한다. 바퀴 높이가 팔꿈치에 닿으며 바퀴마다 살이 서른 개인데, 대추나무로 둥글게 테를 메우고 쇳조각과 쇠못을 온 바퀴에 입혔다. …… 짐이 무겁고 많으면 끈을 달아서 한 사람이 끌고, 때로는 두 사람 혹은 세 사람이 마치 배를 끄는 듯하다.
>
> 2. 대개, 수레는 천리로 이룩되어서 땅위에 행하는 것이며, 뭍을 다니는 배요, 움직일 수 있는 방이다. 나라의 쓰임에 수레보다 더한 것이 없으니, …… 그러나 타는 수레, 싣는 수레는 백성들에게 가장 중요한 것이어서 시급히 연구하지 않을 수 없는 문제이다. …… 전(傳)에 이르기를, "배와 수레가 이르는 곳, 서리와 이슬이 내리는 곳"이라 하였으니, 이는 수레가 어떤 먼 곳이라도 이를 수 있다고 하는 말이다.
>
> 3. 중국에도 검각(劍閣) 아홉 구비와 험한 잔도(棧道)와 태항(太行)과 양장(羊腸)처럼 위태한 재가 없음은 아니건만 수레는 역시 채찍질하여 지나지 않은 곳이 없다. …… 그 충돌진 곳, 막힌 곳, 험한 곳, 준한 곳은 모두 우리나라 사람들도 목격(目擊)한 것이지만, 그렇다고 수레를 폐하고 다니지 않던 것이 있던가. 이러므로 중국의 재산이 풍족할뿐더러 한 곳에 지체되지 않고 골고루 유통(流通)함은 모두 수레를 쓴 이익

> 일 것이다. …… 이제 이곳에서 천한 물건이 저곳에서는 귀할뿐더러 그 이름은 들어도 실지로 보지 못함은 어찌된 까닭일까. 그는 오로지 멀리 나를 힘이 없기 때문이다. 사방이 겨우 몇 천 리 밖에 안 되는 나라에 인민의 살림살이가 이다지 가난한 함은, 한 말로 표현한다면 수레가 국내(國內)에 다니지 못한 까닭이라고 하겠다.
>
> 4. 어떤 이가, "그러면 수레는 어찌하여 다니지 못하는 거요." 하고 묻는다면, 역시 한 마디 말로 "이는 사대부(士大夫)의 허물입니다." 하고 답할 것이다. …… 이에 뜻있는 이가 잘 연구하여 그 제도를 본받는다면 우리나라 백성들이 국도에 달한 가난병도 얼마쯤 나을 수 있을 것이다. 이제 내가 본 불끄는 수레의 제도를 대략 적어서 우리나라에 돌아가 이를 전하련다.48)

'수레 제도'에서 연암은 우선 태평차, 대차(大車), 독륜차(獨輪車) 등 다양한 수레들에 대해 묘사를 한다. 수레의 외형과 용도, 운용법 등 눈에 보이는 수레의 모든 것이 이 단계에서 관찰되고 기록된다. 연암의 이러한 태도가 이국 풍물에 대한 단순한 호기심에 의한 것이 아님은 두 번째 단계를 통해 드러나기 시작한다. 연암은 두 번째

---

48) 乘車曰, 太平車. 輪高及肘, 三十輻共一轂, 棗木團成, 鐵片鐵釘, 圍遍輪身. …… 載物重且阜, 則一人繫繩而曳之, 或二人三人, 如船之牽纜. 大凡車者, 出乎天而行于地, 用旱之舟而能行之屋也. 有國之大用莫如車 …… 然至於乘車載車, 尤係生民, 先務不可不急講也. …… 傳曰: "舟車所至, 霜露所墜.", 是稱車之無遠不屆也. 中國固有釵閣九折之險, 太行羊腸之危, 而亦莫不叱馭而過之. …… 其巖阻險峻, 皆我人之所目擊, 亦有廢車而不行者乎? 所以中國之貨財殷富, 不滯一方, 流行貿遷, 皆用車之利也. …… 此賤而彼貴, 聞名而不見者, 何也? 職由無力而致之耳. 方數千里之國, 民萌産業若是其貧, 一言以蔽之曰, 車不行. 域中請問其故: "車奚不行?" 一言以蔽之曰: "士大夫之過也." …… 心人可取而細巧焉, 則吾東生民之貧瘁, 欲死庶幾有瘳耳. 今以吾所目見, 救火之車略錄, 其制將歸論我東. 「馹迅隨筆」, 『燕巖集』, 173～175면. 『국역 열하일기 I 』, 179～184면. '수레 제도'에서는 본문에 제시된 내용에 뒤이어 수총차(水銃車)와 소차(繅車) 등 몇 가지 수레의 생김새와 기능에 대한 글들이 첨가되어 있는데 이는 '대상에 대한 관찰'에 해당하는 반복되는 내용이어서 제외하였다.

단계에서 관찰을 통해 알게 된 사실을 기반으로 대상이 지니고 있는 생활에서의 이점과 의의를 부각시킨다. 수레는 물건을 싣고 사람을 나르는 도구로 나라와 백성의 살림살이에 없어서는 안 될 긴요한 것임이 여기서 강조된다. 세 번째 단계에서 연암은 본격적으로 이용후생에 바탕한 자신의 이념적 시각을 드러내기 시작한다. 여기서 연암은 수레를 사용하여 풍요롭게 사는 중국의 생활상과 수레가 다니지 않아 가난에 찌든 조선의 생활상을 대비시킴으로써 수레를 조선의 가난을 상징하는 이념적 쟁점소로서 성립하게 만든다. 이러한 과정을 통해 연암은 네 번째 단계에서 자연스럽게 북학의 필요성을 이끌어내게 된다. 네 번째 단계에서 연암은 조선에서 수레가 활용되지 못하는 이유로 사대부들의 고루한 학문적 태도를 들고 백성들의 삶을 개선시킬 효과적인 방법으로서 수레 제도에 대한 수용의 필요성을 강조함으로써 논의를 마무리하고 있다.

'수레 제도'에서 잘 드러나듯이 이용후생의 이념적 쟁점소를 활용한 담론에서 내용을 생성시키는 데 핵심적인 역할을 하는 것은 대상 관찰에 기반한 세밀한 묘사와 조선과 청이 처한 생활 현실에 대한 대비라 할 수 있다.[49] 연암은 일찍이 그의 글쓰기 이론에서 "곤충들의 미세한 더듬이나 꽃술을 자세히 관찰하는 것에 마음을 쓰지 않는다면 도대체 글 지을 소재나 마음이 없는 것이며, 그릇과 용품들의 모양을 세심히 따지지 않는 사람이라면 비록 그를 일러 일자 무식꾼이라고 해도 옳으리라."[50]고 하였는데, 연암은 자신이

---

49) 연암이 『열하일기』에서 활용한 '대상 관찰을 통한 세밀한 묘사'는 18세기 조선 화풍의 전반적인 경향과도 일치한다. 조선후기 회화는 세심한 대상 관찰을 통한 '실득(實得)'으로부터 살아있는 그림을 위해 현장 사생을 시도한 '즉물사진(卽物寫眞)'으로, 형상 묘사를 완벽하게 구현한 '곡진물태(曲盡物態)'에 이르기까지 사실적 묘사력의 발전이 두드러졌다고 한다. 이태호, 『조선후기 회화의 사실정신』, 학고재, 1996, 13면.

50) 庖犧氏作易, 不過仰觀俯察, 奇偶加倍. 如是而畵矣. 蒼頡氏造字, 亦不過曲情盡形, 轉借象義. 如是而文矣. …… 不屑於蟲鬚花葉者, 都無文心矣, 不味乎器用之象者, 雖謂之不

강조한 대로 그릇과 같은 생활 도구들에 대한 세밀한 관찰과 묘사를 통해 이들이 백성들의 삶을 풍요롭게 만드는 이점들을 드러내고 있다. 청조의 생활 도구들이 지닌 효율성에 대한 부각은 연암이 지녔던 이용후생의 관점에 의해 조선의 낙후된 생활 현실에 대한 자각으로 이어지고 양자의 대비는 청조의 문물을 받아들여야 한다는 북학의 주장과 자연스럽게 연결되게 되는 것이다.

이용후생의 관점을 바탕으로 담론의 내용을 생성시키는 또 다른 전략은 '근거의 확장적 열거'라 할 수 있다. 근거의 확장적 열거를 통해 담론의 내용을 생성하는 글로는 '구들장 제도', '말 다루는 법',[51] '말 기르는 법'[52]을 들 수 있는데,[53] 이들 담론에서 연암은 조선의 낙후된 생활 현실과 관련된 문제점들을 다각도로 분석하여 제시함으로써 이용후생의 관점에서 현실을 파악하는 자신의 시각을 정당화하고 있다.

> 변계함이, "이곳의 구들은 아무래도 이상해요. 우리나라 온돌만 못한 것 같아요." 하기에, 나는, "못한 까닭이 무어야." 하고 물었다. 변군은, "어찌, 저 기름 장판지 넉 장을 반듯하게 깔아서, 빛은 화제(火齊)와 같고 번드름하기는 수골(水骨)과 같을 수야 있겠소." 한다. 나는 "이 곳의 벽돌 장판이 우리나라의 종이 장판만 못한 것은 그럴싸한 말이야. 그러나 그거야, 이 구들 놓는 방법을 본받아 가서 우리나라 온돌에 쓰고, 그 위에 기름 먹인 장판을 깔아본들, 누가 금할 이 있겠는가. 대체 우

識一字, 可也. 「鍾北小選自序」, 『燕巖集』, 103면. 『그렇다면 도로 눈을 감고 가시오』, 92～94면.

51) 「漠北行程錄」, 8월 7일자 기록에 실려 있다.
52) 「太學留官錄」, 8월 14일자 기록에 실려 있다.
53) 이외에 '근거의 확장적 열거'를 통해 담론의 내용을 생성하는 글로는 '심세편'이 있다. '심세편'에서 연암은 우리나라의 선비가 중국에서 잘못된 행동을 하고 있다고 지적하면서 그 근거로 다섯 가지를 들고, 이와 대비하여 중국 선비들이 처한 어려움을 세 가지를 들어 제시하고 있다.

> 리나라 온돌 제도는 여섯 가지 흠이 있으나 아무도 말하는 사람이 없으므로 내 시험조로 한번 논할 테니, 자네는 떠들지 말고 조용히 들어보게. …… 불목이 목구멍처럼 되어 있지 않으므로, 불길이 안으로 빨려 들어가지 않고 땔나무 끝에서만 남실거림이 다섯째 흠이요, 또 방을 말리려면 적어도 땔나무가 백 단은 들고, 열흘 안으로 입주를 못함이 여섯째 흠이다. 이제 곧 자네와 더불어 벽돌 수십 개만 깔아 놓으면, 웃고 이야기하는 사이에 벌써 몇 간 온돌이 이루어져서 그 위에 누워 잘 수 있을 것이니, 그 어떠한가.[54)]

'구들장 제도'에서는 변계함이라는 인물이 등장하여 청나라의 기름 장판이 조선의 종이 장판보다 미적으로 못하다는 점을 들어 청나라의 구들이 조선의 온돌만 못하다는 주장을 개진한다. 이에 대하여 연암은 조선의 온돌이 지닌 난방 효과의 비효율성과 막대한 연료 손실 등의 여섯 가지 문제점을 들어 변계함의 주장에 반박하고 있다. '구들장 제도'에서 변계함은 이용후생과는 별 관련이 없는 장판지의 빛깔과 광택을 들어 조선의 온돌이 지닌 우수성을 주장하고 있는데 이에 대하여 연암은 백성들의 삶과 밀접한 관련이 있는 현실적 측면의 근거를 들어 자신의 관점을 정당화하고 있다. 즉 '구들장 제도'에서 연암은 이용후생의 관점에 바탕한 근거를 확장적으로 열거함으로써 담론의 내용을 생성시키고 있는 것이다.

'말 다루는 법'과 '말 기르는 법'에서는 조선의 목축에 나타나는 현상・문제점・원인에 해당하는 요소들을 일곱에서 여덟 가지로 나

---

54) 卞季涵曰: "炕法終是怪異. 不如我東房法." 余問: "所以不如者何等?" 卞君曰: "何如鋪得四張附油芚, 色似火齊滑如水骨耶?" 余曰: "炕不如房則是也. 其造突之法, 但救此而施之於房, 鋪得油芚, 有誰禁之? 東方堗制有六失, 而無人講解, 吾試論之, 君靜聽無譁. …… 火頂之下不爲遞喉, 火不遠踰, 盤旋薪頭, 五失也其乾爆之功, 必費薪百束, 一旬之內猝難入處, 六失也, 何如? 與君共鋪數十甎, 談笑之間, 已造數間溫堗, 寢臥乎其上耶? 「渡江錄」, 『燕巖集』, 154면. 『국역 열하일기 I』, 81~82면.

열하는 방식을 취하고 있다. 연암은 조선 사회가 지닌 가난의 문제가 이용후생 도구의 곤궁에 있음을 보이기 위해 조선의 목축법이 지닌 낙후성과 관련된 근거들을 계속적으로 제시함으로써 담론의 내용을 생성하고 있다.

> 우리나라가 이토록 가난한 것은 대체로 목축이 제대로 되지 못한 까닭이다. …… 그곳의 말들은 모두 원세조(元世祖)가 방목한 종자로서 4, 5백년을 두고 내려오면서 종자를 한 번도 갈지 않고 보니, 비록 애초에는 용매(龍媒)와 악와(渥洼)와 같은 우수한 종자일지라도, 마침내는 과하(果下)·관단(款段)과 같은 꼬마말이 될 것은 이치에 너무나 당연한 일이다. …… 삼영(三營)의 초관(哨官)들은 다들 백 명 졸개의 장이 되는 터에 말 한 필을 가질 형세가 못되고 보니, 한 달에도 세 번씩 치르는 훈련에도 임시로 삯말을 내어 타게 된다. 삯말을 타고 전쟁에 나간다는 소리는 아예 이웃나라에 들려줄 수 없는 창피이다 …… 그리하여 말이야 죽든 말든 많이 싣기에 욕심을 부리기 때문에 부득불 힘을 쓸 만큼 먹인다고 더운 여물죽을 많이 먹이게 된다. 그러므로 말 정강이가 힘을 못 쓰고 발굽은 물씬물씬해져 한 번만 흘레를 겪으면 뒤를 못 가누게 되므로, 요즘 세속에서는 흔히들 말이 흘레붙어 새끼 치는 것을 금한다. 이러고서야 말이 어디서 생길 것인가?[55]

연암이 북학론을 주창하고 당대 사대부들의 이념 담론을 비판하는 주된 이유는 조선 사회의 가난 때문이라고 할 수 있다. 따라서 연행의 과정에서 보게 되는 청조 백성들의 부유한 생활상은 연암에

---

55) 國俗所以貧者, 盖由畜牧未得其道耳. …… 馬皆, 元世祖所放之種也. 四五百年之間, 不易其種, 則龍媒渥洼之産, 末乃爲果下款段, 理所必然. …… 三營哨官, 此百夫之長也. 貧不能備騎, 月三操習, 或有臨時貰騎者. 貰馬赴陣, 不可使聞於隣國, …… 不量馬力, 貪載重物, 勢不得不多碨(?), 熱粥以資食力. 故脛脆蹄軟, 一風則失後, 而俗乃禁其風. 字馬何由生乎? 「太學留館錄」, 『燕巖集』, 215면. 『국역 열하일기 I』, 385～387면.

게는 부러움의 대상이 될 수밖에 없었다. 연암은 연행을 통해 '저들은 왜 부유하게 살고 있으며 조선은 그다지도 가난할 수밖에 없는가?'라는 질문을 줄기차게 제기한다. '말 기르는 법'에 대한 글도 조선이 가난할 수밖에 없는 이유 중 하나로 제시된 것이며 연암은 목축이 제대로 이루어지지 않는 원인을 여덟 가지로 들어 그 현상을 분석하고 있다. 여기서 연암은 조선의 목축법이 지닌 문제점을 말을 먹이는 방법과 씨를 받는 방법, 말을 다루는 법과 관리들의 잘못 등 여러 측면에서 다각도로 제시함으로써 조선이 가난한 원인에 대한 자신의 입장을 잘 드러내고 있다.

'말 다루는 법'이 조선의 현실이 지닌 문제점을 제기하는 데 그치는 데 비해[56] '말 기르는 법'에서 연암은 단순히 문제점을 제기하는 데 그치지 않고 그 해결 방안을 제안하는 데까지 이르고 있다. 연암은 조선의 목축을 진흥시키는 방법으로 말의 본성에 따라 뜻을 맞추어 기를 것, 더운 여물을 먹이지 말고 찬 물을 먹일 것, 말에게 무거운 짐을 싣게 하지 말고 좋은 종자를 들여 와 종자를 개량할 것, 말을 잘 먹일 줄 아는 자를 관리로 등용할 것 등을 제안하고 있다. 연암은 문제점에 대한 분석뿐 아니라 해결책의 제시에 이르러서도 여러 방안을 나열함으로써 주장의 설득력을 높이고 있다.

근거의 확장적 열거는 『열하일기』에서 담론의 내용을 생성시키는 효과적인 전략으로서의 기능을 수행하고 있다. 이러한 전략은 담론 주체의 이념적 시각에 의한 문제의식과 현실에 대한 다각적인 분석을 통해 가능한 것으로 이를 통해서 고착화된 현상 인식은 논쟁거리로 성립할 수 있게 된다. 여기서 주체에게 중요하게 대두되는 것

56) '말 다루는 법'에서 연암은 조선의 말 타는 법이 가진 문제점도 여덟 가지로 열거하고 있다. 견마잡이가 말을 몰 때 저지르는 잘못이나 안장과 마구의 번거로운 장식이 주는 불편함, 위엄을 차리기 위해 늘어뜨린 고삐의 허식성 등이 여기서 비판되고 있다. 이에 대한 내용은 「漠北行程錄」, 『燕巖集』, 204면. 『국역 열하일기 I』, 329~331면 참조.

이 현상을 논쟁거리로 만들 수 있을 정도로 충분한 신뢰성과 타당성을 지닌 근거를 제시하는 것이다. 연암에게 있어 이것은 이념적 시각의 확립과 날카로운 관찰력에 의해 가능했으며 이는 이념 담론을 쓰는 주체에게도 마찬가지로 요청되는 태도라 할 수 있다.

> 자네는 물건 찾는 사람을 보지 못했는가? 앞을 바라보면 뒤는 놓치게 되고 왼편을 돌아보면 오른쪽을 잃게 되네. 왜 그런가? 방 가운데 앉아 있으면 몸과 물건은 서로 가리게 되고 눈과 허공은 맞닿아버리기 때문일세. 차라리 자네 몸을 방 밖에 두고 창구멍을 뚫고 엿보는 것이 제일 낫네. 그렇게 한 눈으로 응시하면 방안의 물건을 죄다 훑어 볼 수 있다네.[57)]

독서를 통해 자득에 이를 수 있는 방법을 묻는 이서구의 질문에 대한 답글인 「素玩亭記」에서 연암은 책 속에만 파묻히면 물고기가 물을 볼 수 없는 것과 같은 잘못에 빠질 수 있다고 말한다. 그리고 창구멍을 통해 방 안을 들여다보듯 사물을 인식할 것을 제안하고 있다. 이는 대상을 인식함에 있어서 대상에 함몰되지 않기 위해 비판적 거리를 확보할 것을 강조하는 말이다.

임형택은 연암의 「소완정기」를 '집중=約'과 '깨달음=悟'의 개념으로 요약하고 있다. 즉 인식의 단계는 객관적 거리를 확보함과 동시에 집중의 과정을 거쳐 깨달음으로 비약하는 과정이며 깨달음의 과정으로 가기 위해서 연암이 강조한 것이 공평무사한 이성적 마음이라고 파악하였다.[58)] 그러나 대상에 대한 새로운 의미의 발견은 단

---

57) 余日: "子未見夫索物者乎? 瞻前則失後, 顧左則遺右. 何? 則坐在室中, 身與物相掩, 眼與空相逼. 故爾莫若身處室外, 穴牖而窺之, 一目之專盡, 擧室中之物矣."「素玩亭記」,『燕巖集』, 63면.『그렇다면 도로 눈을 감고 가시오』, 37면.

58)「素玩亭記」의 의미에 대한 자세한 설명은 '임형택,「박연암의 인식론과 미의식」,『한국사상논문집선 145』, 불함문화사, 2000' 참조.

순한 거리 두기와 공평무사한 이성적 마음만으로 달성되지 않는다. 객관적 거리의 확보는 새로운 의미를 창출하기 위한 전제 조건에 해당하며 대상의 의미는 새로운 관점과 시각이 도입될 때 생성될 수 있는 것이다.

연암은 『열하일기』에서 이용후생의 확고한 이념적 시각에 기반하여 담론을 생성시키고 있다. 이용후생의 시각을 바탕으로 연암은 연행의 과정에서 체험하게 되는 사상(事象)들을 세밀하게 관찰하고, 조선의 현실과 대비하며, 자신이 발견한 사실들을 확장적으로 열거함으로써 담론의 내용을 생성시키고 있다. 즉 『열하일기』에서 연암이 연행의 체험을 담론의 내용으로 생성할 수 있었던 것은 현실에 대한 치밀한 탐구 정신과 그것을 그대로 드러내는 표현 전략의 활용을 통해 가능했다고 할 수 있겠다.

2) 반대 담론에 대한 비판 전략

『열하일기』가 창작 될 당시, 당대의 사대부들은 청나라의 문물 수용에 대해 폐쇄적인 태도를 취하고 있었다. 이는 명나라에 대한 의리와 청에 대한 설욕 의지를 기반으로 했던 북벌론이 청의 중국 지배가 장기화되면서 소중화주의로 전환된 데서 기인한다. 즉 당대의 사대부들은 무력으로 중국을 정복한 청을 오랑캐로 규정하고, 인의의 문화를 지키고 있는 조선을 소중화로 격상시킨 화이론적 시각을 통해 청의 문물 수용은 불필요한 것이라는 관념을 지니고 있었다. 이러한 당대의 대청 인식에 대해 치열한 문제 제기를 시도한 그룹이 연암을 필두로 한 북학파 사상가들이라 할 수 있으며, 화이론에 대한 연암의 비판은 『열하일기』의 이념 담론을 이루는 중요한 축이 되고 있다.

화이론의 시각을 비판한 이념 담론에서 연암은 두발이나 의복과 같은 예의의 이념적 쟁점소들이 당대 사회에서 지녔던 절대적 가치를 해체하고자 노력한다. 이를 위해서 연암은 화이론적 시각을 벗어나 타자의 시선으로 예의의 이념적 쟁점소들을 바라봄으로써 그 의미를 상대화시키고 있다. 즉 '호질 후지'[59]에서는 천(天)이라는 절대적 존재를, '조선인과 오랑캐 복장'[60]에서는 중국인의 관점을, '조선의 도포와 중옷'[61]에서는 흡사한 중국의 사물을, '조선과 변발'[62]에서는 청조의 정책적 시각을 도입하여 예의의 이념적 쟁점소가 지닌 가치를 상대화시키고 있다.

> 그 주인은 이미 죽고 다만 열여덟 살 나는 아들이 하나 있는데 …… 그 쓴 모자는 둥근 테가 몹시 넓어서 머리 위에 검은 우산을 받은 것 같으니 이는 처음 보는 바라, "이 무슨 갓일까 이상하다." 했을 것이며, 그 입은 도포는 소매가 몹시 넓어서 너풀거리는 품이 마치 춤추는 듯하니, 이 또한 처음 보는 바라, "이 무슨 옷이랴, 이상한지고" 했을 것이요 …… 그리고 사신 이하의 복장이 모두들 달라서 역관들의 복장, 비장들의 복장, 군뇌들의 복장이 각기 따로따로 되어 있고, 역졸(驛卒)·마두배는 맨발 벗고 가슴을 풀어 헤치고는 얼굴은 햇볕에 그을리고 옷은 다 헤어져서 엉덩이를 가리지 못하였으며, 왁자하게 지껄이며 대령하는 소리는 너무도 길게 빼니 이 모두 처음이라, "이 무슨 예법이랴. 이상하고 야릇한지고." 했을 것이다. 그리고 그는 반드시 한 나라 사람이 함께 온 것을 모르고 남만(南蠻)·북적(北狄)·동이(東夷)·서융(西戎)들이 함께 제 집에 들어온 줄로 알았을 것이니, 어찌 놀랍고 떨리지 아니하리오.[63]

---

59) 「關內程史」에 실려 있다.

60) 「漠北行程錄」, 8월 6일자 기록에 실려 있다.

61) 「銅蘭涉筆」에 실려 있다.

62) 「銅蘭涉筆」에 실려 있다.

63) 縣吏已歿, 獨有十八歲男子, …… 其所著帽子, 圓簷太廣, 頂張黑傘, 初見矣. 是何冠也, 異哉, 所 服袍子, 袖袂廣闊, 翩翩欲舞, 初見矣, 是何衣也, 異哉, …… 然而自使臣以下服

화이론의 시각을 대변하는 당대 지배층의 예의에 대한 집착은 『열하일기』 8월 6일자에 기재된 '조선인과 오랑캐 복장'에서 한 중국 청년의 눈을 비는 형식을 통해 풍자된다. 연암은 황제의 부름을 받고 열하로 급히 가던 사신 일행이 한밤중에 소씨 집을 방문하게 된 상황을 서술하면서 소씨 집 아들의 눈을 통해 사신 일행의 모습을 묘사하고 있다. 연암은 소씨 집 아들의 시선을 빌어 갓과 도포를 비롯한 사신 일행의 의관을 낯설게 보이도록 만들어 조선의 의관 제도 또한 타자의 시선으로 보면 남만과 북적, 서융, 동이의 것에 지나지 않는다는 발언을 한다. 이를 통해 연암은 당대 사대부들이 그토록 자부심을 가진 의관 제도란 것이 다른 입장에서 보면 사실은 오랑캐의 것에 지나지 않는다는 주장을 함으로써 당대 사대부들이 조선의 의관 제도에 부여한 절대적 가치를 부정하고 있다.

> 청인들이 여러 번 한(汗-청 태종)에게 우리나라 사람들의 머리를 깎도록 명령하라고 권했으나, 한(汗)은 묵연(黙然)히 이에 응하지 않고 가만히 여러 패륵(貝勒)들에게 이르기를, 조선은 본래 예의로 이름이 나서 머리털을 자기 목숨보다 사랑하는데, 이제 만일 억지로 그 심정을 꺾는다면 우리 군사가 돌아온 뒤에는 반드시 반복(反覆)할 터이니, 그들의 풍속에 따라 예의로써 얽매 두는 이만 같지 못할 것이다. 저들이 만일 도리어 우리 풍속을 배운다면 말타고, 활쏘기가 편할 터인데, 이는 우리의 이익이 아니야 하고는 드디어 중지시켰다.64)

著各殊, 有譯官一隊服著, 有裨將一隊服著, 有軍牢一隊服著, 而駆卒馬頭輩, 無不跣足袒胸, 面貌焦枯, 布袴綻裂, 不掩臀腿, 喧譁擾攘聲諸太長, 初見矣, 是何禮也, 異哉異哉. 彼必不識, 同國同來, 想應分視, 南蠻北狄, 東夷西戎, 都入渠家, 安得不驚怖戰掉. 「漠北行程錄」, 『燕巖集』, 203면. 『국역 열하일기 I 』, 322～323면.

64) 淸人多勸汗靑太宗, 令剃我國. 汗黙然不應, 密謂諸具勒曰: "朝鮮素號禮義, 愛其髮甚於其頭, 今若强拂其情, 則軍還之後, 必相反覆不知, 因其俗以禮義拘之. 彼若反習吾俗, 便於騎射, 非吾之利也." 遂止. 「銅蘭涉筆」, 『燕巖集』, 330면. 『국역 열하일기 II』, 291～292면.

예의의 이념적 쟁점소에 대한 비판은 '조선과 변발'에서도 마찬가지로 나타난다. '조선과 변발'에서 연암은 청 태종의 말을 인용하는 방식을 통해 조선이 한족과 달리 머리를 깎지 않게 된 것은 조선을 문약화(文弱化)시키려는 청조의 고도의 지배책 때문이라고 주장하고 있다. 화이론에서 청을 야만시하고 조선을 중화로 격상시키는 절대적 근거가 되는 예의의 가치도 다른 시각에서 보면 전혀 새로운 의미로 해석될 수 있음을 이 글은 잘 보여주고 있다. 즉 '조선과 변발'에서 연암은 청조의 정책이라는 새로운 시각을 도입하여 예의의 이념적 쟁점소 역할을 하는 상투의 가치가 당대 사대부들의 자기만족적인 상징물에 지나지 않으며 오히려 조선의 현실적 문제를 개선하는 장애물이 되고 있다는 견해를 드러낸다.

북학론을 정당화한 담론이 청조 치하의 중국 현실을 대상화시키고 조선의 현실과의 대비를 통해 내용을 생성하고 있다면, 화이론을 비판한 담론은 당대 사대부들의 고착화된 이념적 시각을 대상화하여 타자의 시선으로 이를 인식함으로써 비판 담론을 생성시키고 있다. '타자의 시선으로 바라보기'는 기존의 현상을 해석하는 또 다른 관점의 도입을 발생시킨다. 새로운 관점의 도입은 고착화된 현상의 의미를 해체하고 새로운 현상 해석을 도출하게 된다. 이러한 과정을 통해 나타나게 되는 것이 현상에 대한 새로운 해석을 담은 일화(逸話)의 출현이라고 할 수 있다. 앞서 살펴본 '조선인과 오랑캐 복장', '조선과 변발'을 비롯하여 '조선의 도포와 중국의 중옷'이 풍자적 일화의 형태를 띠게 된 것은 타자의 시선으로 바라보기와 일화의 제시가 긴밀한 연관 관계에 있음을 잘 드러내고 있다. 연암은 타자화된 시선으로 현상을 새롭게 인식하고 이를 '풍자적 일화'로 제시함으로써 화이론에 대한 비판을 시도하고 있는 것이다.

풍자적 일화의 제시를 통한 반대 담론에 대한 비판은 '심세편'에서도 마찬가지로 나타난다. '심세편'에서는 기존의 이념적 시각에 매몰돼 중국의 현실을 제대로 파악하지 못하는 당대 사대부들의 어리석은 모습을 일화로 제시함으로써 반대 담론에 대한 비판을 강화하고 있다.[65]

> 우리나라 사람들은 첫째 말씨가 아름답지 못한데다가 또한 질문에 급해서 대뜸 시국에 관한 일을 이야기하려 들며, 또는 스스로 옛 의관의 차림을 자랑하여 그들이 부끄러워하는가 또는 않는가를 살필 뿐이었고, 혹은 대뜸 만나자, “당신들은 민족적인 사상(思想)을 지녔느냐.” 고 물어서, 그들로 하여금 말문이 막히게 하였으니, 이런 일들은 비단 저희들만이 기하고 싫어할 뿐만 아니라 우리에게도 적지 않은 실수였던 것이다.[66]

> 그러므로 가끔 한두 가지 집주(集注)의 그릇된 곳을 빙자하여, 백 년 동안의 번민하고 원통한 기운을 씻으려는 것인 즉, 이로써 가히 지금의 주자를 반박하는 자는, 실로 옛날 육씨(陸氏)의 학문을 하는 이와는 차별이 있음을 알 수 있을 것이다. 그럼에도 불구하고 우리나라 사람들은 이 뜻을 짐작하지 못하고, 잠깐 중국 선비를 접견할 때에 대수롭지 않는 말이라도 약간만 주자에 관계된다면 곧 당연(瞠然)히 놀라서 문득 그들을 상산의 무리라고 배격하고는 돌아와 국내의 사람들에게 이르되, “어어, 중국에는 육학(陸學)이 한창 성하여 사곡한 학설이 쉴 날이 없구먼.” 한다. 그러면 듣는 이도 역시 이에 대한 시말도 연구해 보지 않은 채 이런 말들을 듣자 마음에는 노여움이 먼저 생기고 만다.[67]

---

65) ‘심세편’에는 풍자적 일화의 제시 외에도 근거의 나열을 통해 당대 사대부들의 연행 태도와 대청관을 비판하기도 하며 문답의 방법을 통해 청의 중국 통치책에 대한 이해를 돕기도 한다.

66) 我人類多未閑辭, 令或急於質, 難逕談當世, 或自誇衣冠, 觀其愧服, 或直問: “思漢?”, 使人臆塞, 此等非但彼所忌諱, 在我疎失亦自不細.「審勢編」,『燕巖集』, 253면.『국역 열하일기 I』, 441면.

연암은 '심세편'에서 당대 사대부들의 그릇된 대청 인식이 화이론적 시각에 대한 집착에서 발생하고 있음을 보이고 있다. 제시문에 잘 드러나듯 연암은 의관의 차림과 주자에 집착하는 당대 사대부를 등장시켜 이들이 중국의 실상을 제대로 깨닫지 못하고 그릇된 인식을 국내에 퍼뜨리는 모습을 형상화시키고 있다.

연암에 의하면 청조에서는 주자를 숭상하는 정책을 취함으로써 한족 사대부들의 불만을 억누르고 주석 작업을 널리 시행함으로써 그들의 불만을 딴 곳으로 돌리는 효과까지 거두고 있다. 따라서 연암은 주자의 학설을 비판하는 한족의 사대부들이 오히려 이를 통해 청조에 대한 울분을 펼치려는 의도를 지니고 있기 때문에 의기 있는 선비라고 얘기하고 있다. 그런데도 연행의 길에 오른 조선의 사대부들은 청조의 통치책을 미처 깨닫지 못하고 주자를 비판하는 선비들을 만나면 그들이 육상산의 무리라고 비난하기까지 한다는 것이다.[68]

『열하일기』에서 연암은 중국에는 육학이 성하여 사곡한 학설이 쉴 날이 없다고 하는 조선 사대부들의 비난이 결국 그들의 이념적 편견에서 비롯된 오해임을 일화의 제시를 통해 보이고 있다. 이러한

---

67) 故時, 借一二集註之誤, 以洩百年煩寃之氣, 則可徵今之駁朱者,果異乎昔之爲陸耳. 然而吾東之人, 不識此意, 乍接中州之士, 其草草立談, 微涉朱子, 則瞠然駭聽, 輒斥以象山之徒. 歸語國人曰: "中原陸學大盛, 邪說不熄." 聽之者又不究本末, 若見此等談論, 先怒於心. 「審勢編」, 『燕巖集』, 254면. 『국역 열하일기 I』, 445면.

68) 육상산은 주자와 동시대의 사람으로 주자의 논적으로 유명한 사람이다. 주자가 이와 기, 천리와 인욕을 구분하여 규범적 측면을 강조하는 데 비해 육상산은 이를 따로 구분하지 않는 입장을 취하고 있다. 즉 주자는 인간의 마음과 구분되는 규범적인 성의 존재를 따로 설정해 '성즉리(性卽理)'의 입장을 보이는 반면에 육상산은 인간의 마음이 곧 도에 해당한다는 '심즉리(心卽理)'의 입장을 취하고 있다. 천리와 인욕을 구분하지 않고 인간의 마음 자체를 이로 보는 육상산의 견해는 독립된 이의 존재에 대한 인식을 바탕으로 하는 주자학적 견해에서 받아들이기 힘든 주장이었다. 육상산과 주자의 견해에 대한 자세한 설명은 '시마다 겐지 지음/김석근 옮김, 『주자학과 양명학』, 까치, 2001, 128～142면' 참조.

일화 제시의 방법은 북학파 사상가들이 대상의 의미에 도달하기 위하여 즐겨 사용한 것으로, 이들은 인식의 대상이 논리적이고 추상적인 관념일 경우 구체적인 인물이나 사건을 설정하여 특정한 상황 속으로 자아를 이입시킴으로써 인식 주체의 가치관이나 편견에서 벗어난 의미를 도출하고자 하였다고 한다.[69]

연암은 이들 일화 속에서 예의에 대한 자부심과 주자학 숭상이라는 맹목적 도그마(dogma)에 빠져 있는 사대부를 등장시켜 그들의 이념적 시각이 지닌 허상을 폭로하고 있다. 이들 일화의 제시를 통해 연암은 청조 치하의 중국 현실에 대한 그릇된 판단은 결국 당대 사대부들의 편협한 이념적 시각 때문에 발생하게 되었으며 이는 청나라의 문물을 대하는 그들의 이념적 시각 전반이 지닌 문제점과 관련이 있음을 보이고자 하였다.

풍자적 일화의 제시를 통해 당대 사대부들의 이념 담론을 비판한 또 다른 글로는 '고사리 사건'[70]이 있다. 여기서 연암은 명나라에 대한 절의를 대변하는 '고사리', '백이숙제'와 관계된 일화를 제시함으로써 반대 담론에 대해 비판적 공격을 가한다.

> 옆에 사람이 말하기를 "이제묘에서 점심 참을 대는 것이 준례가 되어 있사오며, 또 사시를 막론하고 여기서는 반드시 고사리를 먹는 법이옵기에 주방이 우리나라에서 마른 고사리를 미리 준비해 가져와 여기에서 국을 끓여서 일행을 먹이는 것이 이젠 벌써 한 개의 고사(故事)로 되었답니다. 10여 년 전에 건량청(乾糧廳)이 이를 잊어버리고는 갖고 오지 않아서 이 곳에 이르자 궐공(闕供)되었으므로, 건량관(乾糧官)이 서장관에게 매를 맞고 물가에 앉아서 통곡하면서 푸념하기를, '백이·숙제, 백이·숙제야. 나하고 무슨 원수냐. 나하고 무슨 원수냐.'라고

---

69) 이종주, 『북학파의 인식과 문학』, 태학사, 2001, 44~45면.

70) 「關內程史」, 7월 27일자 기록에 실려 있다.

> 하였답니다. 소인(小人)의 의견으로는 고사리가 고기만 못 하며, 또 듣자온즉 백이들은 고사리를 뜯어 먹고 굶어죽었다 하오니, 고사리는 참 사람 죽이는 독물인가 하옵니다." 하니, 여러 사람들이 모두 허리를 잡았다.
>
> 태휘(太輝)란 자는 노참봉의 마두(馬頭)인데 초행일뿐더러 위인이 경망해서, 조장(棗庄)을 지나다가 대추나무가 비바람에 꺾이어 담 밖에 넘어진 것을 보고는 그 풋열매를 따 먹고 배앓이에 폭설이 멎지 않아서, 방장 속이 허하고 몸이 달고 마음이 답답하고 목이 타는 듯하다가 급기야 고사리 독이 사람 죽인다는 말을 듣고 큰 소리로 몸부림치면서 "아이고 백이·숙채(熟菜)가 사람 죽인다." 하니, 숙제(叔弟)와 숙채(熟菜)가 음이 서로 비슷한지라, 또한 당에 가득한 사람이 깔깔거리고 웃었다.71)

유가에서 절의(節義)의 상징으로 떠받드는 백이숙제는 당대 사대부들의 이념 담론에서 대명의리론을 상징하는 인물로 자리하고 있었다. 백이와 숙제가 지니는 상징성 때문에 연행의 과정에서 이제묘를 지날 때 이들의 충절을 기리기 위해 고사리를 먹는 풍습까지 생겨나게 된 것이다.

그러나 '고사리 사건'에서 연암은 이러한 연행의 풍습에 대해 신랄한 풍자를 하고 있다. '고사리 사건'에는 고사리를 먹고 체한 연암과 과거에 고사리를 가져오지 않아 매를 맞은 건량관(乾糧官), 고

71) 左右曰: "夷齊廟例, 爲中火站, 必供薇蕨, 無論四時, 廚房自我國持乾薇, 而來至此爲羹以供一行, 此故事也. 十數年前, 乾糧廳忘未持, 來至此闕供, 其時乾糧官爲書狀所棍, 臨河痛哭曰: "伯夷叔齊, 伯夷叔齊. 與我何讐? 與我何讐?" 以小人愚見, 薇蕨不如魚肉, 聞伯夷等, 採薇而食乃餓死, 云薇蕨,眞殺人之毒物也,", 諸人者, 皆大笑.
太輝者, 盧參奉馬頭也. 初行爲人輕妄, 行過棗庄, 棗樹爲風雨所折, 倒垂墻外, 摘啖其靑實, 腹痛暴泄不止, 方虛煩悶渴, 及聞薇毒殺人, 乃大聲呼慟曰: "伯夷熟菜殺人, 伯夷熟菜殺人,", 叔齊與熟采, 音相近, 一堂哄笑. 「關內程史」, 『燕巖集』, 189면. 『국역 열하일기 I』, 252면.

사리 독으로 죽게 될 것이라 착각하는 마두 태휘가 등장한다. 이들에게 고사리는 속을 얹히게 하고 매를 맞게 하고, 죽을지도 모른다는 위협을 느끼게 하는 기능을 한다. 고사리가 백이숙제의 절의를 상징한다는 것을 고려하면 고사리로 인해 피해를 입게 된 사람들의 상황은 곧 대명의리론에 대한 집착으로 피폐해진 당대 조선 사회의 현실을 비유하고 있는 것으로 이해할 수 있다.[72)]

> 그 선생님이 섭섭한 표정으로 한참 있다가, "아이들은 불가불 일찍부터 「춘추」를 읽혀야 될 거야. 아직 그게 무엇인지 분간을 못하므로 이 따위의 괴상한 말들을 하는 게야. 어디 한 번 즉경(卽景)이나 읊어 보아라." 하자, 또 한 동자가 짓기를 "고사리 캐고 캔들 배부르단 거짓말이, 백이도 나중에는 주려서 죽었다오. 꿀물이 몹시 달아 술보다 나을지니, 이것 마시자 죽는다면 그 아니 원통하리." 하였다.[73)]

연암은 '고사리 사건'에서 계속해서 대명의리론과 북벌대의론의 대변자인 시골 선생을 등장시켜 고사리로 대변되는 당대 사대부들의 이념 담론에 대한 비판 작업을 수행한다. 여기서 연암은 춘추의리를 강변하는 선생님 앞에서 고사리를 캐먹다 죽었다는 백이를 조롱하는 동자를 등장시켜 신랄한 비판과 풍자를 가하고 있다. 비록 표면적으로는 우스갯소리 정도로 치부될 이야기로 서술되고 있지만 여기에는 이념적 쟁점소에 대한 비판과 풍자를 통해 당대 사대부들

---

72) 김혈조 교수는 『열하일기』의 고사리에 관한 기록을 '백이・숙제의 존주론 → 존화양이의 춘추의리론에 입각한 북벌론 → 북벌론을 가장한 지배층의 기만 정책'에 대한 일련의 비판이며 특히 관념적인 북벌론에 대한 집중적인 성토로 파악하였다. 이에 대한 자세한 언급은 '김혈조, 『박지원의 산문 문학』, 성균관대출판부, 2002, 272～277면' 참조 바람.

73) 鄕先生, 憮然爲間曰: "兒不可使不早讀春秋. 惟其不早辨, 故乃爲此怪談也. 可賦卽景.", 又有一童子, 題之曰: "採薇不眞飽, 伯夷終餓死, 蜜水甘過酒, 飮此亡則寃."「關內程史」, 『燕巖集』, 189면. 『국역 열하일기 I』, 254면.

의 이념 담론 자체를 뒤흔들려는 연암의 의도가 숨어있다.[74)]

타자화된 시선으로 바라보기와 풍자적 일화의 제시는 연암이 『열하일기』에서 반대 담론을 비판하기 위해 사용한 주된 전략이라 할 수 있다. 이를 통해서 연암은 자신이 주장하고자 하는 바를 드러내는 동시에 반대 담론이 지니고 있는 가치를 구체적이고 압축적으로 비판하는 효과를 거둘 수 있었다. 그러나 반대 담론을 비판하는 데 동원된 이러한 전략은 당대 사대부들의 격렬한 반발을 불러일으키기도 했다. 위로는 국왕인 정조의 문체에 대한 문책으로부터 시작하여, 당대 사대부들에게는 오랑캐를 따른다는 비방을 들어야 했으며, 가까이는 지인에게서까지 패관기서(稗官寄書)를 따랐다는 이유로 비판을 받아야 했다.[75)] 이로 인해 연암은 『열하일기』가 불평지기나 우스갯소리에 불과하다는 변명을 할 수밖에 없었던 것으로 보인다.

당대에 행해졌던 격렬한 비판에도 불구하고 『열하일기』가 당대 사회에 큰 반향을 불러일으키고 오늘날까지 의의를 확보할 수 있었

74) 연암은 「백이론」이라는 글을 통해 백이와 숙제가 당대 사회에 지니고 있는 이념적 절대성을 해체시키고자 했다. 연암은 「백이론」에서 백이와 숙제가 살았던 당대로 돌아가 다른 인물들의 시각에서 은나라의 멸망을 파악하여 백이와 숙제의 행동을 상대화시키고 있다. 백이와 숙제에 대한 새로운 해석은 당대의 이념 담론에 대한 비판적 인식에서 나올 수 있는 것이며 따라서 『열하일기』에 등장하는 고사리에 대한 일화도 연암의 면밀한 의도 아래 서술되었음을 짐작할 수 있다. 연암의 「백이론」에 대한 자세한 논의는 '김혈조, 같은 책, 2002, 268~272면' 참조 바람.

75) 이를 잘 보여주는 일화가 「朴山如墓誌銘」에 실려 있다. 山如謂燕巖日: "先生文章雖工, 好稗官奇書, 恐自此古文不興." 燕巖醉日: "汝何知?" 復讀如故. 山如時亦醉, 欲執座傍燭, 焚其藁. …… 天且曙, 燕巖既醒忽整衣跪坐日: "山如來前. 吾窮於世久. 衣欲借文章一瀉出, 傀儡不平之氣, 恣其游戲爾. 豈樂爲哉?"(산여가 연암에게 일러 말하기를 "선생의 문장은 뛰어나나 패관기서를 좋아하여 이로부터 고문이 진흥하지 않을까 두렵습니다." 했다. 연암이 취하여 말하기를 "네가 무엇을 아느냐?" 하고 다시 전과 같이 책을 읽었다. 산여도 이때 취하여 있어서 곁에 있던 촛불을 잡고 그 책을 태우려 하였다. …… 날이 새자 연암이 술이 깨어 홀연히 옷을 단정히 하고 꿇어앉더니 말하기를, "산여야 이 앞으로 오너라. 내 이 세상에서 불우한 지 오래라. 문장을 빌어 불평지기를 한바탕 토로해서 제멋대로 노니는 것이지, 내 어찌 이를 기뻐서 하겠느냐?") 남공철, 『金陵集 3』, 국학자료원, 1990, 59면.

던 이유 중 하나는 타자화된 시선으로 대상을 새롭게 인식하고 이를 풍자적인 일화로 제시해 낸 연암의 효과적인 표현 전략 때문이라고 할 수 있다. 그리고 구체적인 상황 설정을 통해 반대 담론을 비판하는 연암의 표현 전략은 오늘날의 이념 담론 쓰기에 있어서도 여전히 의의를 지닌다고 할 수 있겠다.

3) 비판과 정당화를 통한 담론 구성 전략

이념 담론은 그 구성에 있어서 의미론적 이분법과 이에 상응하는 서술 구조를 취하는 특성을 갖는다. 이념 담론에서 주체는 자신의 이념적 시각을 정당화하는 반면에 반대되는 이념적 시각에 대해서는 비판을 가한다. 정당화와 비판은 이념 담론의 구성에 있어서 핵심적인 역할을 하는 것으로 『열하일기』 또한 주체의 이념적 시각에 해당하는 북학론에 대한 정당화와 반대 이념적 시각인 화이론에 대한 비판을 통해 구성되어 있다. 『열하일기』에 나타난 이념 담론들은 연행의 일정과 경로를 따라 서술되었기 때문에 북학의 담론과 화이론의 비판 담론들이 분리되어 있는 경우가 많다. 그러나 북학론과 화이론은 대청 인식과 문물 수용이라는 당대의 사회적 의제에 대해 뚜렷이 대립되는 시각을 보여주고 있기 때문에 『열하일기』 속에서 두 담론은 의미론적으로 깊은 연관 관계를 맺고 있다. 즉 북학론을 정당화하는 담론은 화이론에 대한 비판적 의미를 내포하고 있으며 그 역의 경우도 마찬가지라 할 수 있다.

이러한 의미론적 연관성과는 별도로 『열하일기』의 이념 담론 가운데는 반대 담론에 대한 비판과 주체의 이념적 시각에 대한 정당화가 함께 나타나는 경우도 존재한다. 여기에 속하는 담론으로는 '수레 제도', '천하제일의 장관'[76]을 들 수 있다.

---

76) 「馹汛隨筆」, 7월 15일자에 실려 있다.

> 어떤 이가, "그러면 수레는 어찌하여 다니지 못하는 거요." 하고 묻는다면, 역시 한 마디 말로 "이는 사대부(士大夫)의 허물입니다." 하고 답할 것이다. 왜냐하면 그들은 평소 글을 읽을 때에는, "「주례」는 성인이 지으신 글이야." 하고는, 또 윤인(輪人)이니, 여인(輿人)이니, 거인(車人)이니, 주인(輈人)이니 하고 떠들었으나, 마침내는 그 만드는 기술이 어떠하며 그 움직이는 방법이 어떠한가 하는 것은 도무지 연구하지 않으니, 이는 이른바 한갓 글만 읽을 뿐이어서 참된 학문에 무슨 유익이 있으리요. 아아, 슬프도다. 황제(黃帝)가 수레를 창조하였으므로 헌원씨(軒轅氏)라 불린 뒤에 …… 또 상앙(商鞅)·이사(李斯) 같은 이들의 제도의 통일을 지났은즉, 이는 실로 저 현관(縣官)들의 학술에 비하여 장차 몇 백층이나 나을 것인가. 그들 연구의 정미롭고 행하기 간편함이 어찌 우연한 일이리오. 이는 진실로 민생의 살림에 이익이 되고 나라 경영에 큰 그릇이 아니겠느냐. …… 이에 뜻있는 이가 잘 연구하여 그 제도를 본받는다면 우리나라 백성들이 극도에 달한 가난병도 얼마쯤 나을 수 있을 것이다. 이제 내가 본 불끄는 수레의 제도를 대략 적어서 우리나라에 돌아가 이를 전하련다.77)

수레에 대한 묘사와 생활에서의 이점을 대비한 '수레 제도'의 말미에서 연암은 당대 사대부들에 대한 직접적인 비판의 목소리를 드러낸다. 여기서 연암은 수레가 조선에서 통용되지 못하는 이유를 묻는 화자를 등장시키고 이에 답하는 방식을 활용해 당대 사대부들의

---

77) 域中請問其故: "車奚不行?" 一言以蔽之曰: "士大夫之過也." 平生讀書則曰: "周禮聖人之作也." 曰輪人, 曰輿人, 曰車人, 曰輈人, 然竟不講造之之法如何, 行之之術如何, 是所謂徒讀, 何補於學哉? 嗚呼, 噫噫! 自黃帝造車而稱軒轅氏 …… 又經商鞅李斯一制度信, 縣官之學術, 將幾百輩也. 其講之熟而行之要, 豈徒然哉? 誠以利生民之日用, 而有國之大器也 …… 心人可取而細巧焉, 則吾東生民之貧瘁, 欲死庶幾有瘳耳. 今以吾所目見, 救火之車略錄, 其制將歸論我東. 「馹汎隨筆」, 『燕巖集』, 174～175면. 『국역 열하일기Ⅰ』, 183～184면.

허식적인 학문 태도를 맹렬히 비판하고 있다. '수레 제도'에서 연암은 수레를 창조하고 발달시킨 성인과 실상을 알지 못하고 말로만 떠드는 사대부들을 대립시켜 민생과 국가의 이익을 위해서는 실용적인 학문 태도를 지녀야 함을 강조하고 있다.

'수레 제도'에 나타난 연암의 담론 구성 전략은 '가치 부정에 의한 대립 강화하기'라고 할 수 있다. '수레 제도'에 나타난 성인과 사대부들의 대립은 곧 백성들의 삶을 풍요롭게 하기 위해 청의 문물을 받아들여야 한다는 북학론자들의 주장과 오랑캐인 청에게서 배울 것이 없다고 주장하면서 명분을 고수하는 화이론자들의 견해를 빗대어 나타낸 것이라 볼 수 있다. 여기서 연암은 사대부들의 학문 태도를 참된 학문에는 전혀 도움이 되지 않는 것이라고 말하면서 그 가치를 부정한다. 이러한 비판에 뒤이어 연암은 수레 제도를 잘 연구하고 본받는다면 백성들의 가난을 구제할 수 있을 것이라는 주장을 내세우면서 북학의 필요성을 뚜렷하게 부각시키고 있다. 결국 '수레 제도'에서 연암은 당대 사대부들의 이념적 시각을 적극적으로 부정하고 이를 자신의 이념적 시각과 대립시킴으로써 주장을 강하게 드러내는 담론 구성 전략을 취하고 있다.

'수레 제도'와 달리 '천하제일의 장관'에서 연암은 당대 사대부들이 지닌 가치관과의 공유를 시도하고, 이를 통해서 자신의 이념적 주장이 지닌 우위를 드러내는 방식으로 담론을 구성하고 있다.

> 우리나라 선비들이 북경에서 돌아온 이를 처음 만나면 반드시, "자네 이번 걸음에 제일 장관(壯觀)이 무엇이던고. 그 제일 장관을 뽑아서 이야기해 다오." 하면 …… 상사(上士)는 섭섭한 표정으로 얼굴빛을 바꾸면서, "도무지 볼 것이 없더군요." 한다. "어째서 아무런 볼 것이 없더냐." 하고 물으면, 그는 "황제가 머리를 깎았고, 장(將)·상(相)과 대신(大臣) 모든 관원들이 머리를 깎았으며, 사(士)와 서인(庶人)들까지도

> 모두 그러한즉 …… 한 번 머리를 깎는다면 곧 되놈이요, 되놈이면 곧 짐승일지니, 우리가 짐승에게 무엇이 볼 게 있단 말이오." 한다. …… 중사(中士)는 말하기를 "그들의 성곽은 장성(長成)의 남은 제도를 물려받은 것이요 …… 성인들의 끼친 자취가 묻혀지자 언어조차 야만의 것을 따르게 되었으니 무엇을 볼 만한 게 있으리오. 진실로 10만의 군사를 얻을 수 있다면 급히 달려 산해관을 쳐 들어가서, 중원(中原)을 소탕한 다음에야 비로소 장관을 이야기할 수 있겠지요.[78]

'천하제일의 장관'에 등장하는 상사(上士)와 중사(中士)는 청나라의 풍속에 대한 폄하의 감정이나 오랑캐인 청이 중국을 지배하게 된 상황 자체에 울분을 느끼는 인물들로 당대 사대부들의 이념적 시각을 대변하고 있다. 화이론의 시각을 대변하는 상사는 중국에는 볼 것이 없다는 주장을 내세우는 근거로 머리를 깎은 중국, 곧 변발이라는 예의의 이념적 쟁점소를 제시한다. 변발을 한 중국은 예의의 기준에서 볼 때 중화의 지위를 잃었을 뿐만 아니라 짐승과 같은 존재로 멸시할 대상에 지나지 않게 된다. 마찬가지로 대명의리론(大明義理論)을 대변하는 중사에게 청조 치하의 중국은 야만의 땅에 지나지 않기 때문에 소탕해야 할 대상으로서의 의미를 지닐 수밖에 없다. 이러한 상사와 하사의 입장에서 보면 중국은 도무지 장관이라고는 없는, 즉 조선이 본받을 요소를 지니지 못한 나라로 자리매김하게 되는 것이다.

---

78) 我東人士, 初逢自燕還者, 必問曰: "君行, 第一壯觀何物也? 第爲拈出, 其第一壯觀, 而道之也. …… 上士則愀然, 變色易容而言曰: "都無可觀?" "何謂都無可觀?" 曰: "皇帝也薙髮, 將相大臣百執事也薙髮, 士庶人也薙髮 …… 一薙髮則胡虜也. 胡虜則犬羊也. 吾於犬羊也何觀焉?" …… 中士曰: "城郭長城之餘也, …… 聖緖湮晦, 則言語化爲侏儒之俗, 何足觀也? 誠得十萬之衆, 長驅入關, 掃淸函夏, 然後壯觀可論." 「馹迅隨筆」, 『燕巖集』, 172면. 『국역 열하일기 I 』, 170～172면.

> 우리나라가 명(明)을 섬긴 지 2백 년 동안 충성을 한결같이 하여 이름은 속국(屬國)이라 하나 실상은 한 나라나 다름없고, 만력(萬曆-명 神宗의 연호) 임진년 왜적의 난에 신종황제(神宗皇帝)가 천하의 군사를 이끌고 와 우리나라를 구원하니, 우리나라 사람들의 정종(頂踪)·모발(毛髮) 어느 것 하나 은혜 아닌 것이 없었고 …… 마침내 온 누리가 천붕(天崩), 지탁(地坼)의 비운을 만나고 온 인민의 머리를 깎아서 모두 되놈을 만들었은즉, 비록 우리나라만이 이런 수치를 면했으나 그 중국을 위하여 원수를 갚고 치욕을 씻으려 하는 마음이야 어찌 하루 사인들 잊을 수 있었으랴. 그리고 우리나라 사대부들이 「춘추」 존(尊)·양(攘)의 이론을 일삼는 이가 군데군데 우뚝 서서 백년을 하루같이 줄기차게 잇달렸으니 장한 일이라 하겠다.[79]

'천하제일의 장관'에서 연암은 당대 사대부들의 이념적 시각을 대변하는 상사와 중사의 거침없는 주장에 대해 이러한 가치 의식을 공유하는 모습을 보인다. 이를 위해 명나라가 임진왜란 당시 조선에 구원병을 보낸 사실과 병자호란 당시 명황제의 조선에 대한 각별한 관심을 언급하고, 강제로 머리를 깎아 중국을 오랑캐의 땅으로 만든 청의 처사에 대한 분노와 명에 대한 의리를 간직해 왔던 당대 사대부들의 태도에 대해 공감을 표시한다. 그러나 연암의 이러한 언급이 화이론과 대명의리론에 대한 동의를 뜻하지 않음은 물론이다. 상사와 중사의 견해에 동조하는 듯한 태도를 보이던 연암은 바로 이어지는 서술에서 논지를 전환시킴으로써 중국의 문화와 왕조를 별개로 보아야 한다는 북학론의 주장을 고스란히 드러내게 된다.

---

79) 我東服事 皇明二百餘年, 忠誠剴摯雖稱屬國, 無異內服, 萬曆壬辰倭敵之亂, 神宗皇帝提天下之兵以救之, 東民之踵頂毛髮, 莫非再造之恩也. …… 及四海値天崩地坼之運, 薙天下之髮而盡胡之一隅, 海東雖免斯耻, 其爲中國復讐, 刷耻之心, 豈可一日而忘之哉? 我東士大夫之爲春秋尊攘之論者, 磊落相望百年如一日, 可論盛矣. 「馹迅隨筆」, 『燕巖集』, 172면. 『국역 열하일기 I 』, 172～173면.

> 그러나 존주(尊周)의 사상은 주를 높이는 데에만 국한 할 것이요, 이(夷)·적(狄)의 문제는 이·적에게만 쓸 일일 것이다. …… 대개 천하를 위하여 일하는 자는 진실로 인민에게 이롭고 나라에 도움이 될 일이라면, 그 법이 비록 이·적에게서 나온 것일지라도 이를 거두어서 본받으려거든, 하물며 삼대 이후의 성제(聖帝)·명왕(明王)과 한·당·송·명 등 여러 나라의 고유적(固有的)인 옛 것인들 어떨소냐. …… 그러므로 이제 사람들이 진실로 이·적을 물리치려면 중화의 끼친 법을 모두 배워서 먼저 우리나라의 유치한 문화를 열어 밭갈기, 누에치기, 그릇굽기, 풀무불기 등으로부터 공업·상업에 이르기까지도 배우지 않음이 없으며, 남이 열을 한다면 우리는 백을 하여 먼저 우리 인민들에게 이롭게 한 다음에, 그들로 하여금 회초리를 마련해 두었다가 저들의 굳은 갑옷과 날카로운 무기를 매질할 수 있도록 한 연후에야 중국에는 아무런 장관이 없더라고 이를 수 있겠다. 그러나 나와 같은 사람은 하사(下士)이지마는 이제 한 말을 한다면, "그들의 장관은 기와조각에 있고, 또 똥부스러기에도 있다."고 하련다.80)

중국에는 도무지 본받을 만한 것이 없다고 하는 상사와 중사의 주장에 대해 연암은 청나라에 대한 민족적 감정과 문화의 번성함을 구분할 필요성을 제기하면서 비판을 가한다. 청조 치하의 중국에도 엄연히 조선이 본받아야 할 문화가 존재하고 있는데 이를 외면하고 감정에만 치우친 주장을 하는 것은 진실로 백성과 나라를 위하는 자세가 아니라는 점이 강조된다. 연암은 민족과 문화를 구분해야 한

80) 然而尊周自尊周也, 夷狄自夷狄也. …… 爲天下者, 苟利於民而厚於國, 雖其法之或出於夷狄, 固將取而則之, 而況三代以隆聖帝明王, 漢唐宋明固有之故常哉? …… 故今之人誠欲攘夷也, 莫如盡學中華之遺法, 先變我俗之椎魯, 自耕蠶陶冶, 以至通工惠商, 莫不學焉, 人十己百, 先利吾民, 使吾民制梃, 而足以撻彼之堅甲利兵然後, 謂中國無可觀可也. 余下士也曰: "壯觀在瓦礫, 曰壯觀在糞壤." 「馹迅隨筆」, 『燕巖集』, 172면. 『국역 열하일기 I』, 173～174면.

다는 점을 들어 화이론과 대명의리론의 시각을 비판하면서 조선의 백성들에게 도움이 되는 농공상의 발달된 문물을 적극적으로 도입하자는 북학의 주장을 펼친다. 연암은 이 글에서 청조의 발달된 문물을 받아들여 조선의 낙후된 현실을 개혁하는 것이 진정으로 청나라를 물리치는 방법이 될 수 있다는 점을 들어 북학론을 정당화하고 있다.

'천하제일의 장관'은 '반대 담론의 가치 제시→반대 담론의 가치 의식 공유→반론→주체의 주장 강화'라는 논지 구성 방식을 취하고 있다. 연암은 이 글에서 '수레 제도'와 달리 당대 사대부들의 이념적 시각을 부분적으로 인정하는 발언을 한다. 이는 반대 담론의 주장에 대한 주체의 주장의 비교 우위를 드러내기 위한 것으로 논지 전개의 설득력을 높이게 만드는 효과를 거둘 수 있다. 또 자신의 의견에 동조하지 않는 독자들에 대한 입장을 고려함으로써 이들에 대한 설득 효과를 높이는 데도 기여할 것으로 보인다.

담론 구성의 전략에서 가장 중요한 역할을 하는 것은 반대 담론의 주장에 대한 주체의 태도라 할 수 있다. 반대 담론에 대한 주체의 태도에 따라 담론 구성 전략은 '가치 부정에 의한 대립 강화하기'와 '가치 공유를 통한 우위 드러내기'로 나눌 수 있다. 주체는 반대 담론의 시각을 적극적으로 부정하는 전략을 통해 이념적 대립을 뚜렷이 부각시켜 논지의 선명성을 획득할 수 있다. 반면에 반대 담론이 내세우는 가치 의식과의 공유를 시도하는 전략을 통해 주체의 주장이 지닌 우위를 드러냄으로써 논지 전개의 설득력을 높일 수도 있다. 이런 점에 유의해서 이념 담론의 주체는 자신의 글쓰기 목적과 소통 상황에 맞는 적절한 담론 구성 전략을 취하도록 해야 할 것이다.

Ⅲ. 이념 담론의 글쓰기 방법

『열하일기』는 청나라의 문물 수용이라는 18세기 조선의 사회적 의제에 대해 화이론과 북학론이라는 당대 사대부 층의 대립되는 이념적 시각을 바탕으로 쓰였다. 이념적 시각의 대립으로 인한 논쟁은 오늘날의 이념 담론의 소통 상황에서도 쉽게 발견되는 현상이다. 사회적 의제에 대해 특정한 이념적 시각을 바탕으로 쓰인 사설이나 칼럼, 선언문, 대학가의 대자보 등은 현대의 다양화된 이념적 상황이 보여주는 담론의 형태들이다. 절대적 가치 기준이 붕괴된 현대의 이념적 상황은 거대 이념 속에서 억눌려 있던 다양한 계층의 시각을 폭발적으로 분출시켰으며, 이제 이념 담론의 생산은 특정 지식 계급이나 권력을 쥔 사람들의 전유물에서 벗어난 상황에 와 있다.[81] 현대를 살아가는 개인들은 일상의 사상(事象)들에서 문제점을 발견하고 이를 가치 논쟁화 함으로써 이념 담론 생산 주체로서의 위상을 확보하게 되었다.

이념 담론 생산의 주체로서 개인의 위상 강화는 학교 교육에서의 이념 담론 글쓰기 교육에 대한 필요성을 강화시키고 있다. 다양한 가치의 충돌 속에서 주체적인 판단 능력을 갖춘 인간상은 우리 교육이 추구해야 할 목표로서 자리잡고 있으며 이념 담론 글쓰기 교육은 그에 대한 국어교육적 대응이라고 할 수 있다. 학습자가 사회적 논쟁에 참여하여 자신의 입장을 주체적으로 표현하는 이념 담론을 생산하는 능력을 갖추게 만드는 것은 국어교육이 담당해야 할 중요한 몫에 해당한다.

---

81) 사회 구성원들이 마땅히 따라야 할 확고한 권위 체계를 공유하는 경우에는 어떤 대상이나 사건을 평가할 때 준거나 모범에 비추어 보는 것이 일반적이며, 이때에는 윤리적 규범에 의거한 권위로부터의 논증과 유추에 의한 논증이 압도적인 비중을 차지한다고 한다. 이에 대한 자세한 논의는 '엄훈, 「조선 전기 공론 논변의 국어교육적 연구」, 서울대 박사논문, 2002' 참조.

이러한 점에 주목하여 이 장에서는 『열하일기』의 표현 전략을 바탕으로 하여 담론 생산 과정에서 핵심적인 역할을 하는 내용 생성하기와 담론 구성하기의 방법을 구안해 나가도록 할 것이다. 이를 위해서 현대의 다양한 이념 담론 자료들이 검토될 것이며, 이 과정에서 Ⅱ장에서 분석하였던 『열하일기』의 표현 전략이 현대의 논쟁적 글쓰기에서도 여전히 의의를 지니고 있음이 드러나게 될 것이다.

1. 논쟁적 글쓰기에서 『열하일기』 이념 담론의 의의

과정 중심의 글쓰기 이론에서 글쓰기의 일반적 절차는 '계획하기 → 내용 생성하기 → 내용 조직하기 → 표현하기 → 고쳐쓰기'의 다섯 단계로 제시되고 있다.[82] 한 편의 글을 생산하기 위해서 필자는 어떠한 경우든지 글 전체에 대한 계획을 세우고, 내용을 생성하며, 생성된 내용을 조직하고, 이를 문자 언어로 표현하며, 표현한 내용을 검토하고 고쳐 쓰는 활동을 수행하게 된다는 것이다. 이러한 글쓰기의 절차는 인간이 사고한 내용을 문자 언어로 표현하는 과정에서 공통적으로 거치게 되는 단계에 해당한다. 따라서 본고에서 논의하는 이념 담론 글쓰기도 다섯 단계의 과정을 거쳐 하나의 글로 완성된다고 할 수 있다.

일반적인 글쓰기 절차에서 가장 핵심적인 역할을 하는 단계는 '내용 생성하기'와 '구성하기'라고 할 수 있다.[83] 글이란 일차적으로

82) 이에 대한 자세한 설명은 '이재승, 『글쓰기 교육의 원리와 방법』, 교육과학사, 2002, 259~335면'과 '윤희원 외, 『국어과 교수 학습론』, 교학사, 2001, 245~266면' 참조.

83) 구성은 일반적으로 부분을 의미 있는 전체로 엮어내는 것을 뜻하며, 이런 의미에서 구조화・조직화와 비슷한 의미로 사용된다. 서울대 국어교육연구소, 『국어교육학사전』, 100면. 이념 담론은 적극적인 소통의 상황을 전제로 하고 있다. 본고에서는 '조직하기'가 생성된 담론의 내용을 정적으로 배치한다는 의미에 중심이 놓인다고 보았으며, 따라서 이념 담론이 지닌 소통의 맥락을 나타내는 데는 '구성하기'가

쓸 거리가 있고, 그것이 표현 의도를 잘 드러낼 수 있도록 구성되어야 성립될 수 있다. 계획하기와 고쳐 쓰기는 내용 생성과 구성을 위한 사전과 사후 단계에 해당하며, 표현하기는 생성되고 구성된 내용을 문자 언어로 옮기는 과정에 해당하므로 내용 생성과 구성하기는 글쓰기에서 핵심적인 위치를 차지하고 있다. 이는 이념 담론의 쓰기 과정에서도 마찬가지로 작용한다. 학습자들이 이념 담론을 생산하는 데 있어서 부딪치게 되는 중요한 문제는 어떻게 하면 담론의 내용을 생성할 수 있으며, 설득의 효과를 높이기 위해서는 어떠한 구성을 취해야 하는가에 있다. 담론 쓰기의 핵심은 일상의 사상(事象)을 어떻게 담론의 내용으로 성립시키며, 주체의 주장을 어떻게 독자에게 효과적으로 전달하느냐에 달려있는 것이다.

이념 담론의 내용 생성은 '주체 담론의 내용 생성하기'와 '반대 담론 비판하기'의 두 가지 양상으로 나타난다. 이는 주체의 이념 담론이 반대 담론에 대한 가치 우위의 주장을 본질로 하기 때문에 발생하는 현상으로 담론이 다른 글들과 구분되는 특징이기도 하다. 또한 이념 담론은 설득을 목적으로 하기 때문에 내용 구성에 있어서 독자에 대한 고려가 필수적이다. 독자의 성향에 대한 분석 없이 주체의 주장만을 늘어놓는다면 이념 담론은 소통이 단절된 자기만의 독백으로 그칠 염려가 있다. 이념 담론은 설득과 소통을 목적으로 함으로 소통 맥락에 적합성을 띤 구성을 필요로 한다.

『열하일기』는 바로 이념 담론의 생산에 있어 핵심적인 역할을 담당하는 '내용 생성하기'와 '담론 구성하기'의 구체적인 방법을 보여주는 전범으로서 의의를 지닌다. 『열하일기』는 청나라의 문물 수용이라는 18세기 조선의 사회적 의제에 대해 화이론과 북학론이라는 당대 사대부 층의 대립되는 이념적 시각을 바탕으로 쓰였다. 화이론

더 적절한 용어라고 판단하여 이를 사용하였다.

이 지배적인 위치를 점하고 있던 당대 현실에서 연암은 연행의 체험을 북학론을 정당화시키는 제재로서 적극적으로 활용하였다. 연암은 『열하일기』에서 화이론적 시각을 지닌 사대부들이 관심을 기울였던 풍속의 요소에서 벗어나 청나라의 발달된 생활상에 대해 관심을 기울임으로써 주체 담론의 내용을 생성하는 한편, 청나라에 대한 새로운 인식을 바탕으로 하여 화이론이 지닌 대청(對淸) 인식의 문제점을 집중적으로 부각시킴으로써 반대 담론의 비판 작업을 수행하고 있다.

화이론적 시각을 지닌 사대부들이 연행록에서 청조의 풍속에 주목하여 조선의 문화에 대한 자부심을 부각시킨 것과 달리 연암은 '조선 사회는 왜 이렇게 가난한가?'라는 문제의식을 통해 청나라의 풍요와 이를 가능하게 만드는 생활 도구들에 대해 집중적인 관심을 기울였다. 이러한 인식을 바탕으로 연암은 조선이 가난한 이유로 '이용후생 도구의 곤궁'을 들고, 조선의 가난 문제를 해결하기 위하여 청조의 발달된 문물을 도입해야 한다는 북학론을 펼치게 된다. 연암은 이용후생의 시각을 바탕으로 하여 청조의 발달된 생활 도구들이 지닌 이점을 조선의 낙후된 현실과 대비시킴으로써 북학의 주장을 합리화하고 있다. 이와 같이 『열하일기』에 나타난 주체 담론의 내용 생성 방법은 '① 문제 제기를 통한 이념적 쟁점소화하기, ② 이념어 생성에 의한 입장 드러내기, ③ 근거 제시를 통한 합리화하기'의 세 단계로 항목화할 수 있다.

『열하일기』 이념 담론의 또 다른 내용 축은 화이론에 대한 비판 작업이라고 할 수 있다. 『열하일기』에서 연암은 북학론과 대립되는 화이론의 이념적 시각을 명확히 의식하고 있었으며, 『열하일기』의 이념 담론을 통해 화이론에 대한 직접적인 공격과 풍자를 수행하였다. 화이론에 대한 비판은 주로 당대 사대부들이 소중화의식을 형성하는 기반으로 삼았던 예의의 요소에 대한 '타자화된 시선으로 바라보기'나 '풍자적 일화의 제시'를 통해 이루어졌다. 이를 통해 예의의 가치에 의해 가려져있던 조선의 문약화나 피폐한 현실 등의 문제가 드러나게 되었고, 연암은 예의의 가치에 대한 과도한 집착이 조선의 발전을 가로막는 장애 요소가 되고 있음을 주장할 수 있었다. 이처럼 『열하일기』에 나타난 반대 담론 비판하기의 방법은 '① 이념적 시각 파악하기, ② 가치 판단의 문제점 부각하기, ③ 은폐된 가치 드러내기'로 항목화할 수 있다.

이념 담론은 주체 담론을 정당화하는 내용과 반대 담론을 비판하는 내용으로 구성된다. 이념 담론은 주체가 주장하는 방향으로 독자를 동조하도록 만들기 위한 설득의 목적을 지니기 때문에 주체의 의도와 독자의 성향에 따라 적절한 구성을 취할 필요가 있다. 즉 담론 구성하기는 표현 목적과 독자 변인에 의해 큰 영향을 받는다고 할 수 있다. 『열하일기』에서 연암이 사용한 담론 구성하기의 전략은 '가치 부정에 의한 대립 강화하기'와 '가치 공유를 통한 우위 드러내기'의 두 가지 양상으로 나타난다. 이 가운데 『열하일기』에서 연암이 주로 사용한 담론 구성하기의 전략은 가치 부정에 의한 대립 강화하기라 볼 수 있다. 연암은 『열하일기』에서 조선 사회의 낙후된 현실에 대한 강렬한 비판 정신을 바탕으로 화이론적 시각을 지닌 당대 사대부들과 대립각을 세우려 하였다. 그 결과 『열하일기』는 당대 사대부들의 거센 비난에 직면해야 했으며, 연암 스스로도 『열하일기』를 우스갯소리로 치부하는 언급을 해야 하는 상황에 처하기도 했다.

연암이 북학의 주장을 정당화하기 위해 주로 가치 부정에 의한 대립 설정하기의 전략을 사용하였다고 해서 당대 사대부들의 비난처럼 오랑캐의 풍속을 숭상했던 것은 아니다. 『열하일기』에서 연암이 주장하는 북학론은 종래의 막연한 북벌론을 비판적으로 계승하여 한층 더 현실적인 경세책(經世策)으로 제시한 것으로 북학론은 청조 문물에 대한 단순한 숭배론도 아니며 북벌론과 전적으로 대립된 주장이라고 볼 수도 없다.[84] 따라서 연암이 주장하는 북학론은 당대 사대부들의 이념적 시각과 가치를 공유할 여지를 지니고 있었으며, 연암은 '천하제일의 장관'에서 당대 사대부들의 대청 인식에 일정적인 공감을 표하면서 자신의 주장을 정당화하는 가치 공유를 통한 우위 드러내기의 전략을 사용하여 설득력을 높이고 있다.

『열하일기』를 토대로 한 담론 쓰기의 방법은 현대의 이념 담론 쓰기에 있어서도 여전히 의의를 지니고 있다. 이념 담론은 주체 담론의 정당화와 반대 담론 비판을 내용으로 하며, 가치 부정과 공유의 방식을 통해 구성되고 있다.

양심적 병역거부는 무죄

'양심적 병역 거부'에 법원이 무죄를 선고했다. 서울남부지법 형사6단독 이정렬 판사는 병역법 위반 혐의로 기소된 '여호와의 증인' 신자 세 명에 대한 무죄 판결에서 "병역 거부가 오직 양심상의 결정에 따른 것으로서 양심의 자유라는 헌법적 보호 대상이 충분한 경우에는 정당한 사유에 해당한다."고 밝혔다. 이는 그동안 '공식화'한 판례를 벗어났다는 점뿐만 아니라 양심의 자유에 새 '지평'을 열었다는 점에서 대단히 뜻 깊은 판결이다.

기실 양심적 병역거부자들에게 헌법이 명시한 '국방의 의무'와 '양심의 자유'는 서로 '충돌'하는 조항이었다. 하지만 군사독재와 권위주의 시대에는 그것이 충돌한다는 생각조차 온전히 논의되지 못했고, 그 결과 '병역기피자'나 '항명죄' 따위로 엄벌에 처해왔다. 실제로 지금 이 순간도 500여 명의 병역거부자가 감옥에 갇혀있다. 하지만 양심적 병역거부는 국제사회에선 이미 오래전부터 엄연한 인권문제로 받아들여

---

84) 김명호, 『열하일기 연구』, 창작과 비평사, 1990, 132～134면.

졌다. 더욱이 최근 유엔 인권위원회는 '양심에 따른 병역거부권 결의안'까지 채택했다. 재판부가 '시민적 및 정치적 권리에 관한 국제규약'에 한국이 가입한 사실을 적시하며 '스스로 선택하는 신념을 가질 자유를 침해하게 될 어떠한 강제도 받지 않는다.'는 규정을 강조한 것도 눈여겨 볼 대목이다. 곧장 국가보안법의 문제로 이어지기 때문이다.

이번 판결로 양심적 병역거부는 '사회적 의제'로 떠오를 게 분명하다. 병역거부를 '망국 풍조'로 여기는 선입견이나 단순논리에서 벗어나 생산적 논의가 필요하다. 병무청이 법원의 무죄선고에 대해 '병역기피에 양심 이용' 운운하며 병역거부권을 계속 인정하지 않겠다고 밝힌 것은 문제의 본질을 인식하지 못한 처사이다. 시대 변화와 동떨어진 낡은 잣대를 고집하지 말고, 양심적 병역 거부자들의 대체복무제를 '부작용' 없이 도입하는 방안을 마련하는 데 적극 나서야 한다.[85]

제시된 글은 논란이 되었던 양심적 병역 거부 문제에 대한 한겨레신문의 사설 전문이다. 이 사설에서 담론 주체는 우선 양심적 병역 거부를 인정한 법원의 판결문 가운데 일부를 직접 인용함으로써 이를 논쟁의 대상인 이념적 쟁점소로 제기한다. 그리고 병역 거부를 인정한 법원의 판결을 '양심의 자유에 대한 새 지평'을 연 것으로 규정함으로써 주체의 입장을 명확히 드러내고 있다. 병역거부권에 대한 지지 입장을 합리화하기 위해 주체는 이를 '국방의 의무'와 '양심의 자유'라는 가치의 충돌로 제시하고, 국제 사회의 관례와 유엔인권위원회의 권고 조항을 들어 병역거부권을 개인의 자유권으로 인정하여 국방의 의무보다 양심의 자유가 지닌 가치가 우위에 있음을 보이려 하고 있다.

병역 거부권을 '국방의 의무'에 대한 위협으로 간주하는 반대 담

85) 「양심적 병역거부는 무죄」, 『한겨레신문』, 2004년 5월 21일자 사설.

론의 시각을 비판하기 위해서 주체는 감옥에 갇혀 고통을 받는 병역 거부자들의 경우를 제시한다. 이는 '국방의 의무'에 대한 강조 아래 은폐되어 있던 인권의 가치를 드러내는 과정에 해당한다. 그리고 병역 거부를 '망국 풍조'로 판단하는 견해를 인권의 신장을 적극적으로 수용하는 시대의 변화에 뒤떨어진 낡은 잣대라고 비판함으로써 반대 담론의 문제점을 부각시키고 있다. 여기서는 한 걸음 더 나아가 병역 거부권의 인정으로 발생할 수 있는 문제점에 대한 대안으로 대체복무제의 도입을 제안하기도 한다.

양심적 병역거부에 대한 한겨레신문의 사설은 담론 구성에 있어서는 '가치 부정에 의한 대립 강화하기'의 전략을 사용하고 있다. 여기서는 국방의 의무와 양심의 자유를 이분법적인 대결 구도로 설정하여 양심의 자유가 지닌 가치를 적극적으로 긍정하는 데 힘을 쏟고 있다. '국방의 의무'가 지니는 가치의 중요성은 언급되지 않고 있으며, 상대적으로 양심의 자유가 지니는 가치는 집중적으로 부각되는 전략이 활용되고 있다.

이처럼 현대의 이념 담론에서도 연암이 『열하일기』에서 사용한 내용 생성하기와 담론 구성하기의 방법은 여전히 유효성을 지니고 있다. 본고에서는 『열하일기』의 분석을 통해 추출된 표현 전략과 담론 쓰기의 절차 항목들을 바탕으로 하여, 이를 현대의 다양한 이념 담론 자료들과 연관시킴으로써 학습자들이 담론을 생성하고 구성해나가는 데 필요한 방법적 지식들을 구안해 나가도록 할 것이다.

2. 내용 생성의 표현 방법

글쓰기 과정에서 가장 중요한 역할을 하는 것은 내용 생성이라고 할 수 있다. 글쓰기는 표현해야 할 내용이 전제될 때 비로소 가능해지는 것으로 학습자들이 겪게 되는 글쓰기의 어려움은 내용 생성의 측면에서 발생한다고 볼 수 있다. 일반적인 글쓰기 과정에서 내용 생성에 앞선 단계로 제시되는 계획하기는 주제 설정이나 독자 분석, 장르 선택 등의 활동으로 이루어져 있는데, 이는 결국 내용 생성을 위한 예비 작업으로서의 의미를 지니는 것이다. 글쓰기 과정에서 문제가 되는 것은 계획하기 단계에서 정한 사항을 세부적인 글쓰기의 내용으로 어떻게 생성해 나가느냐에 놓여 있다.

일반적인 글쓰기 과정에서 내용 생성하기의 전략으로 언급되는 것으로는 얼른 떠올리기(brainstorming), 열거하기(listing), 이야기 나누기, 읽기 등이 있다.[86] 이 가운데서도 특히 내용 생성하기의 전략으로 강조되는 것은 브레인스토밍이라 할 수 있는데, 이는 글의 내용을 생성해나가는 데 있어서 필자의 자기 검열을 완화시켜 되도록 많은 아이디어를 추출해내기 위한 시도로서 의미를 지닌다.[87] 그러나 이러한 내용 생성하기의 전략들은 일반적인 글쓰기 과정을 고려한 추상적인 차원의 것으로서 이념 담론의 구체적인 내용 생성의 방법을 드러내는 데는 한계를 가질 수밖에 없다.

이념 담론은 그 내용이 가치 논쟁의 성격을 띤다는 점에서 일반적인 글쓰기와 구분된다. 이념 담론의 내용은 주체의 이념적 시각을 정당화하는 것과 반대되는 견해를 비판하는 것의 두 가지 축으로 이루어진다. 이념 담론의 생산이 의미를 갖도록 하기 위해서 주체는 내용 생성의 과정에서 자신의 이념적 입장을 확립해 나가는 것과 동시에 반대 담론의 주장에 대한 이해와 비판의 작업을 수행해야 한다. 여기에서는 이념 담론의 내용을 주체 담론과 반대 담론의 두 영역으로 나누고, 학습자들이 담론의 내용을 생성해나가는 데 필요

86) 이재승, 앞의 책, 2002, 277～283면.
87) 브레인스토밍은 목표 지향적으로 아이디어를 탐색해나가는 활동으로 창의적 사고력을 자극하고, 충분히 정리되지 않았기 때문에 놓쳐 버리기 쉬운 아이디어들을 간직하는 데 큰 도움을 준다고 한다. 린다 플라워 지음/원진숙・황정현 옮김, 『글쓰기의 문제 해결 전략』, 동문선, 1998, 230～231면.

한 절차와 전략들을 제시해나가도록 할 것이다.

1) 주체 담론의 내용 생성하기

① 문제 제기를 통한 이념적 쟁점소화하기

이념 담론은 이념적 시각에 의하여 생성되고 이념어에 의해 가치화되어 사회적 의제에 대한 주체의 입장을 나타내는 언어 표현물을 의미한다. 이념 담론을 생산하기 위해서 주체는 먼저 관습적으로 받아들여지는 사상(事象)에서 문제점을 발견하고 이를 이념적 논쟁의 대상인 이념적 쟁점소로 성립시켜야 한다. 이를 위해서 주체는 관습적인 대상 인식과 차별되는 새로운 인식을 나타내는 질문을 제기해야 한다.

관습적으로 받아들여지는 사상에서 문제점을 발견하기 위해서 주체는 먼저 대상에 대한 기존 인식과 비판적 거리를 확보하여야 한다. 『열하일기』에서 연암이 북학론을 정당화하는 담론을 생산할 수 있었던 것은 청나라의 문물을 오랑캐의 것이라고 무시하는 당대 사대부들의 인식과 비판적 거리를 두었기 때문에 가능했다. 화이론에 입각한 당대 사대부들의 대청 인식은 '청=오랑캐, 조선=소중화'라는 관점으로 정리할 수 있다. 즉 당대 사대부들은 '예의를 모르는 오랑캐인 청에게서 높은 문화를 지닌 조선이 배울 것은 없다.'라는 대청 인식을 굳건하게 유지하고 있었다. 이에 대해 북학파 사상가들은 연행의 체험을 바탕으로 당대 사대부들의 대청 인식에 대해 문제를 제기했다.

백탑청연의 모임이라 불리는 북학파 사상가들과의 학문적 교류를 통해 연암은 농업과 공업의 이익과 폐단, 재산을 증식하는 법 등 백성들의 삶과 밀접한 관련이 있는 영역에 대해 학문적 관심을 경주했다. 이를 통해 연암은 청나라에 대한 당대 사대부들의 일반적 인식과 비판적 거리를 확보할 수 있었고, '왕조가 바뀌었다고 해서 중국의 문화가 사라졌다고 볼 수 있는가?', '조선 사회는 왜 이렇게 가난한가?', '가난의 문제를 해결하기 위한 대안은 무엇인가?' 등의 의문을 제기해 나갔던 것으로 보인다. 청나라의 문물을 바라보는 기존의 인식에 대한 연암의 문제 제기는 당대 사대부들의 대청 인식을 논쟁거리로 만들었으며, 이는 『열하일기』에서 생활의 도구들을 이념적 쟁점소로 성립시키는 바탕이 되었다고 할 수 있다.

대상을 파악하는 기존의 인식에 대한 주체의 문제 제기는 이를 이념적 쟁점소로 성립하게 만든다. 앞서 살펴 본 '양심적 병역거부'를 둘러싼 논란이 이념적 쟁점소로 성립하게 된 것도 기존의 인식에 대한 담론 생산 주체의 문제 제기가 있었기 때문에 가능했다. 기존의 인식에서 보면 '양심적 병역거부'라는 말은 결코 성립될 수 없다. 기존의 인식에서는 국가의 안보를 지키기 위해서 힘든 국방의 의무를 충실히 수행하는 것이 양심적인 행동이며, 어떤 이유에서든지 이를 기피하는 행위는 비양심적이라는 규정이 내려질 수밖에 없었다. 이러한 고착화된 기존의 시각에 대해 '양심적 병역거부'의 인정을 촉구하는 담론의 주체들은 종교와 개인의 양심에 의한 병역거부는 정당하다고 주장한다. 이들은 '국방의 의무 이행이 모든 사람들에게 똑같은 방식으로 강요되어야 하는가?', '반전주의(反戰主義)와 같은 개인의 신념이나 양심에 의해 병역을 거부하는 사람들을 감옥에 가두는 것은 정당한가?' 등의 문제를 제기한다. 이러한 양심의 자유와 인권 측면에서의 문제 제기를 통해 당연하게 받아들여지던 국방의 의무에 대한 이행은 이념적 쟁점소로 성립하게 되는 것이다.

문제 제기를 통해 관습적으로 인식되던 대상을 이념적 쟁점소로 만드는 것은 주체 담론의 내용을 생성하는 데 중요한 역할을 한다.

> 여성을 획일화·표준화시키고 눈요기 감으로 쓰면서 성상품화, 성희롱·폭력화를 부추기는 행사이기에 문제가 된다. 성추행. 성폭력이 점점 심각해진 시대에 여전히 이성 관계를 육체를 둘러싼 권력 행사로 보게 하는 행사는 성폭력을 조작하는 공범자이다. 출연자인 여자 전원을 모두 수영복을 입혀서 몸뚱어리로 가치를 매기고, '바라보는 대상'으로 부각하는 점. 이들을 바라보는 보수적 남성위주 심사위원들의 시선과 평, 미용 산업을 몰개성적인 방향으로 끌고 가는 것 등 이런 행사가 가져오는 피해는 실로 심각하다. 이런 문제점을 간과해서는 안 된다는 것을 알리기 위해 안티-미스코리아 행사가 기획되었다.
> 당신은 무엇을 해야 되는가? 와서 즐겁게 놀면 된다. 생물학적 나이와 결혼 여부 등에 매이는 이분법적 획일 사회, 지겹지도 않은가? 젊음 속에서도 늙음 속에서도, 결혼 여부와 상관없이 육체와 정신의 이분법을 넘어선 지점에서 찾아지는 다양한 아름다움, 사람이 살아온 경륜에서 만들어지는 그 자체의 아름다움이 존중되는 사회에 살고 싶지들 않은가? 안티 미스코리아 페스티벌은 바로 그런 역할을 해 보려고 기획된 행사이다.[88]

인용된 글은 미스코리아대회에 반대하는 여성들이 기획한 안티미스코리아페스티벌의 취지를 설명하는 글이다. 제시된 글에서 담론의 주체는 미의 제전이라는 수식어로 홍보되면서 대중매체를 통해 연례행사로 치러지던 미스코리아대회에 대해 강력한 문제 제기를 하고 있다. 담론 주체는 '여성의 미를 외모로 평가하는 것이 정당한가?', '미스코리아대회는 누구를 위한 행사인가?', '미스코리아대회가 사회적으로 끼치는 영향력은 어떤 것인가?' 등의 질문을 제기하여 미스코리아대회를 이념적 쟁점소로 전환시키고, 성폭력・성상품

88) 조한혜정, 「미스코리아 문제 있는가」. 안티미스코리아 홈페이지(www.antimisskorea.com)에서 인용.

화・몰개성 등의 용어를 동원하여 자신의 문제 제기에 답하는 방식으로써 담론의 내용을 생성하고 있다. 이처럼 관습적으로 받아들여지던 대상에 대해 문제를 제기하고 이를 이념적 쟁점소로 성립시키는 과정은 담론의 내용 생성과 밀접한 관련성을 지니게 되는 것이다.

담론의 내용을 생성시키기 위해 주체는 고착화된 대상 인식에 대해 비판적인 관점에 기반하여 문제를 제기해야 한다. 대상을 이념적 쟁점소로 만드는 비판적인 문제 제기는 주체의 이념적 시각에 의해 가능하다. 이념적 시각은 자라온 환경과 경험, 독서 체험 등의 수많은 요인에 의해 장기간에 걸쳐 형성되는 것이라 할 수 있다. 이념적 시각을 형성하는 환경과 경험, 독서 체험 등의 요인은 개인마다 다른 방식으로 실현되고, 이런 이유로 담론 주체의 이념적 시각은 다양한 양상을 띠게 된다. 따라서 이념 담론 글쓰기 교육에서 중점을 두어야 할 사항은 개인이 성장과 더불어 형성시켜 온 이념적 시각을 언어적으로 표현해 나가는 방법론을 제시하는 데 있다.

본고에서는 담론 주체가 내면화시키고 있는 이념적 시각을 외면화시키는 방법이 비판적인 질문 생성이라고 보았다. 기존의 인식에 대한 비판적인 질문 제기는 담론 주체의 머릿속에 추상적으로 관념화되어 있던 이념적 시각을 언어적으로 구체화시키는 과정에 해당된다. 담론의 내용 생성을 위해서 주체는 비판적인 문제 제기를 통해 자신이 내면화하고 있던 이념적 시각을 구체화해야 하며, 이를 통해서 관습적으로 수용되던 대상을 이념적 쟁점소로 전환시켜야 한다.

② 이념어 제시에 의한 입장 드러내기

비판적인 문제 제기를 통해 관습적으로 받아들여지던 대상을 이념적 쟁점소로 성립시켰다면 다음으로 주체는 자신의 견해를 이념어 제시를 통해 명확히 드러내어야 한다. 이념이란 수많은 설명과 정당화의 과정을 통해 설명되어야 할 것들이 지배적인 어휘로 고착화되어 나타나는 형태를 취하며 이념어가 바로 이러한 역할을 수행한다. 이념적 논쟁에서 이념어는 대상에 대한 담론 주체의 견해를 직접적으로 대변하는 역할을 하며, 이념 담론 소통의 참여자들은 이념어를 통해 각 담론 주체들의 견해를 이해하고 논쟁을 펼칠 수 있는 기반을 확보하게 된다.

『열하일기』에서 연암은 조선 사회의 가난과 청나라의 풍요를 '이용후생'의 이념어로 압축시켜 나타내었다. 연암은 조선 사회가 가난한 원인을 이용후생의 학문적 태도의 결여나 이용후생 도구의 곤궁으로 집약화시키고, 이와 대비되는 청조의 부유함 또한 이용후생 도구의 발달 때문이라고 주장하였다. 연암을 비롯한 북학파 사상가들을 이용후생 학파라고 하는 데서 잘 드러나듯이 『열하일기』의 이념 담론이 지닌 문제의식과 견해는 이용후생이라는 이념어를 통하지 않고서는 제대로 이해할 수가 없을 정도이다.

이념어는 주체의 견해를 정당화하는 이념어와 반대의 주장을 비판하는 이념어로 구분된다. 담론 주체는 이러한 이념어의 생성을 통해 자신의 입장을 명확히 드러낼 수 있다. 환경담론에서 환경보호론자들은 자신들의 주장을 '생명의 권리에 대한 존중'으로 정당화시키면서, 개발론자들의 주장을 '생명 파괴' 혹은 '인간의 이기심'이라고 비판한다. 이러한 이념어의 제시는 환경을 둘러싼 보호와 개발의 논쟁에서 주체의 입장이 어느 쪽에 서 있는지를 분명하게 드러내주는 지표의 역할을 한다.

대상에서 발견한 문제의식을 이념적 논쟁거리로 만들고, 자신의 입장을 명확히 드러내기 위해서 주체는 이념어를 생성해내야 한다. 이념어 생성은 주체의 이념적 시각을 추상적 가치어에 종속시키는 방법과, 논쟁 요소를 유사한 현상과 대비시켜 새로운 용어로 제시하는 방법으로 나누어 살필 수 있다.

> 또 한 번 한국인들은 애완동물에 대한 천하고 비열한 행위로 물의를 일으키고 있습니다. 애완동물을 불법 시장에서 잔인하게 죽이고 이를 정부가 묵인하고 있는 것입니다. 수년 전부터 세계를 불쾌하게 만든 이 같은 야만성은 오늘날 정치적 문제가 되었으며 나는 격분하지 않을 수 없습니다. 이는 선택의 문제가 아니라 윤리의 문제이며 인간의 존엄성 수호와 관련된 문제입니다. …… 이제 2002년 월드컵 개최를 위하여 이를 중단해야 할 뿐만 아니라 더 나아가 '인간의 가장 좋은 친구'가 바로 오늘부터 더 이상 식용으로 희생되지 않도록 이 문제를 단호히 매듭지으려는 것입니다. 동물 보호를 위해 투쟁하는 모든 한국 국민들에게 나의 지지를 보내며, 다른 분들도 동참하여 한국에서 더 이상 개고기가 소비되지 않도록 노력해 주실 것을 호소합니다. 목매달려 맞고 갈기갈기 찢겨져 잡아먹히는 수많은 개들에게 여러분의 도움이 필요합니다. 여러분들만이 그들을 구할 수 있습니다. 그들을 버리지 마십시오.[89]

인용된 글에서 프랑스의 여배우인 바르도는 한국의 개고기 식용 문화에 대해 강한 유감과 함께 비판 의식을 보이고 있다. 바르도는 개고기 식용이 정치적인 문제이자 윤리의 문제라고 주장하면서 이를 '야만성'과 '인간의 존엄성 수호'라는 이념어의 대립으로 제시한다. 바르도는 개를 목매달아 때려죽이고 식용하는 현상을 '야만성'으로 규정하고, 이러한 행위는 '인간의 존엄성'을 해친다는 견해를 보이는데, 이는 주체의 문제의식을 추상적 가치어에 종속시켜 이념

---

89) 브리지트 바르도, 「한국인에게 보내는 공개 서한」(『주간조선』 1568호, 1999년 9월 2일자), 41면. 이 글은 '전국국어교사모임, 『중학교 3학년을 위한 우리말 우리글』, 도서출판 나라말, 2003, 48면'에도 수록되어 있다.

어를 생성한 경우에 해당된다. 개고기 식용에 대한 바르도의 입장은 '야만성'과 '인간의 존엄성 수호'라는 이념어에 의해 명확히 드러나고 있는 것이다.

개고기 논쟁을 둘러싼 '야만성'과 '인간의 존엄성 수호', 환경 담론에서의 '생명의 권리'와 '인간의 이기심'이 주체의 이념적 시각을 추상적 가치어에 종속시킨 경우에 해당한다면, 반공주의 비판 담론에서의 '마녀사냥'이나 '매카시즘'은 논쟁 요소를 유사한 현상과 대비시켜 이념어를 생성한 경우에 해당된다.

> 우리 현대사에서 말은 폭력이고, 총칼이었다. 인민군 치하에서 힘겹게 살아남은 마음여린 사람들을 빨갱이라고 낙인찍은 다음 보도연맹이니 뭐니 만들어서 집단학살 했던 야만의 역사가 김영삼 정권 아래서 한완상·김정남 좌익 시비에 이어, 다시 최장집 좌익 시비에서 반복되고 있다. 좌익의 인민재판이나 우익의 폭력이나 멀쩡한 인간을 매장하기는 매 일반이었다. 총칼 앞에서 '마녀'로 낙인 찍힐까봐 두려워 숨죽이지 않을 수 있는 사람이 있겠는가. 6·25전쟁이 끝난 직후에 이미 미국 정계에서 추방된 매카시는 무려 50년 동안이나 한국에서 살아 숨쉬면서 주눅든 사람들의 보신주의를 '여론', '공론'이라고 치켜세우면서 권력과 돈의 단물을 누려왔다.[90)]

인용된 글은 월간조선에 의해 촉발된 최장집 교수를 둘러싼 논쟁에서 조선일보의 입장을 극우 반공주의로 비판한 담론의 일부이다.[91)] 윗글에서 담론의 주체는 최장집에 대한 조선일보의 이념 시비

---

90) 김동춘, 「『조선일보』와 김창룡」(『한겨레21』 제 231호, 1998년 11월 5일자), 48면.

91) 최장집 교수의 이념적 성향을 둘러싼 논란은 월간조선이 대통령 자문 정책기획위원장으로 임명된 최교수가 그의 논문에서 6.25전쟁에 대한 김일성의 책임을 희석시키고 대한민국에 불리한 해석을 하였다고 주장한 데서 촉발되었다. 자세한 내용은 우종창, 「6.25는 김일성의 역사적 결단」, 『월간조선』, 1998년 11월호, 211~212면.

를 중세 시대의 '마녀사냥'이나 냉전시대 미국 정계에 큰 충격을 주었던 '매카시즘'과 동일한 연장선상에서 파악하고 있다. 최장집이 좌익의 역사관을 가진 인물이 아니냐하는 조선일보의 문제 제기는 절대적인 이념을 전제하고 거기에 벗어나려는 시도를 용납하지 않으려 한다는 점에서 종교의 권위에 기대어 그에 복종하지 않는 인간을 마녀로 몰아붙인 중세의 '마녀사냥'과 흡사하다는 것이 담론 주체의 주장이다. '마녀사냥'이나 '매카시즘'은 반공주의 비판 담론에서 흔히 사용되는 이념어가 되었는데, 여기에 작용한 이념어 생성의 원리는 논쟁 요소를 그와 유사한 현상에 대비시킨 데 있다.

앞서 살펴 본 미스코리아 대회에 대한 비판 담론에서 '성상품화'란 이념어 또한 유사한 현상과의 대비를 통해 이념어를 생성시킨 예에 해당한다. 여기서 담론 주체는 미스코리아대회에 출전한 여성이 성형 수술이나 체형 관리를 통해 강요된 미적 기준에 맞춰 인공적인 미를 형성해 나가는 과정을 기계적인 생산 라인에 의해 대량화・획일화 되어 산출되는 상품화 과정과 유사한 것으로 간주했다. 반면에 담론 주체가 지지하는 안티미스코리아페스티벌은 '다양한 아름다움・자체의 아름다움'이라는 추상적 가치어에 종속시켜 이념어를 생성하는 차이를 보이고 있다. 미스코리아 대회를 둘러싼 논란에서 담론의 주체는 이를 '성상품화'와 '다양한 아름다움'이라는 이념어의 대립으로 제시하면서 자신의 입장을 명확히 드러내고 있는 것이다.

이념적 논쟁에서 이념어는 담론 주체의 견해를 집약적으로 드러낸다. 환경 담론에서의 '생명의 권리'와 '인간의 이기심', 반공주의 비판 담론에서의 '마녀사냥' 등의 이념어는 담론 주체의 견해가 어느 지점에 서 있는지를 드러내주는 지표의 역할을 한다. 이념 담론은 주체의 가치 판단과 그에 기반한 명확한 입장 표명을 필요로 한다. 따라서 담론 생산 과정에서 주체는 이념어의 제시를 통해 논쟁이 되는 현상에 대한 자신의 입장을 드러내야 한다. 앞선 현대 담론 자료에서 살펴보았듯이 이념어의 생성은 단순한 어휘의 제시 차원에 그치는 것이 아니다. 이념어의 생성과 제시는 주체가 담론의 내용을 생성해 나가는 과정을 압축시킨 것에 해당하며, 이를 통해 담론의 내용은 방향성을 확보하게 된다고 할 수 있다.

③ 근거 제시를 통한 합리화하기

이념어의 제시를 통해 주체의 입장을 명확히 드러내었다면 다음으로 주체는 근거의 제시를 통해 자신의 주장을 합리화시켜 나가야 한다. 주체의 주장이 정당함을 드러내주는 근거의 제시는 담론의 설득력을 높이기 위한 중요한 요소라 할 수 있다. 근거의 뒷받침을 받지 못하는 담론의 주장은 자기만의 독백에 그치거나 타자의 폭넓은 지지를 획득하기 어렵다. 이념 담론의 주장이 정당성을 갖기 위해서는 주체의 주장에 대한 합리화가 필요하며 이는 타자를 설득할 수 있는 적절한 근거의 제시에 의해 가능하다.

주체 담론의 주장을 정당화하기 위한 근거 제시의 방법은 경험적 사실에 기반하는 것과 권위적 자료에 바탕하는 것의 두 가지로 구분할 수 있다. 경험과 지식은 인간의 사고를 이루는 핵심적 자원으로서 이념 담론의 근거 제시 또한 거시적 관점에서는 이에 기반할 수밖에 없다. 경험적 근거의 제시는 주로 주체의 견해를 뒷받침 할 수 있는 사례의 형태로 나타나고, 권위적 자료에 의한 근거의 제시는 객관적 수치나 전문가의 견해에 대한 인용의 형태를 띠게 된다.

『열하일기』에서 연암이 조선과 청나라의 생활 도구가 지니고 있는 이점에 대한 비교를 통해 북학의 주장을 합리화 해 나간 것은 경험적 근거의 제시와 가까운 형태를 띠고 있다. 연암은 연행의 체험에서 접하게 되는 청나라의 발달된 생활상을 세밀한 관찰과 묘사를 통해 그대로 드러내고자 하였으며, 발견한 사실들을 조선의 현실과 대비하여 확장적으로 열거함으로써 북학론을 합리화하고자 하였다. 『열하일기』에 나타난 북학론의 합리화는 경험적 사실에 바탕을 둔 근거의 나열을 통해 이루어졌다고 할 수 있으며, 이는 연행 체험을 바탕으로 쓰인 글의 특성상 나타나는 필연적인 결과라 할 수 있을 것이다.

경험적 근거의 제시는 『열하일기』와 같이 체험을 바탕으로 한 글이 아니더라도 현대의 이념 담론에서 빈번하게 사용된다.

> 최 위원장은 「전쟁을 체험한 기성세대들은 그것을 체험했다는 사실 때문에 주관적이고 감정적으로 이해할 수밖에 없다는 한계를 가진다. 따라서 총체적인 한국전쟁의 이해는 사건(6.25) 자체로부터 거리를 둔 젊은 세대에 부여된 역사적 과업이다」라고 쓰고 있다. 이 말은 6.25가 터진 1950년에 겨우 일곱 살밖에 나지 않은 최위원장이 6.25 당사자들보다 더 잘 안다는 말로 들린다. …… 김일성 도당이 도발한 6.25는 한마디로 말해 무력통일 전쟁이며, 북조선의 제도를 그대로 남한에 연장시키자는 것이었다. 김일성은 한국 정부와 남녘 동포를 속였을 뿐만 아니라 평화통일을 바라던 우리 남로당 지하당원까지도 완전히 속였다. 6.25전쟁은 김일성의 극좌 모험주의의 과오이며 반(反)민족적 전쟁이었다. 나는 당시 남로당 남한 지하당 총책으로 있던 당사자이다. 전쟁을 확인하고 나는 『김일성이 다 망치고 말았다. 통일은 다 틀렸다』고 소리를 질렀다.[92)]

인용된 글은 최장집 논문의 6.25전쟁에 대한 서술 부분을 문제 삼은 담론의 일부이다. 윗글에서 담론의 주체는 6.25전쟁 당시의 경험적 사실을 근거로 하여 최장집의 한국 전쟁관이 잘못되었다는 자

92) 박갑동, 「左翼이었던 내가 봐도 문제다」, 『조선일보』, 1998년 11월 12일자 칼럼.

신의 주장을 합리화시키고 있다. 윗글에서 담론 주체가 자신의 주장을 정당화하는 근거는 주로 체험의 우위에 기반을 두고 있는데, 이는 경험적 확실성에 기반하여 강력한 힘을 발휘할 수 있는 장점을 지닌다. 하지만 경험이란 사람에 따라 그 의미가 다양한 양상으로 인식될 수 있는 것이기 때문에 주체의 경험을 보편화시키는 노력이 뒤따르지 않는다면 경험적 근거의 제시는 경험을 공유하지 못하는 사람들의 공감을 얻지 못하는 한계 또한 지니게 된다. 즉 담론의 주장과 경험적 근거 사이에는 추론의 타당성이 확보되어야 설득력을 높일 수 있다.

권위적 근거의 제시는 담론의 주장을 합리화하는 보편적인 방법이라고 할 수 있다. 권위적 근거는 경험적 근거가 지니는 주관성의 한계를 벗어나기 위해 계량화된 수치를 제시하거나 해당 분야 전문가의 견해를 인용하여 객관성을 확보하는 장점을 지니고 있다. 논쟁의 국면에서 적절한 권위적 근거가 제시되면 주체의 견해는 반대자의 주장에 비해 훨씬 더 설득력을 얻을 수 있게 된다. 권위적 근거의 제시는 주체의 주장이 공론의 성격을 띨 수 있게 해 주는 역할을 함으로 담론의 객관성을 확보하기 위해 주체는 권위적 근거 자료를 확보하는 데 심혈을 기울여야 한다.

> 지금까지 호주제는 우리 사회가 뿌리 깊은 남녀 차별을 극복하고 다원적이고 양성평등한 사회로 전진하는데 있어 높고 단단한 장벽이 되어 왔다. 호주제는 남녀를 차별하고, 부부를 차별하며, 부모를 차별하는 제도로서 헌법 제 10조 인간으로서의 존엄과 가치 및 행복 추구권, 제 11조 평등권, 제 36조 혼인과 가족생활에 있어서의 개인의 존엄성과 양성평등이념에 정면으로 배치되는 위헌적 제도이며, 우리의 전통과는 아무런 관련이 없는 일제의 잔재이다. …… 평등한 가정과 사회를 만들어가는 개혁의 기폭제가 될 호주제 폐지는 더 이상 미룰 수 없

는 사회적 요청이 되었다. 국회는 더 이상 내년 총선을 핑계로 이러한 국민의 염원을 외면해서는 안 된다. 실제로도 호주제 폐지에 대한 여론조사 결과를 보면 네티즌 70% 이상이 폐지 찬성이고, 지난 6월 한국가정법률상담소가 실시한 여론조사에서는 약 66%가 지지하고 있다.[93)]

우리는 미국, 일본, 독일, 프랑스, 러시아, 중국 등 이미 전통가족문화와 호주제가 파괴된 선진제국들의 심각한 사회 문제를 역력히 보고 듣고 있으며, 서구의 지성들은 그들의 가족해체, 청소년·노인문제, 국민윤리교육문제, 영국 등 유럽선진국들의 경제발목을 잡고 있는 사회복지비 문제 등의 근원적 치료와 대안으로서 한국의 호주제로 상징되는 전통가족제도를 말하고 있다. …… 우리의 전통가족은 20세기, 21세기의 A. J. 토인비, 사무엘 헌팅턴 등 각 분야 다수의 세계적 석학들까지 극찬하고 있는 민족의 자랑이요, 인류의 희망으로 인간소외, 가족해체, 결혼과 출산의 기피, 이혼 증가, 청소년 문제, 노인 문제, 사회복지, 사회갈등 등 현대 사회의 문제를 해결할 수 있는 종합적 대책이 바로, 나보다는 배우자와 자식을 위해 헌신하는 사랑, 희생, 지혜를 체험하면서 훌륭한 국가 구성원으로 배출되는 한국의 전통 가족 문화가 연구, 제시되고 있기도 하다.[94)]

인용된 글들은 호주제 폐지에 대한 찬반 입장을 담고 있는 성명서 중의 일부이다. 호주제 논쟁에서 호주제 폐지를 촉구하는 측은 호주제를 양성평등을 가로막는 남녀차별의 제도로 규정하고 있고,

---

93) 「호주제 폐지 민법개정안을 16대 국회에서 반드시 통과시켜라!」, 호주제폐지 대국회촉구 결의문, 2003년 9월 20일. 호주제폐지운동본부(www.no-hoju.or.kr) 자료창고에서 인용.

94) 「호주제 폐지는 가족, 민족해체, 청소년, 노인문제, 극단적 개인주의 부추긴다」, 호주제폐지반대시민단체연합 성명서, 2004년 9월 7일. 정통가족제도수호범국민연합(www.guard.or.kr) 알림마당 보도자료에서 인용.

호주제의 보존을 주장하는 측은 호주제를 우리 민족이 계승해야 할 전통문화로 파악하고 있다. 호주제의 폐지를 촉구하는 측은 헌법적 근거나 여론조사 결과를 인용하여 자신들의 입장을 합리화하고 있는데, 이는 권위적 근거의 제시를 통해 주장을 정당화시키는 경우에 해당한다. 마찬가지로 호주제의 보존을 주장하는 측은 서구 석학의 견해를 들어 자신들의 주장을 합리화하고 있는데, 이 또한 권위적 근거의 제시를 통한 정당화의 경우에 해당된다고 할 수 있다.

권위적 근거가 경험적 근거보다 객관성을 띠는 것은 사실이지만 권위적 근거의 객관성 또한 논란의 여지를 담고 있다. 우선 여론조사와 같은 통계적 수치는 조사를 실시하는 주체와 설문 문항에 따라 결과의 차이가 나타날 수 있으며, 전문가의 견해 또한 부분적인 인용을 통해서는 그 전모를 파악하기 힘든 경우가 많다. 또한 담론 주체가 통계적 수치나 전문가의 견해를 인용할 때에 자신의 이념적 입장에 이끌려 유리한 부분만을 발췌하거나 자료를 왜곡시키는 경우에는 그 논란이 증폭될 우려가 있다. 따라서 권위적 근거의 제시를 통해 주체의 주장을 합리화하는 경우에는 일반적인 논증 절차와 같이 인용의 출처를 명확히 밝히는 태도가 필요하다. 이러한 논증 규범에 대한 준수가 동반될 때 근거의 권위는 확보되고 주장의 정당성 또한 강화될 수 있는 것이다.

근거의 제시를 통한 합리화 과정을 통해 주체 담론의 내용 생성은 완결될 수 있다. 근거의 제시는 경험적 사실에 기반한 것과 권위적 자료에 바탕한 것의 두 가지로 구분된다. 경험적 근거의 제시는 독자에게 쉽게 다가설 수 있고 생생한 느낌을 전달할 수 있어 설득의 효과를 높이는 장점이 있지만, 제시된 사례가 공감을 얻지 못하는 경우에는 소통의 폭이 제한될 수밖에 없다. 권위적 근거의 제시를 통해 주체는 담론의 객관성을 확보할 수 있는 기반을 마련할 수 있지만, 논증 절차에 대한 규범의 준수가 제대로 이루어지지 않으면 주장의 신뢰성 자체가 손상될 수 있다.

2) 반대 담론 비판하기

① 이념적 시각 파악하기

이념 담론은 대립되는 주장을 전제로 한다. 이념 담론의 생산은 소통을 통해 대립되는 견해의 차를 좁히고 합의를 이루어나가는 과정의 일부분이라고 할 수 있다. 담론의 주체가 반대의 이념적 시각에 주목하지 않고 자신의 주장만을 내세우는 것은 독백에 지나지 않게 되며, 이러한 담론의 생산은 합의보다는 갈등을 조장하는 결과로 나타날 수 있다. 따라서 이념 담론의 생산이 의미를 갖기 위해서는 반대 담론의 이념적 시각과 주장을 살피고 이에 기반하여 논의를 펼치는 과정이 필요하다.

반대 담론을 비판하기 위해서 주체는 먼저 대립되는 이념적 시각을 파악해야 한다. 반대 담론의 이념적 시각에 대한 파악은 반대 주장에 대한 읽기와 듣기와 같은 이해의 과정을 통해 가능하다. 반대 담론에 대한 이해는 직접적인 대면 상황 하에서 토론이나 논쟁을 하지 않는 이상 읽기를 통해 이루어질 수밖에 없다. 담론 주체는 자신의 견해와 대립되는 다양한 주장을 접하고, 이들의 이념적 시각에 대한 이해를 바탕으로 반대 담론을 비판해 나가야 한다. 반대 담론을 비판적으로 읽기 위해서 주체는 반대 담론이 '강조하는 쟁점', '이념적 가치의 규정', '합리화의 근거'에 주목해야 한다. 담론 주체는 이들 요소를 통해 반대 담론이 주장하는 논지를 파악해 나가야 한다.

최씨의 용어대로 1946년의 대구 「10월 인민항쟁」 이후의 남로당 주도 폭동들이 「군정독재와 분단정책에 항거한 것」이었다면, 그리고 이

> 에 대해 「극우보수세력」이 「탄압」과 「테러」를 강화해서 「민중세력」이 쇠잔한 것이었다면, 그의 논리 속에서 대한민국 건국이란 대체 무엇으로 정당화될 수 있을지 알 수 없는 일이다. 그런 관점에서 그가 주도하고 있는 것으로 알려진 현정부의 「제 2건국」 자체가 의문의 대상이 되지 않을 수 없다.
>
> 학문의 자유가 있으면 언론의 자유도 똑같이 있어야 한다. 우리는 그러한 비판적 언론의 자유에 바탕해서 대통령의 자문격인 최위원장의 현대사 설명에 담겨있는 문제점을 우리 사회가 충분히 짚고 넘어가야 한다고 생각한다. 실제로 80년대 이후 이런 시각의 현대사 설명들이 젊은 세대에 널리 퍼져 그 고정관념의 문제성이 오늘에까지 미치고 있고, 이러한 시각이 한두 사람의 학문활동에 그치지 않고 대규모로 확산된다고 할 때는 대한민국 정당성의 뿌리와 뼈대는 제대로 존재할 자리를 잃게 되기 때문이다.[95)]

인용된 글은 최장집을 둘러싼 논란의 당사자 격인 조선일보의 사설 중 일부분이다. 위 사설에서 담론의 주체는 최장집과 관련된 논쟁을 한국 현대사에 대한 역사적 판단과 공직자의 사상 검증에 대한 언론의 역할 문제로 쟁점화시키려 하고 있다. 이러한 조선일보의 주장은 '대한민국 건국의 정당성', '현대사 설명에 담겨있는 문제점', '언론의 자유'라는 용어를 통해 규정되고 있으며, 조선일보는 주장을 합리화하기 위하여 최장집의 관점과 같은 현대사 인식이 80년대 이후 젊은 세대에게 널리 퍼져 국가의 정체성을 위협하고 있다는 점을 근거로 제시한다.

조선일보와 다른 입장에서 최장집 관련 논쟁을 바라보는 이념적 시각에서는 다른 쟁점의 조명과 가치 판단 과정을 보여준다.

---

95) 「최장집 建國史觀 규명해야」, 『조선일보』, 1998년 10월 26일자 사설.

> 우리는 최장집 교수와 한국정치학회의 반박문과 성명서를 보면서 큰 충격을 받았다. 한 마디로 월간조선의 보도내용은 거의 앞뒤를 자르고 왜곡과 억지맞춤으로 일관한 것이 아닌가 하는 의문을 갖는 것이다. “한국전쟁의 최대 희생자는 북한 민중”이라고 해석했다는 월간조선의 주장을 두고도, 그 뒤의 문장에 나오는 “가장 큰 수혜자는 김일성 그 자신이었다.”는 내용을 무시했다는 최교수의 지적에 혼란을 느낀다. 이 밖에도 “중공군의 개입을 변호”했다거나 “한국전쟁의 책임을 김일성에게만 묻지말라”고 주장했다는 대목에서도 당사자인 최교수는 논문의 문면을 들이대거나 분명한 설명을 통해 반박하고 있다. 그러므로 이제는 월간조선이 최장집 교수와 한국정치학회의 반론과 비판에 합리적인 대답을 할 차례라고 본다.
>
> 이번 문제와 관련하여 성급하게 반응하여 최교수를 몰아세우는 움직임이 있다. 그 움직임은 아마 논문을 검토해보지 않은 채로, 또는 당사자의 설명이나 반박을 참고하지도 않은 상태에서 공세를 취한 듯이 보인다. 이런 태도는 사회 분위기를 마녀사냥 식으로 몰아가는 것이며, 그런 기초 위에서는 사실이 사실대로 존재하지 못하는 비이성적 상황이 조성될 수박에 없는 것이다.96)

인용된 글은 조선일보와 대립되는 이념적 성향을 가진 것으로 평가받는 한겨레신문의 최장집 논쟁 관련 사설 중 일부이다. 위 사설에서 담론 주체는 최장집과 관련된 논쟁을 언론의 왜곡 보도와 그에 의거한 사상 탄압의 문제로 규정하고 있다. 이러한 한겨레신문의 관점은 ‘왜곡과 억지 맞춤’, ‘마녀사냥’이라는 용어를 통해 드러나며, 한겨레신문은 주장을 합리화하기 위해 최장집의 구체적인 반론을 소개하고 한국정치학회가 조선일보를 비판하는 성명서를 발표했

---

96) 「색깔공세를 경계한다」, 『한겨레신문』, 1998년 10월 24일자 사설.

다는 사실을 근거로 제시하고 있다.

이처럼 동일한 대상에 대한 각 담론 주체의 이념적 시각은 큰 차이를 보인다. 최장집 논쟁에서 최장집에 대한 비판적 시각을 지닌 담론에서는 논쟁의 방향을 현대사 인식에 대한 사상의 시비 문제로 몰아가려고 노력하는 데 비해, 최장집을 옹호하는 입장을 보이는 담론에서는 이를 사상의 자유에 대한 억압의 문제로 부각시키려 한다. 담론 생산을 위해서 주체는 대립되는 가치의 충돌 속에서 어느 한 쪽의 입장을 지지하고 그에 바탕하여 반대편의 주장을 비판하는 과정을 거쳐야 한다. 이때 반대 담론을 비판하기 위해서는 반대 담론의 주장에 대한 이해가 선행되어야 하며, 반대 담론 이해의 초점은 반대 담론이 강조하고자 하는 쟁점, 이념적 가치의 규정, 합리화의 근거에 놓여야 한다.

최장집과 관련된 논쟁은 이후 다양한 담론 주체들의 참여로 한국전쟁에 대한 인식,[97] 사상의 자유와 언론의 자유 문제,[98] 반공 위주의 조선일보의 이념적 성향에 대한 공격,[99] 안보 무관심에 대한 비판[100] 등의 다양한 형태로 전개된다. 이들 담론에서 주체들은 사상 검증과 사상의 자유, 개인의 명예와 언론의 책무 등의 쟁점에 대한 가치 판단에 기반하여 반대 측의 주장을 비판하고 자신들의 주장을 정당화해 나간다. 하지만 반대 담론에 대한 비판이 담론의 내용을

97) 박갑동, 같은 글, 『조선일보』, 1998년 11월 12일자 칼럼.

98) 이에 대한 글로는 송복, 「公人은 검증돼야 한다」(『조선일보』 1998년 11월 5일자 칼럼), 「가처분 결정에 묻는다」(『조선일보』 1998년 11월 12일자 사설), 「언론자유의 문제」(『조선일보』 1998년 11월 13일자 사설), 허영, 「'가처분 결정' 헌법 정신에 맞나」(『조선일보』 1998년 11월 13일자 칼럼), 「가처분 결정의 시대적 의미」(『한겨레신문』 1998년 11월 13일자 사설), 진중권, 「'사상검증'에 대한 몇 가지 착각」(『한겨레21』, 제231호, 1998년 11월 5일자, 88면) 등이 있다.

99) 이에 대한 글로는 민주언론운동시민연합 신문모니터팀, 「『조선일보』가 '언론의 자유'를 말할 자격이 있는가」(『월간 말』 1998년 12월호, 176~177면), 김동춘, 같은 글(『한겨레21』, 제231호, 1998년 11월 5일자, 48면) 등이 있다.

100) 김상기, 「逆매카시즘을 경계한다」, 『조선일보』 1998년 11월 10일자 칼럼.

벗어나 반대자에 대한 직접적 공격의 형태로 나타나기도 한다. 이는 담론의 내용을 기반으로 해야 할 비판의 과정이 반대자를 직접 겨냥하게 됨으로써 소통을 단절시키고 불필요한 갈등을 조장하는 문제점을 야기시킨다.

반대 담론에 대한 비판은 반대 담론의 이념적 시각을 이루는 쟁점화의 방향과 가치 규정, 합리화의 근거에 대한 이해를 바탕으로 해야 하며 비판의 과정이 담론의 내용 영역을 벗어나 반대자에 대한 직접적인 공격의 형태로 나타나서는 안 될 것이다.

② 가치 판단의 문제점 부각하기

이념 담론은 주체의 이념적 시각에 의한 가치 판단 과정을 거쳐 생산된다. 주체는 가치 판단을 통해 대상이 나타내는 의미에 대한 선택과 배제의 작업을 수행한다. 이념 담론은 대립되는 가치의 충돌 속에서 지지하는 가치에 대한 주체의 선택을 통해 성립되는 것이다. 따라서 반대 담론에 대한 비판은 우선적으로 담론 주체들이 대상에 부여하는 가치 판단 방식과 그 기준의 정당성에 초점이 놓여야 한다. 그런 다음 비판의 수행에는 반대 담론의 주체가 배제시킨 가치에 대한 새로운 의미 부여가 뒤따르게 된다.

『열하일기』에서 연암은 반대 담론인 화이론을 비판하기 위해서 당대 사대부들이 예의의 요소에 부여한 가치에 의문을 제기한다. 연암은 '조선인과 오랑캐 복장'이나 '조선의 도포와 중국의 중옷', '조선과 변발' 등의 담론을 통해 당대 사대부들이 조선을 소중화로 격상시키는 자부심의 원천으로 삼은 예의의 요소가 따지고 보면 상대적인 풍속에 지나지 않는다는 점을 줄기차게 부각시키고 있다. 화이론자들의 예의에 대한 집착이 지닌 문제점을 드러내기 위하여 연암은 타자화된 시선을 통해 조선의 풍속을 바라봄으로써 상투와 도포는 궁극적으로 변발과 마하라와 같은 풍속의 하나일 뿐임을 보이려

하였다. 즉 화이론에 대한 비판 담론에서 연암은 당대 사대부들의 풍속 요소에 대한 과도한 집착이 지닌 가치 판단의 문제점을 부각시키고 있는 것이다.

이처럼 반대 담론에 대한 비판은 반대 담론의 주체가 대상에 부여하는 가치 판단에 내재한 문제점을 부각시키는 방향에서 진행되어야 한다. 이는 현대의 이념 담론에서도 반대 담론을 비판하는 내용 생성에 있어 중요한 역할을 한다.

> 일부 종교인들과 환경단체가 새만금 사업의 반대를 주장하며 삼보일배 수행을 했다. '인간 생명이 중요하듯 살아있는 모든 생명도 중요하다.'는 이들의 주장에 이의를 달 사람은 아무도 없다. 그러나 우리 모두 '생명은 생명을 먹고 살 수밖에 없는 원죄'를 안고 있다. 모두가 종교인이나 환경운동가가 될 수 없듯 21세기 문명의 혜택을 누리고 있는 모든 이들에게 생태적 삶만을 강요할 수도 없다. 개발이 곧 환경 파괴의 필연적 과정이라고 보는 것도 위험한 논리다. 모든 생명이 평등히 공존할 수 있는 '환경'과 인간의 삶을 위한 '개발'은 다툼의 대상이 아니라 조화의 대상이기 때문이다. 환경과 개발의 두 마리 토끼를 모두 잡을 수 있는 '지속 가능한 개발'이 중요한 시점이다.[101]

환경 문제와 관련된 담론은 환경 파괴의 심각성과 개발로 얻는 이익 사이의 가치 논쟁으로서의 성격을 지니고 있다. 인용된 글은 새만금 간척 사업에 대한 지지 입장을 밝힌 담론의 일부로서, 여기서 담론의 주체는 생명의 동등한 권리를 들어 새만금 사업을 반대하는 환경 단체의 주장에 대해 인간의 삶을 위한 개발과 환경 보호가 조화를 이룰 수 있다는 가능성을 들어 비판을 가하고 있다. 윗글

---

101) 「새만금 사업은 미래를 위한 선택」, 『한겨레신문』, 2003년 6월 5일자 사설.

의 주체는 문명의 혜택을 받고 살아가는 현대인들에게 생태적 삶만을 강요하는 것은 불가능한 일이며, 개발과 환경 파괴가 필연적으로 연관된다는 판단 또한 잘못된 것일 수 있다고 문제를 제기한다. 즉 새만금 사업을 생명의 권리에 대한 침해와 환경 파괴로 몰아세우는 환경 단체의 가치 판단이 문제점을 지니고 있음을 들어 이들을 비판하고 있는 것이다.

> 강가나 바닷가에서 독성물질로 죽어 나뒹굴어진 물고기들이나 새들의 모습을 보는 것은 이 강산에서 아주 흔한 일상사가 되어버렸다. 이런 것들을 대하면서 우리가 기껏 한다는 것은 우리 자신이나 우리 자식들의 입에 들어가는 음식이 오염되지나 않았을까 하고 신경을 곤두세우면서 이른바 무농약, 무공해 농산물에 관심을 기울이는 것이 고작인 것이다. 물고기가 떼죽음을 당하거나 등이 휘어진 고기에 대하여 관심을 갖는 것은 조만간 우리 자신의 운명을 예고해주는 신호일지도 모른다는 불길한 근심 때문이지 물고기 그것의 생명의 훼손을 진정으로 마음 아프게 생각하기 때문은 아닐 것이다. 너나 없이 우리가 너무나 조그만 이기심의 노예가 되어 살고 있다는 것이 모든 비극의 원인인 듯하다. 그런데, 이 이기심은 우리가 만물의 형제라는 생각을 가질 수 없게 하지만 다른 한편으로는 만물과 우리의 관계를 형제로 볼 수 없는 우리 자신의 무능력이 또한 우리 이기심의 원인이 되고 있는 것인지도 모른다.[102)]

인용된 글은 환경 파괴를 바라보는 인간의 이기심을 비판한 담론 중 일부이다. 이 글에서 담론 주체는 생물들의 떼죽음을 인간 중심

102) 김종철, 「사라지는 제비, 어리석은 권력욕망」, 『간디의 물레』, 녹색평론사, 1999, 281～282면. 이 글은 '전국국어교사모임, 『중학교 3학년을 위한 우리말 우리글』, 도서출판 나라말, 2003, 105～106면'에도 수록되어 있다.

의 관점에서만 파악하는 가치 기준에 대해 비판적 인식을 나타낸다. 환경 파괴로 인한 직접적인 피해 당사자는 영문도 모른 채 죽어가야 하는 생물들임에도 불구하고, 현대의 인간들은 자신들이 저지른 죄악을 앞에 두고서도 또 다시 자신들의 이익만을 걱정하는 이기심의 노예가 되어버렸다는 것이다. 담론 주체는 인간에게 피해를 끼칠 수 있으므로 환경을 보존해야 한다는, 혹은 인간에게 직접적인 피해가 오지 않을 정도의 개발은 괜찮다는 견해를 지닌 소극적 환경보호론자들이나 개발론자들의 가치 판단에 대한 문제점 부각을 통해 반대 담론의 비판 내용을 생성하고 있다.

반대 담론에 대한 비판은 가치 판단에 내재한 문제점을 드러내는 방향에서 진행되는 것이 바람직하다. 사람들마다 이념적 시각이 다르게 나타나는 근본적인 원인은 인간은 자신의 경험이 지닌 진폭을 벗어나기 힘든 불완전한 존재라는 데 있다. 인간은 자라온 환경과 경험에 의해 대상을 바라보는 관점이 틀 지워져서 자신도 의식하지 못하는 사이에 의미 있는 사실을 간과하는 잘못을 범하기 쉽다. 가치 판단에 내재한 문제점을 드러내는 방향에서의 비판은 이러한 인간의 불완전함을 보완해 줄 수 있으며, 이를 통해 담론 소통의 의의는 배가될 수 있다.

반대 담론을 비판하는 방식으로 흔히 풍자의 기법이 활용된다. 인간이 지니는 어리석음이나 불완전성에 대하여 위트나 유머를 사용하여 공격하는 기법의 일종인 풍자는[103] 담론의 주체가 반대 담론에 대한 적극적인 비판을 수행하는 효과적인 방법으로서 역할을 할 수 있다. 『열하일기』에서 연암은 당대 사대부들의 이념적 시각을 비판하기 위해 풍자를 자주 활용하였다. '고사리 사건'에서 연암은 이제묘(夷齊廟)에서 겪었던 고사리와 관련된 희화화된 일화를 제시

103) 김윤식, 『문학비평용어사전』, 일지사, 1976, 294면.

하고 백이숙제를 조롱하는 동자를 등장시켜 당대 사대부들이 지녔던 맹목적인 절의의 가치를 풍자하고 있다. 특히 다른 사람의 말을 전하는 형식을 취하기는 했지만 고사리를 사람 죽이는 독물이라고 언급함으로써 당대 사대부들의 절의에 대한 집착이 조선 사회의 발전을 가로막고 있다는 비판 의식을 적극적으로 드러내고자 했다.

풍자의 기법은 담론 주체의 비판 의식을 예각화하는 효과적인 방법으로써 의미를 지니고 있다. 그러나 풍자의 활용이 규범적인 가치에 기반하여 잘못된 상황을 교정하려는 목적을 벗어나 상대방에 대한 조롱과 희화화에 몰두하게 되면 담론의 소통을 단절시키는 역효과를 발생시킬 수도 있다.104)

> 이제 남은 것은 좆선일보와 그 자매지 한국농담뿐. 아… 한국농담 이야기를 하니 가슴이 아파온다. 지난 대선 사상검증 대토론회에서 3개 방송사를 통해 7시간이나 생중계를 때리면서 '김데중은 빨갱이다.'라고 그렇게 힌트를 줬건만, 우매한 국민들이 말귀를 못 알아먹고 그 중요한 토론회를 보면서 지랄할 때부터 알아봤다. 그 중요한 토론회에서 웃기는 왜 웃냔 말이다. 이제 국민의 수준도 맛이 갔다. 빨갱이 이야기를 하는데 웃다니… 과거 같으면 상상도 할 수 없는 일이다. 통탄할 노릇이 아닐 수 없다. 당시, 이도끼 발행인이 "내를 설득해바바. 그라모 울 나라 국민들이 다 설득되는 기야."라며 국민들의 이해를 돕기 위해 멸사봉공의 자세로 과감히 몸소 나서기까지 했는데 말이다.105)

「우뚝 서라 좆선이여!」라는 표제가 붙은 위 담론에서 주체는 언

---

104) 풍자가는 웃음을 통해 인간이 지닌 불균형을 교정하려는 목적을 지니고 있다. 풍자가는 풍자의 과정에서 반대 방향의 불균형에 빠질 수 있는데, 이것이 극단적인 상황에 치우치지 않는 한 사람들은 그 의도를 알아차리고 즐길 수 있다고 한다. 폴라드 지음/송낙헌 옮김, 『풍자』, 서울대출판부, 1979, 29면.

105) 김어준 편, 『딴지일보 2』, 자작나무, 1998, 20~21면.

어적 유희와 비틀기를 통해 그동안 한국 사회를 지배해 왔던 반공주의에 대한 신랄한 비판과 조롱을 가하고 있다. 주체는 대표적 보수 언론인 '조선일보'와 '한국논단'을 이념적 쟁점소로 활용하면서 이들의 반공주의적 시각을 비판하기 위해 대선후보토론회 때 있었던 일들을 풍자적 수법을 통하여 제시하고 있다. 여기서 담론 주체는 반공주의의 이념적 시각을 지닌 인물들의 희화화된 언급들을 제시함으로써 그들의 이념적 시각이 지닌 정당성 자체를 강하게 부정하고 있다. 수사적 측면에서 보면 윗글에서 사용된 풍자의 수법은 담론 주체의 비판 의식을 구체적이고도 생생하게 표현하여 설득의 효과를 높이는 데 기여한 것으로 파악할 수 있다. 그러나 인용된 글에서 주체가 사용한 풍자의 수법은 조롱과 희화화를 통해 반대 담론의 이념적 정당성을 송두리째 부정하고 있어서 담론의 소통은 단절될 수밖에 없다. 즉 과도한 풍자 기법의 남용은 이념적 시각차를 좁히고 합의로 향하는 의미 있는 담론의 소통을 원천적으로 가로막는 단점을 나타내게 되는 것이다.

반대 담론에 대한 비판은 가치 판단에 내재한 문제점을 부각시키는 방식을 통해 이루어져야 한다. 풍자를 통한 비판은 반대 담론에 대한 주체의 비판 의식을 효율적이고도 강렬하게 나타내는 효과를 거둘 수 있지만, 풍자가 반대 담론에 대한 조롱과 희화화에 치우치게 되면 담론의 소통 자체를 불가능하게 만들 수 있다. 따라서 풍자의 수법을 활용하여 반대 담론을 비판하는 경우에 담론 주체는 풍자가 가져올 수 있는 소통 측면에서의 효과를 잘 고려해 나가도록 해야 할 것이다.

③ 은폐된 가치 드러내기

반대 담론의 비판을 위해서 주체는 반대 담론이 간과한 사실에 대해 관심을 기울이고 새로운 의미를 부여하여야 한다. 이념 담론은 선택과 배제의 가치 판단 과정을 통해 생산되므로 반대 담론이 간과한 사실을 발견하고 새로운 의미를 부여하는 것은 효율적인 비판의 방법이 될 수 있다. 반대 담론이 누락시킨 사실에 대한 의미 부여는 결국 반대 담론이 은폐한 가치를 드러내는 과정에 해당된다. 이념 담론은 본질적으로 주체의 가치 판단을 통해 한 쪽의 가치를 선택할 수밖에 없기 때문에 담론의 문면에 드러나지 않은 은폐된 가치를 드러내는 작업은 반대 담론에 대한 비판의 효과를 극대화시킬 수 있다.

『열하일기』에서 연암은 당대 사대부들의 허식적인 학문 경향과 예의에 대한 집착에 의해 가려져 있던 민생의 피폐함을 드러내고자 하였다. 화이론적 입장에서는 조선을 소중화로 보고 청조 치하의 중국을 누린내가 나는 오랑캐 땅이라고 비하했지만, 연암은 이러한 당대의 지배적 담론에 의해 가려져 있던 조선 사회의 가난을 드러내고자 노력하였다. 예의의 기준에 의해 가려져 있던 청나라의 풍요를 드러내는 작업은 『열하일기』를 통해 연암이 말하고자 하는 중심 내용이 되었으며, 이는 바로 청나라와 조선의 실상에 대한 은폐된 가치의 표출에 해당되는 것이었다. 결국 『열하일기』에서 연암은 은폐되어 있던 가치에 대한 표출을 통해 당대의 지배적 담론이었던 화이론을 비판하고 있는 것이라 할 수 있다.

반대 담론이 은폐하고 있는 가치에 대한 드러내기는 현대의 담론에서도 반대 담론을 비판하는 방법으로서 여전히 의의를 지니고 있다. 반대 담론을 비판하는 이러한 방식은 반대 담론이 배제한 사실의 지적과 그에 대한 의미 부여를 통해 이루어진다.

> 어떻게 들릴지 모르겠지만 우리 한국인들은 당신들보다 개를 더 사랑하고 잘 돌봐 주고 있습니다. 우리는 개를 결코 굶겨 죽이지는 않습니다. 먼 곳에 길을 떠났다가도 밥 때가 되면 특별히 집에 볼 일이 없

> 는데도 돌아옵니다. 개를 포함한 가축들에게 먹이를 주기 위해서입니다. 그런 전통이 우리에게는 있습니다. 그러나 당신들 나라에서는 매년 여름 휴가 때면 길거리에 굶어 죽는 개들이 즐비하다고 합니다. 그런 외신을 보며 우리는 당신네 나라에 대해 분노를 느낍니다.
>
> 그리고 애견이라는 이름으로 행해지는, 개를 학대하는 각종 행위들에 대해 나는 반대합니다. 개꼬리가 보기 싫다고 잘라 버리는 행위, 개 짖는 소리가 시끄럽다고 개의 성대를 절개하는 행위, 개의 무분별한 출산을 막는다고 거세시키는 행위……. 이것이 진정한 애견인가요? 단지 인간의 눈에 보기 좋은 것일 뿐은 아닌가요?[106)]

인용된 글은 한국의 개고기 식용 문화를 야만적인 행위라고 비난한 바르도의 주장에 대해 김홍신이 반박을 가하는 담론 중 일부이다. 윗글에서 주체는 바르도의 주장을 비판하기 위하여 문화상대주의에 입각해 농경문화와 유목문화에 있어서 개에 대한 인식의 차이를 설명하고 한국이 애완견과 식용 개를 구분하고 있다는 사실을 제시한 후에, 바르도가 간과하고 있던 프랑스에서의 개 학대에 대한 사례를 들고 있다. 여름휴가 때 굶어 죽는 개들이 즐비하다거나, 애견이라는 이름으로 개에게 각종 시술을 행하는 일들은 오히려 프랑스의 애견 문화가 기실 인간의 편리에 의해 개를 학대하는 야만성을 지니고 있는 것이 아니냐는 주체의 비판 의식을 드러낸다. 즉 위 담론에서 주체는 프랑스의 애견 문화가 지닌 문제적 현상을 지적하여 바르도의 가치 판단에서 배제되어 있던 인간 편리 중심의 개 학대라는 은폐된 가치를 부각시킴으로써 반대 담론에 대한 비판을 가하고 있는 것이다.

---

106) 김홍신, 「친애하는 브리지트 바르도께」, 『주간조선』 1568호, 1999년 9월, 40～41면. 이 글은 '전국국어교사모임, 『중학교 3학년을 위한 우리말 우리글』, 도서출판 나라말, 2003, 49～51면'에도 수록되어 있다.

> 시화호에서 우리는 얼마나 많은 것을 잃었습니까? 우리는 그곳에서 말 못하는 수많은 생명들이 말없이 죽어간 것을 알고 있습니다. 그것은 끔찍한 대사건이었습니다. 숱한 생명들이 떼죽음당한 대재앙이었습니다. 지금도 시화 간석지에서는 갯벌 생명들의 주검이 수십 킬로미터에 걸쳐 흰 띠를 이루고 있습니다. 그 침묵하는 주검들이 공존과 상생의 이치를 경시했던 우리 인간들의 탐욕과 어리석음을 주검으로 깨우치고 있습니다. 그 어마어마한 실패에 대해 그 누구도 책임지지 않았지만, 우리는 시화호에서 값비싼 교훈을 얻었습니다. 그 어떤 간척 사업도 이제는 더 이상 황금빛 희망이 아니라는 것을 말입니다.[107)]

1990년대 초반 방조제 공사가 시작된 이래 막대한 국가 예산이 동원되어 진행되어 왔던 새만금 간척사업은 환경 운동 단체의 적극적인 문제 제기에 의해 사업 자체의 존폐 여부가 심각한 사회적 논쟁거리로 이슈화되어 왔다. 인용된 글은 새만금 사업을 반대하는 문인들의 성명서 가운데 일부로, 여기서 주체는 개발 이익 논리에 의해 가려져 왔던 간척 사업의 환경적 재앙을 시화호의 경우를 예로 들어 제시하고 있다. 시화 간석지에 수십 킬로미터에 걸쳐 흰 띠를 이루고 있는 생물들의 죽음에 대한 지적은 새만금 간척 사업이 내세우는 이익 논리에 의해 가려져 있던 생명에 대한 파괴를 가시적으로 드러내고 있다. 이를 통해 담론 주체는 새만금 사업의 지지 담론이 강조하는 개발 논리에 의해 은폐된 공존과 상생의 가치를 적극적으로 드러냄으로써 반대 담론을 비판해 나가고 있다.

은폐된 가치를 드러내어 반대 담론을 비판하는 것은 반대 담론이 간과하고 있던 사실에 대한 지적과 그것에 대한 새로운 의미 부여를 통해 가능하다. 이러한 비판 작업은 이념 담론의 소통을 풍부하

---

107) 「새만금 간척사업 중단을 바라는 문인들의 호소문」, 『현대문학』 558호(2001년 6월호), 242면.

게 하고 생산적이게 만드는 효과를 지닌다. 담론에서 특정한 현상이 배제되어 나타나는 것은 담론 주체의 의도된 가치 판단의 결과일 수도 있고, 혹은 인간의 인식이 지닐 수 있는 불완전성에 의한 결과물일 수도 있다. 그 원인이 어디에 있든 간에 새로운 사실의 제시와 의미 부여를 통한 반대 담론의 비판은 새로운 논쟁거리를 담론의 장에 도입시킴으로써 소통을 풍부하게 만드는 효과를 나타나게 할 수 있는 것이다.

3. 담론 구성의 표현 방법

일반적인 글쓰기 과정에서 구성하기는 생성된 내용을 표현 의도에 맞게 응집성과 통일성을 갖출 수 있도록 배열하는 활동을 뜻한다. 흔히 제시되는 구성하기의 방법으로는 개념 구조도의 작성과 같은 것이 있는데,[108] 이는 논쟁과 설득을 기반으로 한 이념 담론의 구성 방법을 드러내는 데 있어서 한계를 가진다.

이념 담론은 논쟁 상황을 기반으로 하여 상대방에 대한 설득의 목적을 지니고 있기 때문에 생성된 내용을 구성하는 과정에서 주체의 주장을 강화하면서도 독자들을 효율적으로 설득해내는 전략을 필요로 한다. 여기서는 이념 담론의 구성이 주체의 이념적 정당성에 대한 부각과 반대 독자에 대한 배려 사이에서의 선택에 의해 이루어진다고 보고, 각 구성 전략에 있어서의 효과와 한계 등을 살펴나가도록 할 것이다.

1) 담론 구성에 있어서 고려할 요소

주체는 자신의 이념적 주장을 독자에게 설득시킬 목적으로 이념

108) 린다 플라워 지음/원진숙・황정현 옮김, 『글쓰기의 문제 해결 전략』, 동문선, 1998, 252～269면.

담론을 생산한다. 이념 담론은 현상을 인식하는 가치관, 세계관의 차이에 기반하고 있기 때문에 치열한 논쟁적 요소를 담고 있다. 이념 담론이 논쟁의 소통 형태를 띠게 되는 것은 동일한 사회적 현상에 대해 주체마다 주목하는 사실이 다르게 나타나고, 각자의 가치관에 기반하여 다른 해석과 처방을 내리기 때문이라 할 수 있다. 대립되는 가치관의 충돌을 본질로 하는 이념 담론의 특성은 담론의 내용을 구성하는 데 있어서 주체의 이념적 확신과 독자의 입장에 대한 고려 사이에서의 전략적 선택을 필요로 하게 만든다. 담론 생산의 주체는 이념적 정당성에 대한 확신을 통해 주체의 주장을 반대 담론과 강하게 대립시킬 수도 있고, 반대 독자의 이념적 성향을 고려하여 반대 담론의 주장에 비해 주체의 주장이 비교 우위에 있음을 드러내는 전략을 취할 수도 있다.

주체는 이념적 정당성의 부각과 반대 독자의 입장에 대한 고려를 통해 담론의 내용을 구성해 나갈 수 있다. 담론 구성의 전략은 주체가 이념적 확신을 바탕으로 담론의 정당성을 적극적으로 내세우는 '가치 부정에 의한 대립 강화하기'와 주체의 이념적 주장에 동조하지 않는 독자의 입장을 고려하는 '가치 공유를 통한 우위 드러내기'로 구분할 수 있다. 이러한 담론 구성의 전략은 주체의 반대 담론에 대한 태도에 의해 결정적인 영향을 받는다. 주체가 반대 담론이 내세우는 주장과 가치 자체에 대해 회의적인 입장을 가지고 있을 때 담론 구성은 가치 부정에 의한 대립 강화하기로 나타나고, 반대 담론이 내세우는 이념적 가치를 일정 부분 공유하는 입장을 지니게 되면 담론 구성은 '가치 공유를 통한 우위 드러내기'로 나타나게 된다. 가치 부정에 의한 대립 강화하기에서는 반대 담론에 대한 전면적인 비판과 부정이 이루어지게 되고, 가치 공유를 통한 우위 드러내기에서는 반대 담론에 대한 주체 담론의 가치 우위가 강조되는 형태를 띠게 된다.

『열하일기』에서 연암이 주로 취한 담론 구성의 전략은 가치 부정에 의한 대립 강화하기라고 할 수 있다. 『열하일기』에서 연암은 조선 사회가 처한 가난의 원인이 당대 사대부들의 비실용적인 학문 경향과 청나라의 발달된 문물 수용에 대한 배타적 태도에 있다고 보았기 때문에 북학론과 화이론 사이에서의 대립 구도를 강화하였다. 이러한 담론 구성의 전략을 통해 연암은 조선 사회의 문제를 해결할 수 있는 방안이 북학론에 놓여 있음을 강조하고자 하였다. '천하제일의 장관'과 같은 글에서는 당대 사대부들이 내세우는 이념적 가치에 대해 부분적인 공감을 표함으로써 가치 공유를 통한 우위 드러내기의 구성 전략을 사용하기도 하지만 『열하일기』의 대부분의 담론에서 연암이 활용한 구성 전략은 가치의 대립을 강화시키는 데 있었다. 연암은 『열하일기』에서 가치 부정에 의한 대립 설정하기의 담론 구성 전략을 활용하여 자신의 이념적 주장을 선명하게 드러낼 수 있었지만, 바로 이 때문에 당대 사대부들의 거센 비난에 직면해야한 했다.

설득의 이론에서는 메시지의 유형을 표현 주체가 자신의 주장과 그것을 뒷받침하는 내용들만을 주로 내세우는 일면적 메시지(one-sided message)와 반대편의 입장과 주장 등을 함께 제시하면서 자신의 주장을 펴는 이면적 메시지(both-sided message)로 구분하고 있다. 일면적 메시지와 이면적 메시지가 수용자들에게 미치는 영향을 연구한 실험에서 메시지의 주장에 대하여 반대의 입장을 가지고 있는 수용자들에게는 이면적 메시지가 그들의 태도를 변용시키는 데 있어 효과적임이 밝혀졌고, 메시지의 주장에 대하여 동조하는 입장을 지니고 있는 수용자들에게는 일면적인 메시지가 더 효과적인 것으로 나타났다. 또 교육 수준이 높은 수용자들에게는 양면적 메시지가 효과적이지만 교육 수준이 낮은 수용자들에게는 일면적 메시지가 더 효과적인 것이라는 결과도 나타났다.[109)]

담론 구성 전략과 설득의 효과를 관련시키면 가치 부정에 의한 대립 강화하기는 일면적 메시지의 유형에 가깝고, 가치 공유를 통한 우위 드러내기는 이면적 메시지 유형에 가까운 것으로 파악할 수 있다. 가치 부정에 의한 대립 강화하기는 주로 주체의 주장이 지닌 정당성과 반대 담론이 지닌 부당성을 부각시키는 형태로 나타나기 때문에 주체가 말하고자 하는 논지의 선명성이 확보되는 효과를 나타낼 수 있지만, 반대의 이념적 시각을 지닌 독자에 대한 설득력은 떨어질 수밖에 없다. 반대 담론의 견해 또한 가치 판단을 통해 나름대로의 정합성을 확보하고 있을 것임에도 가치 부정에 의한 대립 강화하기는 반대 독자의 이념적 시각에 대한 배려를 나타내지 않음으로써 이들의 동의를 얻기 힘들게 된다. 반면에 가치 공유를 통한 우위 드러내기는 반대 담론이 지닌 이념적 시각에 대한 일정 부분의 동의를 표함으로써 주체의 주장에 동조하지 않는 독자들에 대한 입장을 배려하는 효과를 나타낼 수 있다. 이념 담론의 소통 목적은 주체의 주장에 동조하지 않는 독자들에 대한 설득에 있음으로 이들의 입장에 대한 배려는 설득의 효과를 높이기 위한 기본적인 담론 구성의 전략이 될 수 있다.

이념 담론은 주체의 주장을 표현하고 이를 독자에게 설득할 목적으로 쓰인다. 주체는 담론 구성을 통해 생성된 담론의 내용을 주장의 정당성을 드러내고 설득의 효과를 높일 수 있도록 적절하게 조직해나가야 한다. 이를 실현하기 위한 담론 구성의 전략은 가치 부정에 의한 대립 강화하기와 가치 공유를 통한 우위 드러내기로 구분할 수 있으며, 주체는 표현 의도의 부각과 독자의 입장에 대한 배려 사이에서 담론 소통의 효과를 극대화 시킬 수 있는 전략적 선택을 수행해 나가야 할 것이다.

---

109) 차배근, 『설득 커뮤니케이션 이론』, 서울대출판부, 1989, 272~287면.

2) 담론 구성의 전략

① 가치 부정에 의한 대립 강화하기

주체가 반대의 이념적 시각에 대해 전면적으로 부정적인 인식을 지니고 있을 때, 담론은 가치 부정에 의한 대립 강화하기의 구성을 취하게 된다. 이를 통해 주체는 반대 담론에 대한 적극적인 비판과 대결 의식을 표명하게 된다. 가치 부정에 의한 대립 강화하기는 반대 담론의 주장을 합의의 대상으로 파악하기보다 거부해야 할 대상으로 인식한다. 즉 가치 부정에 의한 대립 강화하기의 구성은 담론의 소통을 합의보다는 투쟁의 상황으로 몰고 가는 효과를 보이게 되는 것이다.

> 야만의 시대
>
> 조지 부시 미국 대통령이 끝내 수많은 무고한 생명을 빼앗아가는 일방적 군사공격을 시작했다. 아무런 잘못도 없는 이라크 국민들은 미국이 퍼붓는 초현대식 대량살상 무기에 의해 무참하게 죽임을 당하고 있다. 부시 대통령은 이 부도덕하고 야만적인 침략을 일컬어 "이라크를 무장해제하고 이라크 국민을 해방시키기 위한" 것이라고 말했다. 세계 모든 나라의 국방비를 합친 것보다 더 많은 국방비를 사용하면서 어마어마한 규모의 대량살상 무기를 개발·보유하고 있는 미국은 '무장 해제'를 주장할 자격이 없다. 전자 폭탄, 슈퍼 폭탄 등 미국이 이번 침략에서 사용할 초현대식 무기 목록을 한번 보라. 세계 평화를 위해 진정으로 '무장해제'해야 할 당사자는 바로 미국이 아닌가. …… 부시 대통령은 그 뒤로도 유엔 무기사찰단의 활동 허용문제, 이라크의 대량살상무기 개발과 무장 해제, 사담 후세인 정권 교체 등을 이라크 침공의 구실로 내거는 등 수시로 말을 바꾸었다. 이라크의 위협이 실제보다 과장되었다는 비판은 그동안 끊임없이 제기되었다. 그런데도 이라크에

> 대한 침공이 시작된 것이다. 그렇게 일방적이고 야만적인 침략 행위이기 때문에 미국의 군사공격을 지지하는 나라는 소수에 불과하고, 미국 안팎에서 수많은 세계의 양심들이 이를 적극 규탄하고 있다. …… 이런 비정상적인 시각과 탐욕이 합리와 이성의 눈을 마비시켜버렸다. 제정신을 잃은 조지 부시 대통령과 미국은 이성을 되찾아야 한다. 그러지 않고 지금처럼 마구 힘을 휘두르면 '평화의 적', '문명의 적'으로 국제사회에서 고립될 수밖에 없다. 그리고 미국의 이런 야만적 행태에 한국이 가담할 이유는 도대체 없다. 그런데도 미국의 무력 사용과 이라크 침공을 지지하면 북한 핵문제의 '평화적 해결'을 외칠 근거는 약해질 수밖에 없다. 야만의 시대, 평화를 깨는 세력을 물리치는 힘은 시민사회의 성숙된 힘이 뭉쳐질 때 가능하다. 지난해 촛불시위에서 보인 그 평화의 힘이 온 세계로 번질 때 우리는 야만의 세력을 물리칠 수 있을 것이다.110)

이라크 전쟁의 발발을 이념적 쟁점소로 하여 쓰인 위 사설은 가치 부정에 의한 대립 강화하기의 담론 구성 전략을 잘 보여주고 있다. 윗글에서 주체는 이라크 전쟁이 이라크를 무장해제하고 이라크 국민을 해방시키기 위한 것이라는 부시 행정부의 주장을 전면적으로 부정한다. 이는 이라크 전쟁을 일으킨 미국의 행위를 규정하는 '부도덕하고 야만적인 침략', '비정상적인 시각과 탐욕', '평화의 적' 등의 격한 용어의 사용을 통해서 잘 드러나고 있다. 주체는 이라크 전쟁에 대한 입장을 야만적인 침략 행위를 감행한 미국과 이를 규탄하는 양심 세력의 대립 구도로 부각시키면서 양자를 이분법적으로 갈라놓고 있다. 가치 부정에 의한 대립 강화하기의 담론 구성을 통해 주체는 미국의 이라크 침공은 결코 정당화 될 수 없는 잘못이

---

110) 「야만의 시대」, 『한겨레신문』, 2003년 3월 21일자 사설.

라는 명확한 비판 의식을 드러내고 있다.

가치 부정에 의한 대립 강화하기의 담론 구성은 읽는 사람에게 강렬한 메시지를 전달하는 효과를 거둘 수 있다. 이러한 구성 전략은 인용된 담론의 결론 부분에 나타난 시민사회의 성숙된 힘에 대한 요청처럼 현실에 대한 독자의 각성을 촉구하는 형태를 띠게 되며, 한 걸음 더 나아가 직접적인 행동을 촉구하는 선동의 형태로 나타나기도 한다.

> 상아의 진리탑을 박차고 거리에 나선 우리는 질풍과 같은 조류에 자신을 참여시킴으로써 이성과 진리, 그리고 자유의 대학 정신을 현실의 참담한 박토에 뿌리려 하는 바이다. 오늘 우리의 선언은 지성과 양심의 엄숙한 명령에 따라 사악하고 잔인한 현상을 꾸짖고 바로잡아 고치려는 주체적 판단과 사명감의 발로임을 떳떳이 선명하는 바이다. 우리의 지성은 암담한 이 거리의 현상이 민주와 자유를 위장한 전제주의의 표독한 전횡에 의한 것임을 단정한다. …… 이제 막 자유의 전장엔 불이 붙기 시작했다. 정당히 가져야 할 권리를 탈환하기 위한 자유의 투쟁은 요원의 불길처럼 번져 가고 있다. 자유의 전역은 바야흐로 풍성해 가고 있는 것이다. 민주주의와 민중의 심부름꾼이며 중립적 권력체여야 할 관료와 경찰은 민주를 가장한 가부장적 전제 권력의 하수인으로 발벗고 나섰다. 민주주의 이념의 가장 기본적인 권리인 선거권마저 권력의 간교한 수단으로 이용되었다. 언론·출판·집회·결사 및 사상에 대한 자유의 불빛은 무식한 전제 권력의 악랄한 발악으로 인하여 깜박이던 빛조차 사라졌다. 칠흑과 같은 밤의 계속이다. 나이 어린 학생 김주열의 처참한 주검을 보라. 그것은 전횡을 일삼는 전제주의의 벌거벗은 모습밖에 아무것도 아니다. 저들을 보라. 비굴하게도 위협과 폭력으로써 우리를 대하려 한다. 백보를 양보하더라도 우리는 학문을 탐구하는 사람으로서 인간적으로 부르짖어야 할 양심을 느낀다.[111]

4.19라는 정치적 사건을 배경으로 작성된 선언문인 위 글 또한 가치 부정에 의한 대립 강화하기의 담론 구성 전략을 활용하고 있다. 제시된 글에서 주체는 당시의 집권 세력을 '민주와 자유를 위장한 전제주의', '가부장적 전제 권력'으로, 주체를 '자유와 양심의 세력'으로 규정하여 대립시키고 있다. 그리고 당대의 정치적 상황을 자유가 사라진 칠흑의 밤에 비유하고, 주체의 행위를 '지성과 양심의 엄숙한 명령'으로 정당화함으로써 대결 의식을 고취시킨다. 이러한 대립의 부각과 격정적 어조의 사용은 글을 읽는 이의 정서를 움직여 행동에 동참하도록 선동하는 효과를 유발하고 있는 것이다.

반대 담론의 시각에 대한 전면적인 부정을 토대로 한 이러한 담론 구성은 주체 담론의 이념적 정당성에 대한 강렬한 메시지 전달의 효과를 거둘 수 있다. 하지만 이러한 담론 구성은 반대 담론에 대한 사회적 인식의 합의가 바탕이 되지 않으면 강한 거부감을 불러일으킬 수 있으며 사회적 갈등을 촉발시키는 잘못을 이끌어낼 수도 있다. 가치 부정에 의한 대립 강화하기의 구성은 주체의 이념적 시각에 대한 폭넓은 동의가 전제될 때 효과를 발휘할 수 있음으로 담론 생산의 주체는 이러한 점에 유의하여 담론 구성을 해 나가도록 해야 할 것이다.

② 가치 공유를 통한 우위 드러내기

가치 공유를 통한 우위 드러내기는 반대 담론의 견해를 존중하는 태도를 취하면서도 실질적으로는 주체의 주장이 지닌 가치가 우위에 있음을 드러내는 담론 구성 전략에 해당한다. 이러한 담론 구성 전략은 반대 담론의 견해를 존중하는 태도를 보여줌으로써 주체의 주장에 동조하지 않는 독자로 하여금 주체의 담론에 보다 긍정적으

111) 서울대학교 문리대학 학생회, 「4.19학생 선언문」. 이 글은 '전국국어교사모임, 『중학교 3학년을 위한 우리말 우리글』, 76~77면'에서 재인용한 것임.

로 접근하도록 유도할 수 있다는 점에서 효율성을 지니고 있다.

> 양심의 자유는 자유민주주의에서 하나의 소중한 가치다. 병역의 의무 역시 공동체의 구성원으로서 공동체 유지에 필요한 의무를 수행한다는 점에서 역시 중요한 가치다. 충돌하는 두 가치 속에서 개인의 자유의 한계가 어디까지여야 하느냐의 문제다. 그러나 내 자유를 위해 타인이 피해를 받는다거나 더 큰 부담을 질 수밖에 없을 때 그 자유는 어느 정도 제한할 수밖에 없는 것이다. …… 물론 헌법이 보장한 종교의 자유와 양심의 자유는 국가권력으로부터 최대한 보장돼야 할 불가침적 인권의 성격을 갖고 있다. 또 한국이 가입한 유엔인권위원회의 결의안 등에 양심의 자유에 따른 병역 거부권 인정권고 조항이 있는 것도 사실이다. 그러나 우리가 국가라는 울타리 속에서 공동체를 꾸려 간다면 그 공동체가 동의해 만든 협약은 지켜가는 것이 당연하다. 특별히 종교적 이유로 병역을 못하겠다면 그에 상응하는 국가에 대한 봉사는 가능할 수도 있다. 그러나 이 경우도 극히 제한적일 수밖에 없다. 병역의 의무는 나라의 안보와 직접 연계돼 있기 때문이다.[112)]

인용된 글은 '양심적 병역 문제'에 대한 중앙일보의 사설 중 일부이다. 앞서 제시한 양심적 병역 거부를 찬성하는 한겨레신문의 사설이 반대 담론에 대한 대립 강화를 위주로 담론을 구성하고 있는데 비해 양심적 병역 거부에 대한 인정을 반대하는 중앙일보의 사설은 반대 담론이 내세우는 가치 의식과 일정 부분 공유를 시도하면서 담론을 구성하는 전략을 취하고 있다. 중앙일보의 사설은 양심적 병역 거부를 바라보는 입장을 '국가의 안보'와 '양심의 자유'라는 이념어를 통해 압축적으로 제시하면서, 병역 거부를 인정하는 담론의

112) 「양심적 병역 거부는 무죄라니」, 『중앙일보』, 2004년 5월 21일 사설.

시각이 지닌 인권의 가치에 공감하는 듯한 언급을 한다. 이러한 가치 공유를 통해 주체는 '양심의 자유'가 지닌 가치도 중요하지만 현실적인 입장에서 볼 때 '국가의 안보'라는 공동체적 가치가 더욱 우위에 서 있음을 설득력 있게 보이고 있다. 물론 가치 공유를 통한 우위 드러내기의 담론 구성에서 반대 담론에 대한 가치 공유가 주체의 주장을 강화시키는 수단으로써 작용하는 것은 사실이지만, 이러한 담론 구성은 반대 담론의 가치 판단에 대한 배려를 통해 독자에 대한 설득의 효과를 높일 수 있게 만든다.

> 우선 최 교수의 논문내용은 우리 헌법이 추구하는 자유민주주의 헌법 질서 내에서 충분히 학문의 자유에 의한 보호를 받을 수 있다. 헌법이 보호하는 학문의 자유는 진리를 탐구하는 진지한 시도의 모든 내용과 형식을 보호 대상으로 한다. …… 그렇기 때문에 학문의 자유에 대한 외부적인 간섭과 제한은 자칫하면 학문의 자유의 본질적인 내용을 다치게 할 위험성이 크다. 학문 연구 결과의 옳고 그름에 대해서는 학문 내의 자체 통제력에 맡겨두는 것이 옳다.
>
> 학문의 본질상 학문은 학문적인 질타에 가장 약하고 학문 내의 자율적인 자체 통제력에 의해서 발전되고 성숙해 가는 것이기 때문이다. 따라서 조선일보의 보도가 최 교수의 학문연구 결과에 대해서 오로지 외부적인 간섭을 시도한 것이라면 비난받아 마땅하다.
>
> 그러나 조선일보가 국가 정책 결정에 대통령의 자문에 응하는 공인으로서 최 교수의 학문체계가 어떤 것인지를 독자들에게 알리기 위해서 그의 연구논문들을 발췌해 보도한 것이라면 그것은 오히려 언론기관의 사명인 동시에 의무라고 보아야 한다. 헌법이 보장하는 보도의 자유는 바로 언론기관이 국민의 알 권리를 충족시키고 국민의 여론형성에 필요한 자료를 정확하게 보도하는 것을 보호하기 위한 것이다. 그렇기 때문에 언론기관의 보도는 진실과 사실에 입각한 보도이어야

> 한다는 것은 더 말할 필요가 없다. 따라서 조선일보가 최 교수의 논문을 진실하게 발췌 보도한 것이라면 그것은 언론기관의 당연한 권리와 의무를 행사한 것이라고 평가해야 한다. 조선일보의 보도를 계기로 최 교수의 학문 체계에 대한 다양한 의견이 개진되는 것만 보아도 조선일보는 공인 검증의 중요한 계기를 마련해 준 것이라고 볼 수도 있다.113)

인용된 글은 최장집을 둘러싼 논쟁에서 조선일보의 문제 제기가 언론의 책무에 해당하는 것임을 주장하는 담론 중 일부이다. 윗글에서 주체는 학문의 자유가 헌법이 보장하는 가치임을 들어 조선일보의 논조에 대해 비판적인 시각을 지닌 독자들과 가치 공유를 시도하고 있다. 학문에 대한 비판은 학문의 장에서 이루어지는 것이 타당하다는 주체의 견해는 최장집 논쟁을 사상 억압으로 보는 시각을 지닌 독자들과 소통하려는 노력의 일환이라 볼 수 있다. 윗글에서 주체는 학문의 자유에 대한 가치를 강조하여 반대 담론과의 가치 공유를 시도한 후에 조선일보가 진실과 사실에 입각해 최장집에 대한 검증 작업을 수행하였다면 언론 기관의 권리와 의무를 수행한 것이므로 정당하다는 견해를 드러낸다. 윗글에 나타난 담론 구성은 가치 공유를 통한 우위 드러내기 전략을 통해 독자와의 소통을 극대화시키려 노력하고 있지만 조건적 진술을 빈번하게 활용함으로써 대상에 대한 주체의 명확한 가치 판단을 유보하는 듯한 인상을 주고 있다. 윗글은 반대 담론이 내세우는 가치의 공유와 조건적 진술의 활용을 통해 반대 입장에 대한 적극적인 고려를 행하고 있지만 논지의 선명성이 떨어지는 단점 또한 나타내고 있다.

담론 구성은 반대 담론에 대한 주체의 태도에 따라 가치 부정에 의한 대립 강화하기와 가치 공유를 통한 우위 드러내기의 두 가지

---

113) 허영, 「'가처분 결정' 憲法 정신에 맞나」, 『조선일보』, 1998년 11월 13일자 칼럼.

전략으로 구분된다. 가치 부정에 의한 대립 강화하기는 반대 담론이 보이는 가치 판단에 대한 전면적인 부정적 인식을 통해 성립한다. 이러한 담론 구성은 대립의 부각을 통해 주체가 주장하는 바의 논지를 선명하게 드러낼 수 있지만 반대 이념적 시각을 지닌 독자를 고려하지 않음으로써 설득의 효과가 떨어지는 단점을 지닐 수 있다. 가치 공유를 통한 우위 드러내기는 반대 담론이 내세우는 가치에 대한 부분적인 공감을 통해 독자의 입장을 배려함으로써 설득력을 높이는 효과를 거둘 수 있다. 하지만 반대 담론에 대한 가치 공유가 주체가 지닌 이념적 시각을 모호하게 만드는 경우에는 주장의 선명성이 약해지는 문제점 또한 지닐 수 있다.

이념 담론의 글쓰기는 주체의 이념 담론이 주장하는 방향으로 상대방을 설득하는 데 목적을 두고 있다. 이를 위해서 글쓰기 주체는 이념 담론을 쓰는 목적과 이념 담론이 소통되는 상황을 잘 고려하여 거기에 따르는 적절한 전략을 구사해야만 한다. 이념 담론이 소통되는 상황에 따르는 적절한 전략의 활용은 이념 담론 쓰기에 있어 중요한 역할을 수행하며, 이념 담론 쓰기 교육은 학습자들에게 이러한 전략을 창조적으로 운용할 줄 아는 능력을 길러주는 방향으로 설계되어야 할 것이다.

Ⅳ. 맺음말

본고는 이념적 시각에 기반한 논쟁적 글쓰기의 전범이 되는 자료로 조선후기 사회에서 치열한 이념적 논쟁을 일으킨 것으로 평가받는 『열하일기』를 선택하였다. 『열하일기』를 둘러싼 이념적 대립은 청나라의 발달된 문물을 수용해야 한다고 주장하는 북학론과 청나라를 오랑캐로 보고 거기에서 받아들여야 할 것은 아무 것도 없다고 주장하는 화이론으로 요약할 수 있다. 연암은 『열하일기』에서 조선의 낙후된 현실에 대한 문제의식을 통해 벽돌과 수레와 같은 일상생활의 도구들을 이용후생의 시각을 드러내는 이념적 쟁점소로 활용하여 북학의 필요성을 정당화하고자 했다. 또한 『열하일기』에서 연암은 청에 대한 멸시를 통해 상투와 도포 같은 풍속의 요소를 예의의 기준으로 인식한 당대 사대부들의 화이론적 시각을 맹렬하게 비판하는 모습도 보여준다. 즉 『열하일기』는 이용후생의 시각을 바탕으로 북학론을 정당화하는 담론과 반대의 이념적 시각인 화이론에 대해 통렬한 비판을 가하는 담론으로 구성되어 있다.

『열하일기』에서 연암은 주체의 이념적 시각과 관련된 담론의 내용을 생성시키기 위해 청조의 생활 현실에 대한 세밀한 관찰과 묘사를 행하고, 이를 통해 청조의 발달된 생활상과 조선의 낙후된 현실을 대비시킨다. 그리고 조선의 낙후된 현실이 지닌 문제점을 드러내기 위해 이를 뒷받침하는 근거를 확장적으로 열거하는 전략을 활용한다. 반대 담론에 대한 비판을 위해 연암은 타자화된 시선으로 대상을 바라보고 다른 관점에서 대상을 해석함으로써 풍자적 일화를 제시하는 전략을 구사한다. 연암은 비판과 정당화를 통해 담론을 구성시키는데 이 과정에서 중요한 역할을 하는 것이 반대 담론에 대한 주체의 태도라 할 수 있다. 반대 담론의 시각을 적극적으로 부정하는 경우에는 '가치 부정에 의한 대립 강화하기'를 통해 담론이 구성되고, 반대 담론의 시각에 대해 일정 부분 공감을 표시하는 경우에는 '가치 공유를 통한 우위 드러내기'를 통해 담론이 구성된다.

연암이 『열하일기』에서 활용한 표현 전략은 현대의 이념 담론 쓰기에서도 의의를 지니고 있다. 이념 담론 글쓰기에서 중요한 역할을 하는 것은 내용 생성과 담론 구성의 과정이라 할 수 있다. 담론의 내용 생성은 주체 담론의 내용 생성하기와 반대 담론 비판하기로 구분된다. 주체 담론의 내용 생성은 '문제 제기를 통한 이념적 쟁점소화하기', '이념어 제시에 의한 입장 드러내기', '근거 제시를 통한 합리화하기'의 과정을 따른다. 주체는 일상의 사상(事象)에 대한 비판적인 문제 제기를 통해 이를 논쟁거리인 이념적 쟁점소로 만들고, 이념어의 제시를 통해 주체의 이념적 시각을 명확하게 드러내야 한다. 이념어는 주체의 입장을 정당화하는 것과 반대 담론을 비판하는 것으로 구분되며, 이념어의 생성은 주체의 입장을 추상적 가치어에 종속시키는 방법과 유사한 현상에 대비시키는 방법을 통해서 가능하다. 그리고 주체 담론의 내용 생성은 경험적 근거의 제시나 권위적 근거의 제시를 통해 주체의 입장을 합리화시킴으로써 완결된다.

반대 담론 비판하기는 '이념적 시각 파악하기', '가치 판단의 문제점 부각하기', '은폐된 가치 드러내기'의 과정을 따른다. 주체는 '강조하는 쟁점', '이념적 가치의 규정', '합리화의 근거'에 주목하여 반대 담론의 이념적 시각을 파악하고, 반대 담론의 주체가 대상에 부여한 가치 판단 방식과 그 기준의 정당성을 문제 삼아야 한다. 그리고 반대 담론이 간과한 사실을 지적하고, 거기에 새로운 의미를 부여함으로써 은폐된 가치를 드러내야 한다. 반대 담론의 비판은 담론의 내용을 대상으로 해야 하며, 비판이 이를 벗어나 반대자에 대한 직접적인 공격의 형태로 나타나면 불필요한 갈등이 조장되고 소통이 단절되는 문제가 발생할 수 있다.

이념 담론의 구성은 주체의 이념적 정당성에 대한 확신과 독자의 이념적 성향에 대한 고려를 통한 전략적 선택을 필요로 한다. 반대 담론에 대한 전면적인 부정 의식을 바탕으로 한 '가치 부정에 의한 대립 강화하기'는 논지의 선명성을 드러내는 데 유리하지만 독자에 대한 배려가 부족하여 설득력이 떨어질 수 있다. 반대 담론의 이념적 시각에 대해 일정 부분 공감을 나타내는 '가치 공유를 통한 우위 드러내기'는 독자의 입장에 대한 배려를 통해 설득력을 높일 수 있지만 논지의 선명성이 떨어지는 단점을 지닐 수 있다. 따라서 담론 생산의 주체는 이념 담론을 쓰는 목적과 이념 담론이 소통되는 상황을 잘 고려하여 거기에 따르는 적절한 전략을 구사해야만 한다.

본고는 고전 글쓰기 자료를 통해 오늘날의 글쓰기 교육에 필요한 방법을 마련하고자 하는 관점을 바탕으로 하고 있다. 옛날의 글쓰기는 문화적 환경의 차이에 의해 오늘날의 글쓰기와 구별되는 독자성을 지니고 있지만 오늘날의 글쓰기와 상통하는 보편성을 지니고 있기도 하다. 이념이란 인간이 사회를 이루고 살아온 이래 생활과 뗄 수 없는 관계를 맺어왔음이 틀림없으며 이념 담론 또한 오늘날에 비로소 성립된 현대적 글쓰기로만 볼 수 없다. 본고에서 살펴보았듯이 이념 담론 쓰기는 『열하일기』를 비롯한 다양한 고전 속에서 살아 숨쉬고 있다. 이런 점에서 고전 글쓰기와 현재의 글쓰기 사이의 상관성을 규명하고 이를 계승하려는 노력은 지속적으로 이루어져야 할 것이다.

참고문헌

1. 자료

강한영 교주, ≪계축일기≫, 민협출판사, 1963.

김창협 지음 / 송기채 옮김, 『국역 농암집』 4, 민족문화추진회, 2004.

김창협 지음 / 강민정 옮김, 『국역 농암집』 5, 민족문화추진회, 2005.

김혈조, 『그렇다면 도로 눈을 감고 가시오』, 학고재, 1997.

남공철, 『金陵集』, 국학자료원, 1990.

민병도 편, ≪조선역대여류문집≫, 을유문화사, 1950.

민족문화추진회 편, 『국역 담헌서 Ⅰ』, 탐구당, 1974.

민족문화추진회 편, 『국역 담헌서 Ⅳ』, 탐구당, 1974.

민족문화추진회 편, 『연행록 선집 Ⅵ』, 민문고, 1967.

박남수, 「을미구월제문」(김상홍, 「진사 박남수의 한글 ≪을미 제문≫연구」, 『성곡논총』 25, 1994).

박제가 지음 / 안대회 옮김, 『북학의』, 돌배개, 2003.

박제가, 『北學議』(한국문헌학연구소편, 『農書6』, 아세아문화사, 1981).

박제가, 『貞蕤集』, 국사편찬위원회, 탐구당, 1961.

박종채 지음 / 박희병 옮김, 『나의 아버지 박지원』, 돌베개, 1998.

박지원 지음 / 김명호 옮김, 『국역 연암집』 1, 민족문화추진회, 2005.

박지원 지음 / 김명호 옮김, 『국역 연암집』 2, 민족문화추진회, 2005.

박지원 지음 / 이가원 옮김, 『국역 열하일기 Ⅰ』, 민문고, 1968.

박지원 지음 / 이가원 옮김, 『국역 열하일기 Ⅱ』, 민문고, 1968.

박지원, 『연암집』, 경희출판사, 1966.

서사증, 『文體明辯』 四, 보경문화사, 1984.

성백효 역주, 『孟子集註』, 전통문화연구회, 1991.

송시열 지음 / 양홍렬 외 옮김, 『국역 송자대전』 X, 민족문화추진회, 1982.

송준길, 『同春堂集』(『한국문집총간 107』, 민족문화추진위원회, 1993).

송준길 지음 / 정태현 옮김, 『국역 동춘당집』 3, 민족문화추진회, 2001.
심노숭 지음 / 김영진 옮김, 『눈물이란 무엇인가』, 태학사, 2001.
유미림 외 옮김, 『빈방에 달빛들면』, 학고재, 2005.
윤행임, 『泣血錄』(문옥표 외, 『조선시대 관혼상제(IV)-상례편(3)』, 한국정신문화연구원, 2000).
이우성 편, 『雪岫外史 외 2종』, 아세아문화사, 1986.
이재, 『(增補) 四禮便覽』(문옥표 외, 『조선시대 관혼상제(II)-상례편(1)』, 한국정신문화연구원, 1999).
채제공, 『樊巖集』(『한국문집총간』 236, 민족문화추진회, 1999).
홍기원 교주, ≪인목대비의 서궁일기≫, 민속원, 2004.
홍대용,『湛軒書 上』, 경인문화사, 1969.
홍석주, 『淵泉集』(『한국문집총간』 293, 민족문화추진회, 2002).
황경원, 『江漢先生文集 1』, 경인문화사, 1991.
〈인목대비 술회문〉, 문학사상 1972년 11월호(통권 2호).

권두환 외, 『작문』, 아침나라, 2003.
김어준 편, 『딴지일보 2』, 자작나무, 1998.
김종철, 『간디의 물레』, 녹색평론사, 1999.
민현식 외, 『작문』, 금성출판사, 2003.
전국국어교사모임, 『중학교 3학년을 위한 우리말 우리글』, 나라말, 2003.
전국국어교사모임, 『고등학생을 위한 우리말 우리글』, 나라말, 2003.

『월간 말』, 1998년 12월호.
『월간조선』, 1998년 11월호.
『현대문학』, 2001년 6월호.
『주간조선』, 1568호, 1999년 9월.
『한겨레21』, 231호, 1998년 11월 5일자.
새만금 사업과 관련된 『한겨레신문』, 2003년 6월 5일자 사설.
양심적 병역거부와 관련된 『중앙일보』, 2004년 5월 21일자 사설 · 한겨레신문 2004년 5월 21일자 사설.

이라크 전쟁과 관련된 『한겨레신문』, 2003년 3월 21일자 사설.
최장집 논쟁과 관련된 『조선일보』, 1998년 10월 26일자 사설・1998년 11월 12일자 칼럼・1998년 11월 13일자 칼럼, 『한겨레신문』, 1998년 10월 24일자 사설.
미스코리아 대회를 비판하는 성명서, 안티미스코리아 홈페이지(www.antimisskorea.com).
호주제 폐지를 반대하는 성명서, 정통가족제도수호범국민연합 홈페이지(www.guard.or.kr).
호주제 폐지를 찬성하는 성명서, 호주제폐지운동본부 홈페이지(www.no-hoju.or.kr).

2. 논저

길영경, 「서궁일기와 계축일기의 비교」, 『성대문학』 18・19호.
김대행, 『국어교과학의 지평』, 서울대출판부, 1995.
김명순, 「쓰기 교육과 장르 중심 쓰기 지도」, 『교과교육연구』 5, 국어교과교육학회, 2003.
김명호, 『열하일기 연구』, 창작과 비평사, 1990.
김신연, 「서궁일기 연구」, 숙명여대 석사논문, 1985.
김용숙, 『조선조 여류 문학 연구』, 혜진서관, 1990.
김은미, 「열하일기의 서술형태 고찰」, 이화여자대학교 대학원, 1982.
김인규, 「성리학파와 실학파의 음양오행에 대한 인식」(『한국사상논문선집』 140, 불함문화사, 2000).
김인규, 「조선후기 화이론의 변용과 그 의의-북학파를 중심으로」(『한국사상 논문선집』 140, 불함문화사, 2000).
김정자, 「제7차 국어과 교육과정과 작문 교과서 내용분석 연구」, 『국어교육 학연구』 16집, 국어교육학회, 2003.
김종철, 「글쓰기 교육의 문화적 척도」(이상익 외, 『고전문학교육의 이론』, 집문당, 2000).
김혈조, 『박지원의 산문 문학』, 성균관대출판부, 2002.
김혜정, 「텍스트 이해의 과정과 전략에 관한 연구」, 서울대 박사논문, 2002.
민두기, 「『열하일기』의 일연구」, 『역사학보』 20집, 역사학회, 1963.
민영대, 『조선시대 궁중소설 연구』, 역락, 2004.
박무영, 「18세기 제망실문의 공적 기능과 글쓰기」, 『한국한문학 연구』 32, 한국한문학회, 2003.

박미정, 「전기쓰기의 지도요소 연구」, 『작문연구』 2, 한국작문학회, 2006.

박수밀, 「상기(象記)에 나타난 박지원의 글쓰기 전략」, 『국어교육』 122, 한국어교육학회, 2007.

박수자 외, 「언어 영재를 위한 창의적 작문 교수학습 프로그램 개발 연구」, 『국어교육학 연구』 21, 국어교육학회, 2004.

박태호, 『장르 중심 작문 교수 학습론』, 박이정, 2000.

심경호, 『한국산문의 미학』, 고려대학교출판부, 1998.

안대회, 『조선후기 소품문의 실체』, 태학사, 2003.

엄 훈, 「조선 전기 공론 논변의 국어교육적 연구」, 서울대 박사논문, 2002.

염은열, 「대상 인식과 내용 생성의 관계에 대한 표현교육론적 연구」, 서울대 박사논문, 1999.

오수경, 「연암그룹 연구 서설」(『한국사상논문선집』 144, 불함문화사, 2000).

유경숙, 「조선조 여성 제문 연구」, 충남대 박사논문, 1995.

유봉학, 『연암 일파 북학사상 연구』, 일지사, 1995.

윤희원 외, 『국어과 교수 학습론』, 교학사, 2001.

이우성, 『한국의 역사상』, 창작과 비평사, 1982.

이은영, 『제문, 양식적 슬픔의 미학』, 태학사, 2004.

이재승, 『글쓰기 교육의 원리와 방법』, 교육과학사, 2002.

이종주, 『북학파의 인식과 문학』, 태학사, 2001.

이종호, 「조선조 고문론과 비지류 산문」, 김도련 편, 『한국 고문의 이론과 전개』, 태학사, 1998.

이지호, 「연암 박지원의 글쓰기 방법론 연구-『열하일기』의 대상해석을 중심으로」, 서울대 박사논문, 1997.

이태호, 『조선후기 회화의 사실정신』, 학고재, 1996.

임선하, 『창의성에의 초대』, 교보문고, 1997.

임형택, 「박연암의 인식론과 미의식」(『한국사상논문선집』 145, 불함문화사, 2000).

정민, 「연암 박지원의 〈백자증정부인박씨묘지명〉 개작 과정」, 『문헌과 해석』 13, 문헌과 해석, 2000.

정민, 『미쳐야 미친다』, 푸른역사, 2004.

정병설, 「계축일기의 작가 문제와 역사소설적 성격」, 『고전문학연구』 15집, 1999.

정은임, 『궁정문학 연구』, 솔터, 1993.

조희정, 「창의적 글쓰기와 전범 텍스트 학습의 상관성」, 『국어교육』 100, 한국어교육학회, 1999.

조희정, 「사회적 문해력으로서의 글쓰기 교육 연구」, 서울대 박사논문, 2002.

주재우, 「전을 중심으로 한 전기 쓰기 교육 연구」, 서울대 석사논문, 2004.

주재우, 「설 양식을 활용한 설득적 글쓰기 교육 연구」, 서울대 박사논문, 2011.

차배근, 『설득 커뮤니케이션 이론』, 서울대출판부, 1989.

황수연, 「17세기 '祭亡室文'과 '祭亡女文' 연구」, 『한국한문학연구』 30, 한국한문학회, 2002.

황의열, 「한국 비지류 연구」, 성균관대 박사논문, 1996.

유협 지음 / 최신호 옮김, 『문심조룡』, 현암사, 1975.

시마다 겐지 지음 / 김석근 옮김, 『주자학과 양명학』, 까치, 2001.

야마다 케지 지음 / 김석근 옮김, 『주자의 자연학』, 통나무, 1991.

린다 플라워 지음 / 원진숙 외 옮김, 『글쓰기의 문제 해결 전략』, 동문선, 1998.

셸스톤 지음 / 이경식 옮김, 『전기 문학』, 서울대출판부, 1979.

웨인 부스 지음 / 최상규 옮김, 『소설의 수사학』, 예림기획, 1999.

이글턴 지음 / 여홍상 옮김, 『이데올로기 개론』, 한신문화사, 1994.

자네트 지음 / 권택영 옮김, 『서사 담론』, 교보문고, 1992.

크로플리 지음 / 김선 옮김, 『교육과 창의성』, 집문당, 1995.

크로플리 지음 / 이경화 외 옮김, 『창의성 계발과 교육』, 학지사, 2004.

폴라드 지음 / 송낙헌 옮김, 『풍자』, 서울대 출판부, 1979.

고전 산문 글쓰기와 글쓰기 교육

초판 1쇄 인쇄 · 2013년 6월 24일
초판 1쇄 발행 · 2013년 6월 28일

저　자 · 이영호
발행인 · 박성복
발행처 · 도서출판 월인
　　　　서울특별시 강북구 노해로25길 61(수유2동 252-9)
등　록 · 제6-0364호
등록일 · 1998년 5월 4일
전　화 · (02) 912-5000
팩　스 · (02) 900-5036
www.worin.net

ISBN 978-89-8477-542-8 93810

값 12,000원

☞ 잘못된 책은 구입하신 서점이나 본사에서 바꾸어 드립니다.